JN446967

평생교육방법론

이 책은 저작권법에 따라 보호받는 저작물이므로 무단전재와 무단복제를 금지하며, 이 책 내용의 전부 또는 일부를 이용하려면 반드시 저작권자와 동문사의 서면동의를 받아야 합니다. 무단전재나 무단복제 행위는 저작권법 제136조(벌칙)에 의거, 5년 이하의 징역 또는 5천만 원 이하의 벌금에 처하거나 이를 병과할 수 있습니다.

평생교육방법론

안병환·신기왕·김현욱 공저

dm 동문사

머리말

교육이란 바람직한 인간을 기르는 일이다. 이러한 인간을 기르기 위해서는 가정, 학교 및 사회 등의 많은 지원과 다양한 노력이 필요하지만 교육은 주로 학교에서 이루어져 왔다. 그러나 급속한 사회변화와 과학기술의 발달로 인하여 기존의 학교교육만으로는 시대변화에 대처하기가 어려워지고 있다. 따라서 학교교육을 보완하고 인간의 보다 나은 삶을 위해 평생교육의 필요성이 제기되었다. 평생교육의 교육목적달성을 위해서는 평생교육이 어떠한 방법으로 이루어져야 할 것인가? 하는 평생교육방법에 관한 과제가 제기된다.

교육방법은 학습이론과 분리해서 생각할 수 없다. 학습이론은 교육방법의 체계적이고 합리적인 전략 선택을 위한 토대를 제공하기 때문이다. 학습이론은 평생교육의 과제의 특성을 반영하여 학습자를 위한 교수전략을 제공하고 창의적 영감을 얻을 수 있는 기본 토대를 제공할 수 있다. 그러나 평생교육방법은 교육학에서 전통으로 논의되어온 교수-학습 방법과는 공통점도 있지만 차이점도 있다. 우선 주 대상이 성인학습자들이기 때문이다. 평생교육방법은 성인의 인지적 · 정의적 · 사회적 특성과 연결되어야 하지만 아직 관련 연구는 미흡한 편이다. 이러한 한계에도 불구하고 이 책에서는 전통적 학습이론을 토대로 성인학습자의 특성을 고려한 학습이론을 제시해 보고자 많은 노력을 기울였다.

이 책은 총 5부로 구성되어 있다, 제1부는 평생교육의 이해를 토대로 주 대상인 성인학습자들의 특성을 깊이 있게 이해하도록 하였다. 제2부는 전통적인 학습이론의 대표적인 행동주의, 인지주의 및 구성주의 학습이론을 다루었다. 제3부는 성인학습이론의 핵심인 경험학습이론, 자기주도학습이론 및 전환학습이론을 다루었다. 제4부는 실질적인 평생교육의 방법론으로서 평생교육 프로그램 개발과 실행, 성인학습방법, 최신 교수-학습방법 그리고 평생교육의 평가를 다루었다. 제5부는 4차 산업혁명시대의 특징을 이해함으로써 성인학습자들의 인적 자원개발에 대한 시사점을 얻고자 하였다. 또한 미래 사회의 트렌드를 다양한 측면에서 분석함으로써, 미래 평생교육의 방향을 미시적 · 거시적 측면에서 이해하도록 하였다.

이 책은 많은 선행연구들을 분석하여 다양한 이론과 실제를 제시하고자 노력하였다. 특히 대표적인 성인학습 이론인 자기주도학습과 전환학습을 이론적 측면과 방법 측면으로 구분하여 제시해 보고자 하였다. 뿐만 아니라 평생교육의 미래에 대한 심도 있는 접근을 시도함으로써 성인의 인적 자원개발 방향을 적극적으로 다루어 보려고 하였다.

그러나 평생교육의 내용과 범위가 너무나 넓기 때문에 이를 충분히 다루지 못했다는 아쉬움이 남는다. 이 책이 평생교육방법론을 공부하는 독자들에게 조금이라도 도움이 된다면 저자들로서는 더 바랄 게 없을 것이다. 많은 질책과 조언을 기대한다.

끝으로 이 책을 출판하는 데 많은 도움을 주신 동문사 이중수 사장님과 무더위 속에서도 너무나 많은 수고를 해 주신 직원 여러분들께 깊은 감사를 드린다.

2023년 8월

저자 일동

차례

머리말 / 5

Part 01 평생교육의 이해

Chapter 01 평생교육의 전개 13

1. 평생교육의 출발과 필요성 15
2. 평생교육 정책변화와 평생교육 영역 20
3. 학습사회와 교수-학습 33

Chapter 02 성인학습의 이해 41

1. 성인의 개념 43
2. 안드라고지의 개념 45
3. 성인 발달이론 49
4. 성인학습자의 특성 57
5. 성인학습방법의 심리학적 · 철학적 · 사회적 기초 66

Part 02 전통적 학습이론

Chapter 03 행동주의 75

1. 행동주의 의미 77
2. 행동주의 학습원리 79
3. 행동주의 수업 80
4. 교육현장과 온라인 학습환경 82

Chapter 04 인지주의 ······ 85

1. 인지주의 의미 87
2. 인지주의 학습원리 90
3. 인지주의 수업 92
4. 교육현장과 온라인 학습환경 94

Chapter 05 구성주의 ······ 97

1. 구성주의 의미 99
2. 구성주의 학습원리 102
3. 구성주의 수업 104
4. 교육현장과 온라인 학습환경 106

Part 03 성인학습이론

Chapter 06 경험학습 이론 ······ 113

1. 경험학습 이론의 전개 115
2. 경험학습의 개념적 특성 118
3. 경험학습의 요소 121

Chapter 07 자기주도학습 이론 ······ 133

1. 자기주도학습 이론의 전개 135
2. 자기주도학습의 개념적 특성 140
3. 자기주도학습의 요소 146

Chapter 08 전환학습 이론 ······ 155

1. 전환학습 이론의 전개 157
2. 전환학습의 개념적 특성 162
3. 전환학습의 요소 168

Part 04 평생교육방법

Chapter 09 평생교육프로그램 개발 ······ 179

1. 교수설계 개념 181
2. 평생교육프로그램 개발의 개념 186
3. 평생교육프로그램 개발과정 188
4. 프로그램개발 실제 사례 198

Chapter 10 성인학습방법 ······ 203

1. 강의(강연)법 205
2. 조직(팀)학습 212
3. 퍼실리테이션 217
4. 자기주도학습 방법 221
5. 전환학습 방법 229

Chapter 11 최신 교수-학습방법 ······ 237

1. 플립러닝 241
2. 간격학습 245
3. 하이브리드 학습 249
4. VAK 수업모형(VAK teaching) 253
5. 디자인 씽킹(design thinking) 257
6. 게임화 261

Chapter 12 평생교육평가 ······ 267

1. 평생교육평가의 의미 269
2. 평생교육평가의 모형 271
3. 평가기능에 따른 방법 280

Part 05 미래사회의 평생학습

Chapter 13 4차 산업혁명시대의 평생학습 ······ 291

1. 4차 산업혁명의 이해 293
2. 역량의 이해 301

Chapter 14 미래사회의 트렌드와 평생학습의 전망 ······ 315

1. 미래사회의 트렌드 317
2. 미래사회와 평생교육의 전망 323

참고문헌 / 331

Part 01

평생교육의 이해

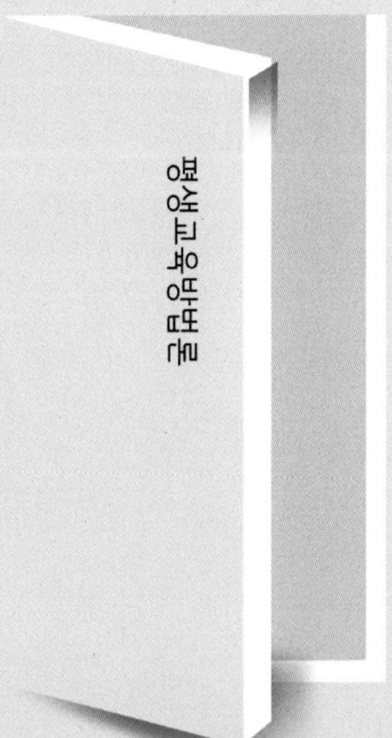

왜, 무엇을, 어떻게 가르칠 것인가 하는 것은 일반적으로 교육의 근본적인 질문이다. 이는 평생교육방법에서도 역시 동일한 질문에 직면하게 된다. 따라서 평생교육방법을 잘 이해하기 위해서는 먼저 평생교육에 대한 개념적 토대를 이해하는 것이 중요하다. 이러한 개념적 토대는 평생교육의 의의, 방향 등을 전체적으로 또는 통합적으로 이해하는 데 도움이 되기 때문이다. 이러한 통합적 이해는 평생교육의 목적, 필요성, 주요 교육대상, 주요 교육내용 등을 개괄적으로 이해하는 밑바탕이 된다. 이러한 바탕을 잘 이해하게 될 때, 평생교육의 효율적인 교수-학습방법을 활용하게 될 것이다.

따라서 제1장은 평생교육의 출발과 필요성, 평생교육의 정책과 영역 그리고 학습사회의 출현 및 교수-학습에 관한 내용을 통해 평생교육의 전반적인 방향을 이해하도록 하였다. 2장은 평생교육의 주 대상인 성인학습자를 이해하는 데 중점을 두었다. 주요 내용으로는 안드라고지, 성인발달이론, 성인학습자의 특성 그리고 성인학습자의 심리학적 · 철학적 · 사회적 기초 등을 다루었다.

Chapter 01

평생교육의 전개

1 평생교육의 출발과 필요성

학교교육에 대한 비판론자들은 본질적인 측면에서 교육이 삶에서 불평등과 차별을 구조화하고 자본주의 사회 내에서 생산력 증강의 도구로 전락하고 있다고 주장하였다. 평생교육의 출발은 이러한 학교교육에 대한 비판에 대한 대안적 관점을 제시하고자 하는 데서 출발한다. 평생교육(lifelong education)은 인간의 전인적 발달을 위해 모든 종류의 학습경험을 통합하는 개념으로부터 시작되었다. 평생교육은 평생학습자의 모습을 지·덕·체가 골고루 갖추어진 완전한 인간상을 구현하고 자신의 삶(life)을 살아갈 수 있도록 돕고 학습자의 창의성, 독창성, 비판적 정신과 자율성을 계발하고자 하였다.

평생교육이란 용어는 1919년 영국의 성인교육위원회에서 처음 사용되었으나 평생교육이 체계화되기 시작한 것은 1965년 프랑스의 랑그랑(Lengrand)으로부터이다. 1965년 유네스코의 국제회의에서 프랑스의 성인교육 이론가이자 실천가인 유네스코 성인교육 국장직을 맡고 있던 랑그랑이 영구교육(education permanente)이라는 제목의 논문을 발표하였다. 랑그랑은 '평생교육을 기존의 교육체제와는 달리 교육의 계속성과 항구성, 연계성, 전 생애성, 자발성, 전체적 인간발달, 모든 이를 위한 학습권의 보장 등의 차원에서 기존 교육과 패러다임을 달리하는 새로운 교육 이념'으로 제시하였다. 교육은 보다 깊이 있고 보다 조화로운 인간발달의 형태를 함양하는 주요한 수단이 되어야 한다. 이것은 UNESCO의 평생교육이념과 실천의 틀이 되었다.

교육개혁 핵심 논제의 또 다른 하나는 경제성장과 사회발전을 위한 교육의 효율성 제고이다. 경제발전 없이는 사회발전이 이루어질 수 없다는 것이다. 평생교육은 사회 전반의 경제적 진전을 이루기 위한 교육적 역할을 찾는 데 있다. 따라서 평생교육은 능력 있는 노동력을 생산함으로써 생산력을 향상시키고, 교육활동 수행을 위한 자원을 활용하고 효과적으로 관리하는 데 있다. OECD는 아동기에서부터 사회생활에 진입하기 전까지의 청년층에 집중되어 있는 전통적 의미의 형식적 전일제 교육을 분산하여, 의무교육 이후부터 개인의 전 생애주기에 걸쳐 교육기회를 재분배하고자 하였다.

우리나라의 경우 평생교육은 UNESCO와 OECD의 평생교육 틀에 기초하여 전개되었다. 우리나라의 평생교육의 이념은 평생교육법 제4조에 잘 제시되어 있다.

① 모든 국민은 평생교육의 기회를 균등하게 보장받는다.
② 평생교육은 학습자의 자유로운 참여와 자발적인 학습을 기초로 이루어져야 한다.
③ 평생교육은 정치적 · 개인적 편견의 선전을 위한 방편으로 이용되어서는 아니 된다.
④ 일정한 평생교육 과정을 이수한 자에게는 그에 상응하는 자격 및 학력 인정 등 사회적 대우를 부여하여야 한다.

이러한 이념적 토대에 의한 평생교육의 개념은 평생교육법 제2조에 나타나 있다. 즉, "평생교육이란 학교의 정규교육과정을 제외한 학력보완교육, 성인 문자해득교육, 직업능력 향상교육, 인문교양교육, 문화예술교육, 시민참여교육 등을 포함하는 모든 형태의 조직적인 교육활동을 말한다."

평생교육이란 협의의 의미로 보면 성인교육에 제한될 수 있으나 광의의 의미로 보면, 특정 시기에 국한된 것이 아니라 요람에서 무덤까지 계속적으로 일생 동안 교육하는 과정(process from cradle to grave)이다. 데이브(Dave)는 평생교육이란 개인과 집단의 삶의 질을 향상시키기 위하여 개인의 일생 동안 개인적 · 사회적 · 전문적 발달을 성취시키는 과정으로 정의하였다.

평생교육에 대한 관점은 교육을 바라보는 시각만큼이나 다양하게 제시되고 있지만 크게 세 가지 차원으로 구성된다(Barros, 2012).

첫 번째 차원은 형식교육의 학교교육모델에 대한 비판이다. 교육이 보다 깊이 있고 보다 조화로운 인간발달의 형태를 함양하여야 한다는 것이다. 전통적인 형태의 학교교육은 자본주의 사회 내에서 생산력 증강의 도구로써 자본주의의 발전과 더불어 시장에 필요한 사람을 기르는 수단으로 전락하였다는 비판이다.

두 번째 차원은 지식을 최신의 상태로 유지하고, 성인이 사회의 기술발전을 따라갈 수 있도록 하는 '평생' 교육의 형태를 보장할 필요성과 관련이 있다(UNESCO, 1960). 이것은 아동과는 다른 '성인학습'의 탐구와 관련된 것이다. 교육은 그동안 초 · 중 · 고등학교와 같은 성인 이전의 학습자를 대상으로 그 방법과 철학을 연구하였다면 평생교육은 아동교육과 구별되는 성인의 학습(Andragogy)을 돕는 이론이다.

세 번째 차원은 평등한 교육기회와 영구적이고 효과적인 사회발전(social promotion)에 대한 접근을 촉진한다. 학교가 교육의 유일한 수단이 아니며 평생교육은 삶의 모든 장면에서 학습을 가능하게 하는 기제와 장치, 제도의 조직을 마련하는 것이다.

평생교육의 관점과 의미는 다양하지만 급속한 사회변화에 필요한 능력을 갖추고 나아가 더 나은 삶의 질을 향상시키기 위한 평생교육의 필요성은 더욱더 강조되고 있다. 이와 같은 관점에서 평생교육의 필요성에 대하여 몇 가지만 정리해 보고자 한다.

① 학교교육의 한계성이다.

전통적 사회에서는 지식이나 정보량이 오늘날처럼 많지 않았다. 뿐만 아니라 지식이나 정보의 수명도 상당히 길었다고 볼 수 있다. 따라서 형식적 교육인 학교교육만으로도 어느 정도 사회에 적응할 수 있었다. 그러나 오늘날은 급속한 사회변화와 수많은 정보 및 기술 등의 발달로 일정한 기간의 학교교육만으로는 사회변화에 적응할 수가 없는 상황에 이르렀다.

따라서 정규 학교교육도 더 내실화되어야 하지만 학교를 벗어난 이후에도 끊임없이 학습하지 않고서는 적응할 수 없게 되었다. 특히 세계경제포럼(World Economic Forum, 2016)의 미래의 직업보고서에는 다음과 같이 언급되어 있다. "오늘날 초등학교에 입학하는 어린이들의 65%는 지금까지 존재하지 않았던 완전히 새로운 직업분야에서 일을 하게 될 것"이라는 점은 교육의 방향에 시사하는 점이 크다 할 것이다.

② 인간수명의 연장 등 인구구조의 변화이다.

오늘날 인간의 수명연장으로 과거 인생 50~60세 시대에서 오늘날 인생 80세 또는 그 이상까지 활동할 수 있는 시대가 도래하였다. 이를 위해서는 과거 학습한 지식만으로는 사회적응이 어렵기 때문에 스스로 계속적인 학습이 필요하다.

또한 노인인구는 계속 증가하고 젊은 세대는 감소한다는 점이다. 이에 젊은 세대의 노동력만으로는 사회유지와 발전을 어렵게 할 수 있다. 따라서 사회발전을 위해서는 노년층의 사회적 참여기회를 확대해야 할 필요성도 제기된다. 이는 곧 노인층 자신의 발전을 위해서도 학습이 필요하지만 국가적 차원에서도 정책적 고려를 시급히 해야 함을 시사하는 것이다.

③ 급속한 사회변화 및 과학기술의 발달이다.

오늘날 4차 산업혁명시대의 특징으로서 자동화, 로봇, 인공지능 등을 들 수 있다. 이러한 첨단 과학기술시대에서 우리는 이에 적응해야 할 뿐만 아니라 이를 더 발전시켜야 한다. 따라서 이전과는 다른 학습내용과 학습방법이 필요하다. 왜냐하면 정보통신 발달은 새로운 테크놀로지 사용법을 배워서 효과적으로 활용할 필요가 있기 때문이다. 나아가 온라인뱅킹, 온라인쇼핑, 효과적인 커뮤니케이션 방법 등의 기능적 문해(functional literacy)를 위해서도 계속적인 학습이 필요하다.

오늘날의 사회변화 속도는 고대 그리스 로마 시대의 사회의 변화속도보다 훨씬 더 빨라졌을 뿐만 아니라 인간의 수명도 훨씬 길어졌다. 인간의 생애주기가 길어지고 사회변화속도도 빨라지면서 과거에는 인간의 생애 동안 사회변화가 거의 없었으나 지금은 한 생애 동안 몇 번의 커다란 사회변화에 직면하고 있다. 사회변화의 폭(time-span)과 개인 수명(life-span)과의 관계를 보면 다음 **[그림 1-1]**과 같다.

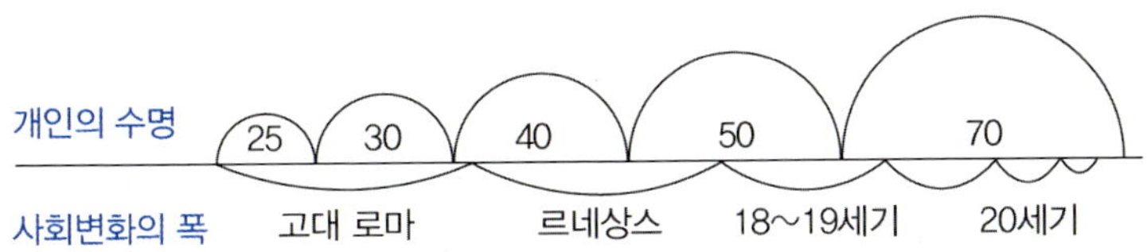

[그림 1-1] 사회변화의 폭과 개인 수명과의 관계

출처: Knowles(1980).

④ 삶의 질의 향상이다.

위에서도 간단히 언급되었지만, 과학기술의 발달과 인간 수명연장은 삶의 질과 폭을 더욱 확대시키고 있다. 따라서 취미생활은 물론이고 전문성 향상 등의 다양한 학습기회를 통해 더 나은 자아실현의 계기로 활용해야 할 것이다. 자아실현이란 자신이 가지고 있는 소질이나 잠재력을 마음껏 발휘하여 자신이 추구하는 삶을 완성해나가는 과정이라 할 수 있다.

이와 같이 평생교육은 지식의 폭발과 빠르게 변화하는 기술발달에 따라 전통적 형태와 다른 새로운 방식에 대한 관심과 접근이라고 할 수 있다. 한편, 인간의 삶의 질은 평화와 인간애의 토대 위에 세워진다. 사회적 측면에서의 평생교육은 학습자의 전 생애에 걸쳐 모든 종류의 기회를 제공하며 우리 사회의 빈곤 · 배제 · 무지 · 억압 · 전쟁을 감소시킬 수 있는 주요한 수단이기도 하다(Delors, 1996). 이러한 측면에서의 평생교육은 개인과 개인이 속한 사회나 국가는 물론 전 지구적 차원을 띠게 되는 문제들에 대한 해결책을 찾는 수단으로 요구되는 것이다.

간디(Mahatama Gandhi)가 언급한 다음과 같은 표현은 우리의 삶의 자세와 평생학습의 필요성을 상징적으로 표현하고 있는 것 같다(Kapur, 2015).

"내일 세상을 떠날 것처럼 생활하라(Live as if you were to die tomorrow.). 영원히 살아갈 것처럼 학습하라(Learn as if you were to live forever.)."

2 평생교육 정책변화와 평생교육 영역

1) 평생교육 정책변화

우리나라는 1973년 유네스코한국위원회에서 '평생교육의 이념과 전략'이라는 주제로 개최한 평생교육세미나에서 처음으로 평생교육이 소개되었다. 1976년에는 한국의 사회교육 운동에 참여했던 인사들에 의하여 한국사회교육협회가 출범하였으며 평생교육의 이념과 원리에 대하여 논의되기 시작하였다. 1974년에는 방송통신고등학교가 서울과 부산에 있는 11개의 공립 고등학교 부설로 설치되었다.

1980년에는 헌법 제29조 제5항에 '평생교육진흥에 관한 조항'을 삽입하여 국가의 평생교육진흥 의무를 명문화하여 평생교육을 국가 차원에서 중요한 과제로 제시하였다. 이후 1982년 사회교육법이 제정 공포됨으로써 우리나라 평생교육의 실질적인 출발점이 되었다. 1999년에는 국가의 의무로 규정한 헌법 정신과 교육기본법 개정에 따라 사회교육법이 평생교육법으로 개정되었다. 이후 사회교육이라는 용어보다는 공식적으로 평생교육이라는 용어를 사용하기 시작했다.

2000년에는 한국교육개발원 내에 평생교육센터를 설치하여 평생교육 정책 및 제도개발과 연구를 담당하게 하였고, 산하에는 16개의 시도 지역 평생교육정보센터를 지정 · 운영하였다. 2001년부터는 기초자치단체를 대상으로 평생학습도시 지정사업을 실시하여 지역평생교육을 진흥하고자 하였다.

2007년에는 「평생교육법」 전문이 개정되면서 국가평생교육진흥원이 설립되었다. 이후 2011년 대전 평생교육진흥원을 시작으로 광역시도에 시도평생교육진흥원이 지정, 설립되었다. 우리나라 평생교육 정책의 변천 과정을 정리하면 다음 〈표 1-1〉과 같다.

〈표 1-1〉 우리나라 평생교육의 역사

평생교육법 변천 시기	주요 내용
1970~1980년	• 1973년 유네스코한국위원회에서 '평생교육의 이념과 전략'이라는 주제로 평생교육세미나 개최 • 1974년 방송통신고등학교 설치 • 1976년 한국사회교육협회(이후 한국평생교육총연합회로 변경) 출범
1980~1999년	• 1980년 헌법에 '국가의 평생교육진흥 의무' 명문화 • 1982년 「사회교육법」 제정 공포 • 1990년 「독학에 의한 학위취득에 관한 법률」 제정 • 1997년 「학점인정 등에 관한 법률」 제정 • 1999년 「사회교육법」전문을 개정하여 「평생교육법」으로 개정
2000~2010년	• 200년 16개의 시도 지역평생교육정보센터를 지정 운영 • 2001년 교육부의 기초자치단체를 대상으로 하는 '평생학습도시' 지정사업 추진 • 제1차 평생교육진흥기본계획(2002~2006년) 수립 • 2007년 「평생교육법」 전문 개정 • 2008년 국가평생교육진흥원 설립
2011~ 현재	• 2011년 대전 평생교육진흥원를 시작으로 시도평생교육진흥원 설립 • 2016년 문해교육지원체계 및 국가문해교육센터 설치 근거 마련 • 2017년 장애인 평생교육 지원 및 국가장애인평생교육진흥센터 설립 근거 마련

2) 평생교육영역

평생교육법 제2조 평생교육의 개념에 제시된 평생교육 영역은 기초문해교육, 학력보완교육, 직업능력교육, 문화예술교육, 인문교양교육, 시민참여교육이다. 김진화(2010)는 한국평생교육 프로그램을 6개 영역을 다시 3개 하위영역으로 구성하여 총 18개의 세부영역을 제시하였다.

평생교육의 프로그램 영역과 세부영역을 살펴보면 다음과 같다.

첫째, 성인문해교육이다. 한글을 읽고, 쓸 수 있도록 하는 문자해득능력과 생활 속에서 직면한 문제를 해결하며 주어진 과업을 수행할 수 있는 문해 활용능력을 개발하고 지원하는 평생교육이다. 문자해득 프로그램, 기초생활기술 프로그램, 문해학습계좌 프로그램이 있다.

둘째, 학력보완교육이다. 초·중등교육법, 고등교육법, 평생교육법에 명시된 소정의 학력을 인정받기 위해 필요한 이수단위 및 학점과 관련된 학력인증 평생교육이다. 여기에는 초·중등학력인정제, 방송통신중고등학교, 독학학위제, 학점은행제 등이 포함된다. 초등학력보완 프로그램, 중등학력보완 프로그램, 고등학력보완 프로그램이 있다.

셋째, 직업능력교육이다. 직업에 필요한 자격과 조건을 체계적으로 준비하고, 주어진 역할과 직무를 효과적으로 수행할 수 있도록 지원하는 평생교육이다. 여기에는 직업준비 프로그램, 자격인증 프로그램, 현직직무역량 프로그램이 있다.

넷째, 문화예술교육이다. 문화예술적 상상력과 창의력을 촉진하고 문화예술 행위와 기능을 숙련시키는 일련의 과정과 일상생활 속에서 문화예술을 향유하고 접목할 수 있는 능력을 개발하는 평생교육이다. 하위 영역으로 레저생활스포츠 프로그램, 생활문화예술 프로그램, 문화예술향상 프로그램이 있다.

다섯째, 인문교양교육이다. 특정 직업에 필요한 전문지식 및 기술 획득을 위한 학습보다는 교양을 갖춘 현대인으로서 전인적인 성품과 다양한 소양을 개발하고, 신체적 · 정신적 건강을 겸비할 수 있도록 지원하는 평생교육이다. 건강심성 프로그램, 기능적 소양 프로그램, 인문학적 교양프로그램이 있다.

여섯째, 시민참여교육이다. 현대의 민주시민으로서 갖추어야 할 자질과 역량을 개발하며, 사회통합 및 공동체 형성과 관련하여 시민참여를 촉진하고 지원하는 평생교육이다. 하위 영역으로 시민책무성 프로그램, 시민리더역량 프로그램, 시민참여활동 프로그램이 있다.

평생교육의 6대 영역과 하위영역을 정리하면 다음 〈표 1-2〉와 같다.

〈표 1-2〉 평생교육 프로그램 영역

대분류		중분류	
6대 영역	정의	하위영역	정의
성인문해교육 (언어적 기초와 활용)	한글을 읽고, 쓸 수 있도록 하는 문자해득능력과 생활 속에서 직면한 문제를 해결하고 주어진 과업을 수행할 수 있는 문해활용능력을 개발하는 평생교육	내국인 한글문해 프로그램	내국인 중 비문해자가 한글을 읽고, 쓸 수 있는 문자해득능력을 갖도록 체계적으로 지도하는 프로그램
		다문화 한글문해 프로그램	다문화 외국인 중 비문해자가 한글을 읽고, 쓸 수 있는 문자해득능력을 갖도록 체계적으로 지도하는 프로그램
		한글생활문해 프로그램	문자해득 후 한글을 응용하여 직면한 문제를 해결하고 주어진 과업을 수행할 수 있는 문해활용능력을 개발하도록 지원하는 프로그램
학력보완교육 (학력 조건과 인증)	초 · 중등교육법, 고등교육법, 평생교육법에 명시된 소정의 학력을 인정받기 위해 필요한 이수단위 및 학점과 관련된 학력인증 평생교육	초등학력보완 프로그램	초등학력의 보완 및 인증 규정에 의해 평생교육시설 및 기관에서 운영되는 소정의 프로그램
		중등학력보완 프로그램	중 · 고등학교 학력의 보완 및 인증 규정에 의해 평생교육시설 및 기관에서 운영되는 소정의 프로그램
		고등학력보완 프로그램	전문학사 및 학사 학력의 인증 규정에 의해 평생교육시설 및 기관에서 운영되는 소정의 프로그램

대분류		중분류	
6대 영역	정의	하위영역	정의
직업능력교육 (직업준비와 직무역량 개발)	직업에 필요한 자격과 조건을 체계적으로 준비하고, 주어진 역할과 직무를 효과적으로 수행할 수 있도록 지원하는 평생교육	직업준비 프로그램	특정 직업에 새롭게 취직하기를 희망하고 성공적인 창업에 필요한 지식, 정보, 기술, 기능을 획득하고 관련 조건을 체계적으로 준비할 수 있도록 지원하는 프로그램
		자격인증 프로그램	특정 직업의 직무수행에 필요한 전문적인 지식, 기술, 기능이 일정한 수준에 도달하여 소정의 자격을 제도적으로 인증받을 수 있도록 지원하는 프로그램
		현직직무역량 프로그램	현직 종사자에게 보다 발전적인 직무수행에 필요한 관련 지식과 정보를 획득하게 하고, 관련 기술과 기능을 습득하고 익힐 수 있도록 지원하는 프로그램
문화예술교육 (문화예술 향유와 활용)	문화예술적 상상력과 창의력을 촉진하고 문화예술 행위와 기능을 숙련시키는 일련의 과정과 일상생활 속에서 문화예술을 향유하고 접목할 수 있는 능력을 개발하는 평생교육	레저생활스포츠 프로그램	체력증진 및 여가선용을 위하여 일상생활 속에서 지속적으로 행하는 체육활동 및 전문적 스포츠 관련 프로그램
		생활문화예술 프로그램	문화예술을 일상생활에 접목하여 생활문화의 질을 향상시키고, 삶의 문화를 보다 풍성하게 향유할 수 있도록 지원하고 인증하는 프로그램
		문화예술향상 프로그램	문화예술작품 및 행위를 의미 있게 체험하고 문화예술적 가치가 높은 작품을 완성할 수 있도록 체계적으로 지도하고 인증하는 프로그램
인문교양교육 (교양확장 및 소양개발)	특정 직업에 필요한 전문지식 및 기술 획득을 위한 학습보다는 교양을 갖춘 현대인으로서 전인적인 성품과 다양한 소양을 개발	건강심성 프로그램	현대사회에서 건강한 삶과 생활을 위한 심리적 안정을 촉진하고 신체 건강에 필요한 활동과 체험을 체계적으로 지원하고 인증하는 프로그램
		기능적 소양 프로그램	일상생활의 적절한 역할수행과 현대인이 갖추어야 할 다양한 소양과 관련된 기능적 자질과 능력을 개발하고 실천하도록 지원하고 인증하는 프로그램

대분류		중분류	
6대 영역	정의	하위영역	정의
	하고, 신체적·정신적 건강을 겸비할 수 있도록 지원하는 평생교육	인문학적 교양 프로그램	전인적 품성과 지혜를 갖춘 현대인으로서 인문학적 교양과 상식을 확장하고, 문학·역사·철학과 관련된 체험과 활동을 체계적으로 지원하고 인증하는 프로그램
시민참여교육 (사회적 책무성과 공익적 활용)	현대의 민주시민으로서 갖추어야 할 자질과 역량을 개발하고, 사회통합 및 공동체 형성과 관련하여 시민참여를 촉진하고 지원하는 평생교육	시민책무성 프로그램	현대 시민으로서 갖추어야 할 사회적 책무성을 개발하고 사회통합 및 공동체 형성을 촉진하고 지원하고 인증하는 프로그램
		시민리더역량 프로그램	국가 및 지역사회의 공익적 사업을 효과적으로 추진할 수 있는 시민을 발굴·육성하고 그들의 자질과 역량을 개발하고 인증하는 프로그램
		시민참여활동 프로그램	현대사회의 구성원으로서 지역사회조직 및 공익적 사업에 대한 개인적·집단적인 참여를 촉진하고 평생학습 참여기회를 지원하고 인증하는 프로그램

다음으로 평생교육기관에 대해 살펴보기로 하자. 평생교육기관이란 평생교육을 주목적으로 하는 기관이라고 정의할 수 있다. 현행 평생교육법(평생교육법 제2조)에서는 평생교육기관을 ① 평생교육법에 따라 인가·등록·신고된 시설·법인 또는 단체, ② 「학원의 설립·운영 및 과외교습에 관한 법률」에 따른 학원 중 학교교과교습학원을 제외한 평생직업교육을 실시하는 학원, ③ 그 밖에 다른 법령에 따라 평생교육을 주된 목적으로 하는 시설·법인 또는 단체로 정의하고 있다. 평생교육법에 의한 기관 분류는 다음 <표 1-3>과 같다.

〈표 1-3〉 평생교육법에 의한 평생교육기관

<table>
<tr><th colspan="2">기관</th><th>법적 근거〈평생교육법〉</th></tr>
<tr><td rowspan="2">학교
부설</td><td>대학(원) 부설 평생교육원</td><td>〈제5장 평생교육기관〉
제30조(학교 부설 평생교육시설)</td></tr>
<tr><td>초 · 중등학교 부설 평생교육기관</td><td>〈제5장 평생교육기관〉
제30조(학교 부설 평생교육시설)</td></tr>
<tr><td colspan="2">원격 형태 평생교육기관</td><td>〈제5장 평생교육기관〉
제33조(원격대학형태의 평생교육시설)</td></tr>
<tr><td colspan="2">사업장 부설 평생교육기관</td><td>〈제5장 평생교육기관〉
제35조(사업장 부설 평생교육시설)</td></tr>
<tr><td colspan="2">시민사회단체 부설 평생교육기관</td><td>〈제5장 평생교육기관〉
제36조(시민사회단체 부설 평생교육시설)</td></tr>
<tr><td colspan="2">언론기관 부설 평생교육기관</td><td>〈제5장 평생교육기관〉
제37조(언론기관 부설 평생교육시설)</td></tr>
<tr><td colspan="2">지식 · 인력개발 형태 평생교육기관</td><td>〈제5장 평생교육기관〉
제38조(지식 · 인력개발 관련 평생교육시설)</td></tr>
<tr><td colspan="2">사내대학 형태의 평생교육기관</td><td>〈제5장 평생교육기관〉
제32조(사내대학형태의 평생교육시설)</td></tr>
<tr><td colspan="2">교육감 설치 및 지정 평생학습관</td><td>〈제3장 국가평생교육진흥원 등〉
제21조(시 · 군 · 구평생학습관 등의 설치 · 운영 등)</td></tr>
<tr><td colspan="2">지자체 설치 평생학습관</td><td rowspan="2">〈제3장 국가평생교육진흥원 등〉
제20조(시 · 도평생교육진흥원의 운영)</td></tr>
<tr><td colspan="2">시 · 도평생교육진흥원</td></tr>
<tr><td colspan="2">읍면동 평생학습센터</td><td>〈제3장 국가평생교육진흥원 등〉
(제21조의3)(읍 · 면 · 동 평생학습센터의 운영)</td></tr>
<tr><td colspan="2">장애인평생교육시설</td><td>〈평생교육법 제3장 국가평생교육진흥원 등〉
제20조의2(장애인평생교육시설 등의 설치)</td></tr>
<tr><td colspan="2">평생직업 교육학원
(학교교과교습학원 제외)</td><td>〈평생교육법 제1장 총칙〉
제2조(정의) 2항(평생직업교육학원)</td></tr>
<tr><td colspan="2">학교형태의 평생교육시설</td><td>〈평생교육법 제5장 평생교육기관〉
제31조(학교형태의 평생교육시설)</td></tr>
</table>

평생교육기관은 평생교육법 외의 다른 법령에 따라 평생교육 프로그램을 개설하고 운영하는 경우도 평생교육기관으로 보는 것이 일반적이다. 기관설립이 평생교육을 목적으로 하지 않지만 평생교육 프로그램을 병행하여 운영하는 기관도 평생교육기관으로 분류된다. 이를 보면 다음 〈표 1-4〉와 같다.

〈표 1-4〉 관련 법령에 따른 평생교육기관 및 시설

관련 법령	기관 및 시설
학점인정 등에 관한 법률	평가인정 운영기관
지방자치법	시·군·자치구의 주민자치센터
도서관법	평생교육을 운영하고 있는 도서관
문화예술진흥법	평생교육 프로그램을 운영하는 문화시설
청소년기본법	평생교육 프로그램을 운영하는 청소년 시설
여성발전기본법	평생교육 프로그램을 운영하는 여성 관련 시설
사회복지사업법	평생교육 프로그램을 운영하는 사회복지시설 및 사회복지관
노인복지사업법	평생교육 프로그램을 운영하는 노인복지시설
장애인복지법	평생교육 프로그램을 운영하는 장애인복지시설
아동복지법	평생교육 프로그램을 운영하는 아동복지시설
지방문화원진흥법	평생교육 프로그램을 운영하는 지방문화원
다문화가족지원법	평생교육 프로그램을 운영하는 다문화 관련 시설
문화예술교육지원법	평생교육 프로그램을 운영하는 문화예술교육지원센터
청소년활동진흥법	평생교육 프로그램을 운영하는 청소년활동 시설
환경교육진흥법	평생교육 프로그램을 운영하는 환경 관련 시설
기타	개별 분류에 포함되지 않는 평생교육 프로그램 운영 시설

3) 평생교육과 유사한 용어

평생교육과 유사한 용어는 다양하지만 대표적으로는 성인교육, 비형식교육, 계속교육, 순환교육 등을 들 수 있다. 이들 여러 용어들은 지향하는 궁극적 이념에 있어서는 기존 교육체제에 대한 상보적 · 대안적 접근이라는 점에서 유사성을 지니지만 그 구체적인 범주와 관점 및 강조점에 있어서는 다른 점도 있다. 최운실(1998), 브롤린(Brolin, 1995), 메리암과 브로켓(Merriam & Brockett, 1997) 그리고 티트머스(Titmus, 1989)의 내용을 토대로 한 내용을 보면 다음과 같다(안병환, 2012).

(1) 계속교육

계속교육이란 용어는 미국에서는 continuing education으로, 영국에서는 further education으로, 독일에서는 Weiterbildung으로 표현되고 있다. 계속교육이란 일정한 단계의 학교교육을 마친 자가 직업이나 가정 · 사회생활을 영위하다가 사회생활이나 직업생활과 학업을 병행하기 위해 다시 교육의 장으로 돌아오는 것을 의미하며, 주로 성인의 학교를 통한 2차적 교육기회를 말한다. 따라서 교육의 대상이 주로 성인이며 교육의 방식은 학교교육이 주가 된다는 점에서 성인교육 또는 비형식교육과 차이가 있다.

(2) 성인교육

성인교육(adult education)은 대상을 분류준거로 한 용어로서 성인을 대상으로 하는 모든 형태의 교육활동을 총칭한다. 따라서 교육의 대상은 성인이며, 교육방식은 형식 · 비형식교육이 모두 포함될 수 있다.

성인교육의 개념은 미국을 비롯한 구미 여러 나라에서 많이 사용되고 있다. 1967년 유네스코총회에서는 성인교육을 ① 성인들이 참여하는 모든 조직적 교육활동, ② 성인들이 그들의 능력과 소질을 키워 지식을 획득하고 직업이나 직업적 자질향상 또는 직업전환을 위해 실시하는 교육활동, ③ 조화롭고 영속적인 사회, 경제, 문화발전에 기여할 수 있도록 태도와 행동을 변화시켜 주는 조직적인 교육활동, ④ 자신이 속해 있는 국가나 사회가 성인이라고 인정하는 사람들을 대상으로 실시하는 조직적인 교육활동으로 정의하고 있다.

브리슨(Bryson, 1936)은 성인교육이란 일상적인 비즈니스에 참여하는 사람들에 의해 수행되는 교육목적을 위한 모든 활동이라고 정의하였다. 다켄왈드(Darkenwald, 1982)는 성인교육이란 성인들의 지식, 태도, 가치 또는 기술에서 변화를 가져오기 위하여 체계적이고 지속적인 학습활동이라고 한다. 또한 성인교육의 과정에 초점을 둔 정의로써, 성인교육이란 집단 또는 제도 내에서 성인들이 그들 자신이나 그들의 사회를 개선하는 개인이나 기관에 의한 계획을 포함하는 과정이다. 놀즈(Knowles)는 성인교육을 광범한 의미로써 성인학습의 과정으로 정의하고 있다. 기술적 의미로는 성인교육이란 특정 교육목표의 달성을 위한 광범한 다양한 제도에 의해 수행되는 일단의 조직화된 활동이다.

(3) 비형식교육

비형식교육(nonformal education)은 교육의 형태 또는 교육의 방식에 따른 구분으로서, 교육의 대상에 대한 규정은 내포되어 있지 않다. 비형식교육은 전일제 정규학교교육으로 구분되는 형식교육과 우연적 학습 또는 부수적·부차적 학습으로 규정되는 무형식교육을 제외한 여타의 교육형태를 의미하며, 이는 과거의 사회교육과 가장 유사한 개념이다.

비형식교육은 쿰즈(Coombs)가 분류한 형식교육(formal education), 무형식교육(informal education)과 함께 분류한 것 중 하나이다. 형식교육은 모든 수준의 공·사립학교를 포함한 교육제도를 말한다. 무형식교육은 개인의 일상생활과정, 즉 친구들과의 우연한 대화를 통해서, TV 시청을 통해서, 잡지를 봄으로써 그리고 기타 여러 방법을 통해서 일어나는 무계획적 경험에 기초하고 우연히 일어나는 학습이다. 쿰즈는 비형식교육을 형식적인 체제 바깥에서 일어나는 어떤 조직화된 교육활동을 말한다.

다시 말하면, 형식교육(formal education)은 교육제도에 의해 계획되고 체계화된 교육이고, 비형식교육(nonformal education)은 집단이나 사회적 맥락에서 이루어지는 교육이며, 무형식교육(informal education)은 일상생활을 통해서 우연한 기회를 통해 일어나고, 교육적인 상황이 아닌 자연스럽게 일어나는 것이다. 형식교육, 비형식교육 및 무형식교육의 특징을 제시하면 다음 [그림 1-2]와 같다(Yang & Valdes-Cotera, 2011).

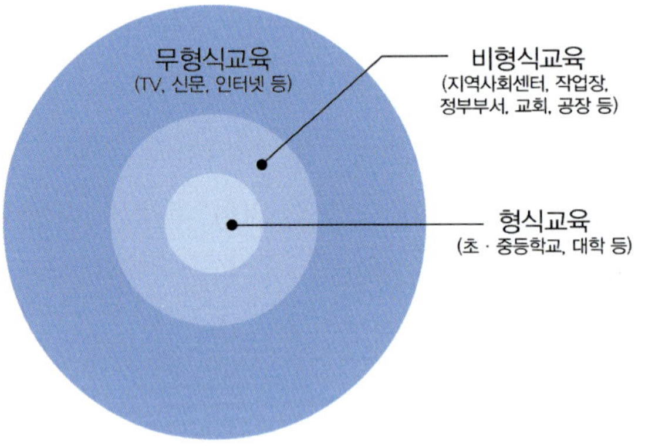

[그림 1-2] 형식교육, 비형식교육, 무형식교육의 관계

(4) 생애교육

생애교육(career education)은 미국에서 시작하여 발달한 교육의 한 개념으로 주로 직업교육의 영역에서 많이 사용된다. 생애교육이란 개인이 생활의 일부로 혹은 생활수단으로서 일을 배우고 일에 종사하기 위하여 준비할 수 있는 경험의 총체 또는 개개인 모두가 일을 중심으로 한 사회의 가치관에 익숙해지고 이러한 가치관이 인격체제에 통합되어, 일이 개인에게 보람 있고 만족될 수 있도록 생활화하는 데 도움을 주는 학교와 지역사회 간 노력의 총체로 정의된다.

마를랜드(Marland) 등은 미국에서의 학업을 중단한 학생들의 비율이 높은데 아주 많은 관심을 가졌다. 그들은 이러한 주된 이유 중의 하나는 미래의 성인으로서의 기능을 수행하는 데 적절한 지식과 기술을 학교가 학생들에게 제공하지 못했기 때문이라고 생각했다. 따라서 생애교육은 교실을 교사와 학생 모두를 위한 작업장으로써 강조하는 것이다.

생애교육 개념의 핵심은 생애역할(career role) 개념이다. 각 개인의 생애는 일생 동안에 개인이 참여하는 여러 가지 작업역할로 이루어진다. 각 개인은 학교교육을 마친 후 직업을 갖게 될 때, 그 직업이 그들 생활의 중요한 부분이 된다. 생애교육의 목표를 보면 다음과 같다(Brolin, 1995).

① 사람들의 생애인식, 탐구, 의사결정을 돕는 것
② 고용적격성, 적응성, 승진기술을 갖추게 하는 것
③ 개인적 분야-교육체제의 공동협력을 촉진·이행하기
④ 교육과 일을 관련 지움으로써 두 가지 모두의 더 좋은 선택이 이루어질 수 있도록 하기 위하여
⑤ 학급에 '생애'의 중요성을 불어넣음으로써 교육을 개혁하기
⑥ 개인의 전체적 생활양식의 의미 있는 부분으로 만들기
⑦ 편견과 고정관념을 감소시킴으로써 선택의 자유를 보호하기

생애교육은 생애인식, 생애탐구, 생애준비 그리고 생애동화(assimilation) 등의 상호 관련된 단계의 진보과정으로 개념화할 수 있다.

① 생애인식은 초등학교 수준에서 시작되며 학생들이 일의 세계를 이해하도록 하고 학생들이 미래에 일의 세계와 어떻게 조화시킬 것인가 하는 것이다. 생애인식은 이러한 기간 동안 일어나는 인간발달의 자기인식 측면과 관련된다.
② 생애탐구단계는 중학교 수준에서 강조된다. 이 단계는 학생들이 생

활양식과 직업에 관련된 그들의 흥미와 능력을 탐구하도록 도와주려는 것이다. 학생들은 자기 자신의 독특한 능력과 욕구를 파악하도록 배워야 하며, 경험을 쌓기 위한 지역사회의 여러 활동에 참여할 수 있는 기회가 주어져야 한다.

③ 생애준비단계는 고등학교 수준으로서, 생애의사결정과 기술획득과정이다. 학생들은 그들의 구체적인 흥미, 적성 그리고 이러한 특성들을 충족시켜 주는 생활양식 유형을 확인할 수 있어야 한다.

④ 생애동화단계는 학생들을 중등학교 이후의 훈련과 지역사회-적응 상황으로 변화시키는 것이다.

(5) 순환교육

순환교육(recurrent education)은 OECD에 의해 주창된 개념으로 기존의 일회성 학교교육 체제가 지니는 비효율성과 한계를 극복하고 교육의 시기를 평생에 걸쳐 순환적으로 재분배하여 계속될 수 있도록 해야 한다는 새로운 교육도식을 전제로 하는 개념이다. 이러한 순환교육은 학교교육과 직업생활을 주기적·순환적으로 반복하여 연계짓는 교육체제를 전제로 하며 그 주된 대상은 직업을 가진 성인이다. 교육의 주 목적은 노동시장 변화에 따른 직업적 재적응과 생산성 제고이며 교육의 계속성과 통합성을 강조한다는 점에서 다른 평생교육 관련 개념들과 다르다. OECD가 제안한 순환교육 시스템의 주요한 특징을 원칙은 다음과 같다.

① 의무교육 이후의 학습과 직업에 대하여 각각의 학생들이 진정한 선택을 이룰 수 있도록 교육과정을 제공하여야 한다.

② 의무교육 이후 교육은 전체적인 생애 중 적절한 시간에 개별적으로 접할 수 있도록 보증되어야 한다.

③ 모든 사람들이 언제 어디서나 이용하는 것이 가능하도록 편리하게 접근할 수 있도록 해야 한다.

④ 사회적 경험은 입학의 규칙과 교육과정의 설계에서 중시되어야 한다.

⑤ 교육과정의 설계와 교수방법은 각기 다른 연령층과 사회집단의 흥미와 동기부여를 위해 적용시킬 수 있는 요소들을 고려하여 상호협력을 이룰 수 있는 속에서 고안되어야 한다.

⑥ 학위나 졸업장은 교육경력의 종착역이 아니라, 평생학습과 평생의 경력을 개발하는 과정으로 취급되어야 한다.

⑦ 직업과 사회적 안정을 위한 필요한 준비와 함께 부족한 요소를 제거하는 교육의 권리가 부여되어야 한다.

순환교육은 교육의 방식에 있어 학교교육이 주가 되고 학교교육과 직업이 순환적 · 주기적으로 반복되는 교육형태를 취한다는 점, 직업진로와 관련하여 교육주기를 설계한다는 점에 있어 다른 개념들과 차이를 보인다.

3 학습사회와 교수-학습

21세기는 이전과 비교할 수 없을 정도로 기술적 진보와 급속한 사회변화를 겪고 있다. 학습사회의 개념은 제3심리학, 전통교육에 대한 광범한 환멸감, 일리치(Illich), 라이머(Reimer), 프레이리(Freire) 등과 같은 급진교육에 관한 저술 그리고 테크놀로지발달로 인한 경제적 · 사회적 변화로 인한 전례 없는 변화로부터 유래된다(Jarvis, 2007). 현대사회에서 사람들은 경제적 · 기술적 · 사회적 · 문화적 변화로 인해 초래되는 근본적인 변화와 불확실성에 대처하는 데 적합한 지식과 기술을 습득하기 위하여 새로운 형태의 학습, 평생학습을 필요로 한다.

학습사회는 학습자에게 전 생애에 걸쳐, 학습자의 전체 삶의 관점에서 모든 종류의 학습기회를 제공하며 새로운 동기를 창출하는 것이 가능한 사회이다. 학습사회란 사람들이 배움과 성취를 이루는 것이 그 사회의 목적이 되는 가치관으로 변화되고, 모든 제도들이 이 목적달성을 지향하는 사회를 말한다(Hutchins, 1968). 학습사회는 학습이 사람의 전 생애와 전 사회에 걸쳐서 일어나고 교육자원뿐만 아니라 사회적 자원과 경제적 자원을 포함하여 모든 자원이 학습자원이 되는 사회이다.

학습사회에 대한 접근은 문화사회적 측면과 경제적 측면으로 구분하여 볼 수 있다.

문화사회적 측면에서의 접근은 학습사회의 목적을 인도주의에 두고, 접근 가능하고 교육에서의 학습을 당연한 것으로 간주하는 학습사회(learning society)로 귀결된다. 따라서 문화사회적 측면에서의 학습사회는 사회적 포용 증대, 문명화된 삶을 위한 교양영역으로서의 학습사회를 핵심내용으로 하고 있다. 평생교육의 궁극적인 목적인 삶의 질을 유지·향상시키기 위한 지원 체제가 잘 구비된 사회가 바로 학습사회이다. 이것은 OECD(1996)의 모든 사람을 위한 평생학습(Lifelong Learning for All)으로 연결된다.

평생교육은 모든 개인이 학습기회의 접근은 물론 양질의 학습환경을 제공받을 수 있어야 한다. 특히 기초교육을 받지 못한 사람들에게 기회가 주어지는 것뿐만 아니라, 교육기회를 갖지 못한 이들이 계속학습을 할 수 있도록 능력을 구비하고 동기를 갖도록 해주는 것을 의미한다.

경제적 측면에서의 접근은 새로운 지식, 기술과 태도를 습득함으로써 변화에 적응해야 한다는 논리에 입각한 학습사회이다. 시장에서 경쟁력이 있는 숙련된 노동력개발이 필요하다는 인식이 더 증가함에 따라 인도주의에 초점을 둔 평생교육은 경제적인 평생학습의 틀로 대체되기에 이르렀다. 사회변화가 심하면 심할수록 사회구성원들은 구조 및 작업(업무, 일) 기반 변화(structural and work-based change)에 뒤떨어지지 않기 위하여 끊임없이 스스로 학습해야 한다.

지식에는 두 가지 유형이 있는데, 하나는 사회문화생활에 필요한 것으로서 그것은 일단 학습되면 당연하게 받아들이는 것이다. 사회문화생활에 필요한 지식은 종종 변화가 천천히 일어나며, 사회안정에 본질적이라는 특징을 가지고 있다. 반면에, 자본주의의 요구는 새로운 지식을 필요로 함으로써 급속히 변화한다. 따라서 현대사회는 급속하게 변화하므로 학습사회가 출현하게 되는 것이다(Jarvis, 2010).

미래 다양한 차원의 인간의 삶과 지속적인 발전에 긍정적으로 영향을 미칠 것으로 예상되는 평생학습문화(culture of lifelong learning)에 대한 주요 메시지를 제시하면 다음 [그림 1-3]과 같다.

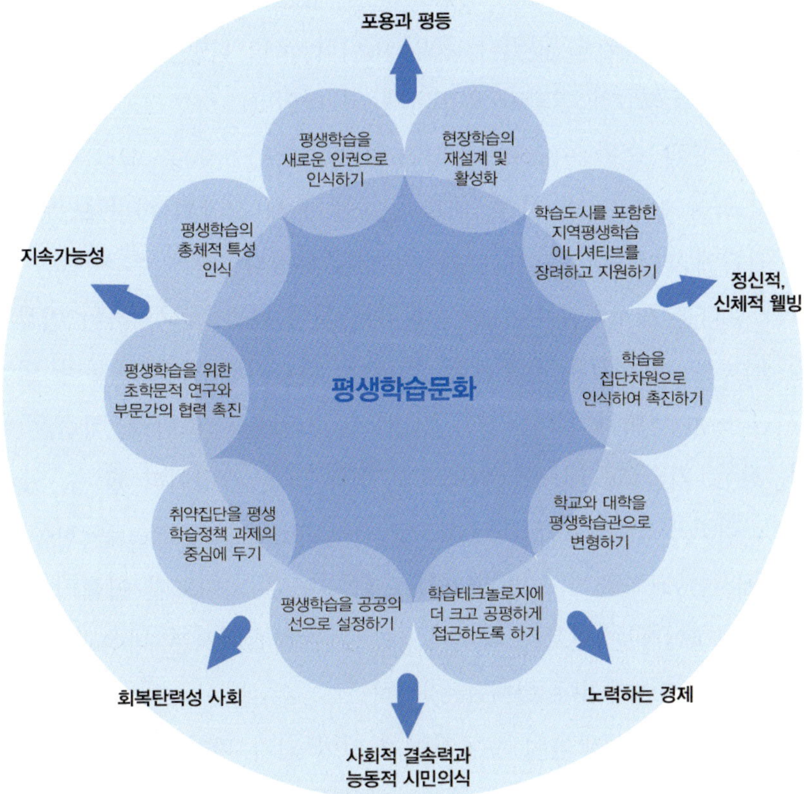

[그림 1-3] 평생학습문화 조성을 위한 주요 메시지

출처: UNESCO Institute for Lifelong Learning(2020).

평생교육의 근본적인 관점은 급격하게 변화하는 사회에서 전 생애를 통한 학습이 필요하다는 것이며, 이는 모두에게 적용되는 모든 사람을 위한 것이어야 한다는 것이다. 이 가운데 일반적인 교육의 개념과 평생학습의 개념을 좀 더 명확하게 하는 것은 교수-학습에 있어 보다 시사점을 갖게 할 수 있다.

오늘날은 지식이나 정보량이 폭발적으로 증대함과 동시에 이를 접할 수 있는 방법이나 환경이 너무나 다양해지는 사회가 되었다. 다시 말하면, 과학기술발달은 인간이 생활하는 데 필요한 수많은 지식과 정보를 생산하였고, 때를 맞추어 이를 전달할 수 있는 정보통신발달은 다양한 학습방법을 가져오게 되었다. 이러한 시대변화는 자연히 교육의 기능과 역할의 변화를 가져오지 않을 수 없었다. 뿐만 아니라 교육의 방식도 교수자중심에서 학습자중심으로의 변화가 일어나게 된 것이다.

놀즈, 홀튼과 스완슨(Knowles, Holton & Swanson, 2005)은 교육이란 개인, 집단 및 공동체의 지식, 기술, 태도 변화를 위해 고안된 하나 또는 그 이상의 기관에 의해 이루어지는 활동이라고 하였다. 이 말은 학습을 위한 자극과 강화를 제시하고 변화를 유도하기 위한 학습을 설계하는 변화담당자인 교육자(educator)를 강조한다. 반면에, 학습이란 말은 변화가 일어나는 사람 또는 변화가 일어나기를 기대되는 사람을 강조한다. 학습은 행동변화, 지식, 기술 및 태도가 획득되는 행위 또는 과정이라 할 수 있다.

랑송, 리코프스키와 스트레인(Ranson, Rikowski & Strain, 2001)은 전통적 패러다임에서는 교육을 학습과 평가라는 너무 좁은 의미로만 이해되어 왔지만, 평생학습이라는 새로운 패러다임의 교수-학습에서는 다음과 같은 핵심 원리들이 고려하여야 한다는 것이다.

첫째, 교육이란 사람들이 능동적인 시민이 되기 위해 준비를 하는 것으로 교육목적이 재음미 되어야 한다.

둘째, 학습은 좁은 범위의 인지적 과정으로만 생각할 것이 아니라 기본적인 인지적 기술과 능력개발은 물론이고 자아존중, 동기 및 웰빙 등을 강화함으로써 잠재력을 학습하고 실현하기 위한 삶의 질이 중요하다.

셋째, 학습자들은 누구나 능력을 가지고 있으므로 경험을 통하여 그리고 열심히 노력함으로써 더 계발할 수 있다.

넷째, 학습자들이 자신이 속한 공동체의 능동적인 구성원이 되도록 하려면, 학습과 실제를 재연계시켜 줄 수 있는 능동적인 학습 도가니를 마련해 줄 수 있는 장치가 필요하다. 실제적 학습과 반성적 문제해결을 하도록 하려면 구성원들이 학습에 참여하도록 동기를 부여해야 할 것이다.

다섯째, 학습자에 대한 보다 더 총체적 관점으로서, 성취를 추구하려는 새로운 교육은 부모와 가족을 실제에 참여하게 하는 것이다. 이것은 가족 단위에 초점을 둠으로써 가족학습과 적극적인 부모-자녀의 상호작용을 통하여 부모와 자녀 모두를 격려하여 최상의 효과를 가져올 수 있도록 하려는 것이다.

여섯째, 학습자와 가족의 모든 욕구를 표현하기 위해서는 가족지원, 건강과 사회적 서비스 등 교육에 대해 보다 더 통합적인 접근, 즉 다양한 기관의 활동이 필요하다.

일곱째, 실제에 가족의 참여를 통해 사회적 목적을 연계시키는 새로운 교육은 더 광범한 공동체의 참여가 필요하다.

평생교육과 평생학습을 교수(teaching)와 학습(learning)의 순환과정으로 제시해 보면 다음 [그림 1-4]와 같다(Jarvis, 2004).

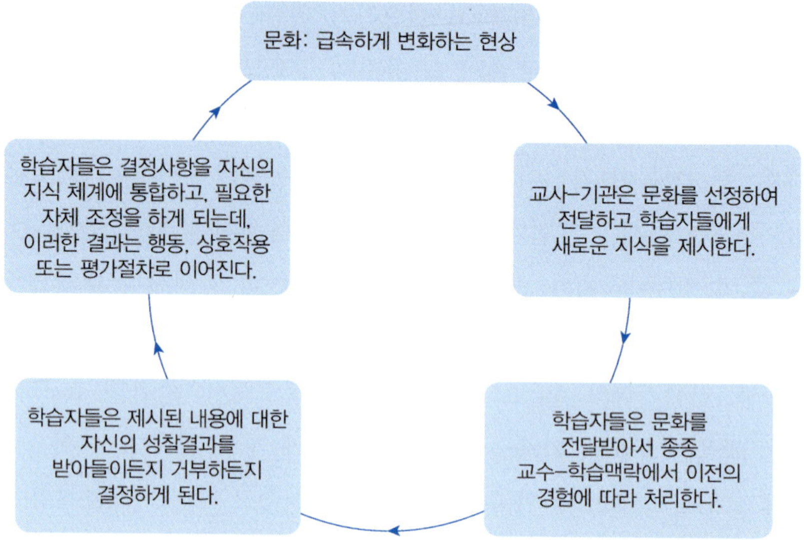

[그림 1-4] 교수-학습 순환 과정

교육의 의미는 학습자의 특성을 개발하거나 사회화를 의미하는 것이다. 교육은 학습을 조직하고 구성하는 것이며, 계획적이고 의도적인 학습상황을 의미한다. 즉 의도적으로 지식, 적성, 태도, 기술 등을 습득할 수 있는 조직화된 구조의 틀을 창안하여야 하는 것을 교육이라고 한다.

반면에 학습은 학습자 스스로 자신의 능력을 강화시킬 수 있는 일련의 경험을 통해 습득되는 것이다. 따라서 학습은 학교 등의 제도화된 기관 등을 통해서만 이루어지는 것이 아니라 가정과 직장 등 다양한 상황에서 발생한다.

물론 교육과 학습을 명확히 구분하기란 쉽지 않다. 교육자에 중점을 두느냐 학습자에 중점을 두느냐에 따라 차이는 있을 수 있으나 이는 상보적인 개념으로 보아야 할 것이다.

평생교육은 제도화된 교육시스템의 한 측면과 지역사회교육이나 직업훈련 등과 같은 형식적인 틀 속에서 발생하는 것 이상으로 많은 자발적인 협력자들의 열정과 높은 동기부여로부터 전개되어 왔다. 때로는 공적인 도움 없이, 자발적이고, 비전문적이고, 무보수이며, 여러 유형의 사람들과 다양한 자원들을 활용하여, 자연스러운 방법 속에서 개발되고 있다. 따라서 평생교육은 아동교육보다 방대하고 다양한 필요 요소들이 존재하고 있고 사회문화적 요인과 경제적 요인, 개인적인 부분과 조직적인 부분이 연계되어 있다. 그만큼 상호 간의 보완과 협력이 평생교육을 확장시키기 위해 필요하다.

Chapter 02

성인학습의 이해

1 성인의 개념

성인의 의미는 국가나 문화에 따라 그 기준이 다양하기 때문에 일률적으로 규정짓기에 어려움이 있다. 성인(adult)은 라틴어의 adultus에서 파생된 것으로서 '다 큰, 성장한'(grown up)의 의미를 지니고 있다. Oxford 영어사전에는, 성인(adult)이란 '자신의 행동에 대해 법률적으로 책임을 가진 충분히 성장한 사람'을 말한다. 국립국어원 표준국어대사전(2023)에는 성인(成人)이란 '자라서 어른이 된 사람'으로 제시하고 있다. 또한 어른이란 '다 자란 사람 또는 다 자라서 자기 일에 책임을 질 수 있는 사람, 결혼을 한 사람' 등으로 제시되어 있다. 한자의 成의 의미를 보면, '성'이란 이루다, 이루어지다, 갖추다, 우거지다, 성숙하다 등의 뜻을 지니고 있다. 이러한 단어의 의미를 통해서 보면 성인이란 자신의 맡은 일에 책임을 질 만큼 충분히 성장한 사람으로 볼 수 있다.

세계 각국의 성인의 기준에 대해서 연령 측면에서 살펴보기로 하자 (Kapur, 2015).

예를 들어, 알바니아와 미국령 사모아에서는 미국의 청소년들이 14세에 성인이 되는 반면, 이란에서는 15세이다. 쿠바, 키르기스스탄, 투르크메니스탄, 우즈베키스탄과 스코틀랜드는 16세이다, 타지키스탄과 엘살바도르는 17세에 법적 성인이 된다. 대부분의 경우 인도, 아프가니스탄, 파키스탄, 방글라데시와 같은 세계의 나라들, 부탄, 인도네시아, 말레이시아, 모리셔스, 중국, 아르헨티나, 유럽연합, 콜롬비아, 에콰도르, 몰타, 폴란드, 스위스, 스페인, 튀니지, 러시아, 영국, 미국, 베트남, 베네수엘라, 짐바브웨 등은 18세이다. 비슷하게 캐나다 19세, 일본, 뉴질랜드, 대만, 태국은 20세이고, 레소토, 바레인, 카메룬, 이집트, 온두라스, 싱가포르, 푸에르토리코, 스와질란드 등은 21세이다. 이를 통해서 보면 국가마다 차이는 있으나 14, 15세에서 21세까지 분포되어있다.

우리나라는 민법 제4조에서 성인(성년)을 19세로 정하고 있다. 청소년 기본법상에는 만 9세에서 만 24세인 자를 청소년으로 규정한다. 따라서 성인도 청소년 기본법상에서는 청소년에 포함될 수 있지만 대부분 만 13~18세인 자를 청소년으로 부른다.

성인기의 경우, 해비거스트는 성인 초기(18~30세), 성인 중기(30~55세), 성인 후기(55세 이상)로 나누었고, 에릭슨은 성인 전기(18~35세), 성인 중기(35~65세), 성인 후기(65세 이상)로 나누었다. 이 중에서도 최근엔 노년기를 분리하여 노인학(gerontology)이라는 학문분야로 나타나기도 하였다.

놀즈, 홀튼과 스완슨(Knowles, Holton & Swanson, 2005)은 성인(adult)의 의미를 생물학적 · 법률적 · 사회적 · 심리학적 측면으로 나누어 다음과 같이 제시하였다.

첫째, 생물학적 측면은 성인을 재생산할 수 있는 연령에 도달할 때를 말한다.

둘째, 법률적 측면은 가령, 투표권이 주어지고, 운전면허증을 취득하고, 동의 없이 결혼을 하는 등과 같은 연령에 도달할 때를 말한다.

셋째, 사회적 측면은 배우자, 부모, 투표할 수 있는 시민, 풀타임 직장인 등의 역할과 같이 성인의 역할을 수행할 수 있는 연령에 도달할 때를 말한다.

넷째, 심리학적 측면은 자신의 삶에 대한 책임을 지고, 자기주도적으로 할 수 있다는 자아개념을 갖게 될 때를 말한다.

카퍼(Kapur, 2015)에 의하면, 성인이란 용어는 최소한 세 가지 의미를 포함하고 있다.

① 생물학적으로 성장 또는 성숙한 사람
② 충분히 성장했거나 재생산능력을 가진 사람
③ 특정 연령에 도달한 사람

이상과 같이, 성인이란 의미는 연령에 따라 또는 학문적 관점에 따라 접근방법이 다양함을 알 수 있다. 그럼에도 공통적 요소를 보면, 우선 연령 면에서 14, 15~21세, 어원적 측면에서는 자신의 행동에 대해 책임을 질 수 있을 만큼 성장한 사람을 말한다. 그리고 학문적으로는 생물학적, 심리학적, 법률적, 사회적 측면 등에서 다양하게 접근하고 있다. 한자어로 볼 때, 성인이란 성숙한 사람, 이룬 사람, 갖춘 사람 등의 의미를 지니고 있는 것으로 보아 현상들을 구별하여 이해하고 책임 있는 일을 할 수 있는 사람이라 볼 수 있다. 그럼에도 성인이란 계속 성장, 발달하여야 할 과정에 있는 더 나은 삶을 위해 되어 가는 존재(becoming being)로서 끊임없는 학습이 필요하다.

2 안드라고지의 개념

성인학습 개념이 형성되기 이전에는 성인교육과 아동교육이 명확하게 구분되지 않았다. 안드라고지(andragogy)는 성인교육을 고유한 분야로 정의하려는 시도로서 특히 아동기 교육과 성인교육 분야를 차별화하는 개념이다. 1970년대 이전에 성인교육자들은 일반적으로 교육의 실제를 주로 심리학적 측면에 의존하였다. 그러나 이후 성인교육이나 성인학습에 대한 많은 연구와 노력이 있었다. 이러한 노력들 중 가장 잘 알려진 것이 안드라고지였는데, 이것은 놀즈(Knowles)가 유럽으로부터 1968년의 논문에서 도입된 개념이다. 안드라고지는 앞에서 언급된 바와 같이, 성인학습자와 성인들의 상황에 초점을 두고 있다.

다시 말하면, 성인학습자(adult learner)는 성숙한 학생(mature student)으로 불리기도 하는데, 형식적 · 비형식적 · 무형식적인 체계적 학습과정에 스스로 참여할 수 있다라고 사회적으로 수용된 사람을 기술하기 위해 사용된 용어이다(Kapur, 2015). 약 50여 년 전에 놀즈(1968)는 성인학습을 성인 이전기의 학교교육과 구분하기 위하여 '새로운 명명과 새로운 테크놀로지'(new label and new technology)를 제안하였다. 유럽의 안드라고지 개념은 성인들의 학습을 도와주기 위한 예술과 과학(art and science)을 의미하는데, 이는 아동학습을 도와주기 위한 예술과 과학인 페다고지와(pedagogy)는 대비되는 개념이다. 즉, pedagogy는 paid(child)와 agogos(leading)를 의미하는 것으로 아동교육을 말하고, andragogy는 andr(man), agogos(leading)를 의미하는 것으로 성인교육을 말한다.

안드라고지는 성인학습자에 대한 몇 가지 가정에 기초를 두고 있는데, 놀즈(Knowles)는 다음과 같은 네 가지 가정을 제안하였다(Merriam, Caffarella, & Baumgartner, 2007).

① 인간은 성숙해 감에 따라 자신의 자아개념이 의존적 성격에서 자기주도적 인간으로 이동한다.

② 성인은 점점 경험을 축적하게 되는데 이것은 결국 풍부한 학습자원이 된다.

③ 성인의 학습준비도는 자신의 사회적 역할에 대한 발달과업과 밀접히 관련된다.

④ 사람은 성숙하면서 시간관점(time perspective)이 변화한다. 다시 말하면, 지식을 미래에 적용하는 것에서 즉시 적용하는 것으로 변화한다는 의미이다. 따라서 성인은 학습과정에서 교과중심적(subject centered)이기보다는 더욱 문제중심적(problem centered)이라고 볼 수 있다. 페다고지와 안드라고지의 차이점을 보면 다음 〈표 2-1〉과 같다.

〈표 2-1〉 페다고지와 안드라고지의 가정(assumptions) 비교

영역	페다고지(Pedagogy)	안드라고지(Andragogy)
학습자의 개념	• 학습자의 역할: 의존적이다. • 교수자: 무엇을, 언제, 어떻게 가르칠 것인가에 대한 책임이 있는 것으로 기대된다.	• 사람이 의존성에서 자기주도성을 높이는 방향으로 이동하는 것이 성숙의 과정으로 정상적이지만, 사람들 간의 차이가 있다는 것을 인식할 필요가 있다. • 교수자는 이러한 이동을 격려·장려할 책임이 있다. • 성인은 특정 일시적 상황에서는 의존적일 수도 있을지라도, 일반적으로 자기주도적으로 되기 위한 심오한 심리적 욕구를 지니고 있다.
학습자들의 경험의 역할	• 학습자들이 학습상황에 가져다주는 경험은 거의 가치가 없다. 출발점으로 삼을 수도 있지만, 학습자가 가장 많이 얻을 수 있는 경험은 교사, 교과서 집필자, 시청각 보조 제작자 등 전문가들의 경험이다. 따라서 교육의 주요 기법은 전달 기법(강의, 할당된 읽기)이다.	• 사람들이 성장하고 발전함에 따라 그들은 자신과 다른 사람들의 학습을 위한 풍부한 자원이 되는 경험의 축적을 증가시킨다. 게다가, 사람들은 수동적으로 습득하는 것보다 경험을 통해 얻는 학습에 더 많은 의미를 부여한다. 따라서 교육에서의 주요 기법은 실험실 실험, 토론, 문제해결 사례, 시뮬레이션 연습, 현장 경험 등과 같은 경험적 기법이다.
학습 준비도	• 사람들은 배워야 한다고 말하는 것은 무엇이든 배울 준비가 되어 있다. 같은 나이의 대부분의 사람들은 같은 것을 배울 준비가 되어 있다. 따라서 학습은 모든 학습자에게 획일적인 단계별 진행과 함께 상당히 표준화된 교육과정으로 구성되어야 한다.	• 사람들은 실생활의 과제나 문제에 더 만족스럽게 대처하기 위해서 학습욕구(필요성)를 경험할 때 그것을 배울 준비가 되어 있다. 교육자는 학습자가 알고 싶어 하는 욕구를 발견할 수 있도록 상황을 만들고 도구와 절차를 제공할 책임이 있다. 또한 학습프로그램은 삶의 적용 범주(life-application categories)를 중심으로 구성되어야 하며 학습자의 학습 준비도에 따라 계열화(sequence)되어야 한다.
학습 지향성	• 학습자는 교육을 교과내용을 습득하는 과정으로 간주하며, 그들이 이해하는 내용의 대부분은 인생의 후반기에만 유용할 것이다. 따라서, 교육과정은 교과논리(예: 고대에서 현대사, 단순한 것에서 복잡	• 학습자들은 교육을 삶에서 그들의 잠재력을 최대한 발휘하기 위해 증가된 역량을 개발하는 과정으로 본다. 그들은 미래를 더 효과적으로 살아가기 위해 오늘날 그들이 획득한 모든 지식과 기술을 적용할 수 있기를 원한다. 따라서, 학습경험은

영역	페다고지(Pedagogy)	안드라고지(Andragogy)
	한 수학이나 과학으로)를 따르는 교과단위(코스)로 조직되어야 한다. 사람들은 학습에 대한 지향성이 교과중심적이다.	역량개발 범주를 중심으로 구성되어야 한다. 사람들은 그들의 학습지향에 있어서 수행중심적(performance-centered)이다.

출처: Knowles(1980).

위의 〈표 2-1〉의 내용을 토대로 볼 때, 안드라고지는 전통적으로 페다고지가 전제로 하고 있는 가정과는 다른 학습자의 특성을 적어도 네 가지 중요한 가정을 전제로 하고 있다.

놀즈(Knowles)는 후기 출판물을 통해 위에서 제시된 네 가지에 다섯 번째와 여섯 번째 가정을 다음과 같이 추가하였다.

⑤ 가장 강력한 동기부여는 외적 동기부여보다는 오히려 내적 동기부여이다.

⑥ 성인들은 어떤 것을 왜 학습해야 하는지에 알아야 할 필요가 있다.

놀즈의 성인학습에 대한 여섯 가지 기본 가정의 핵심은 자기주도성, 경험축적, 학습준비도, 내적 동기부여 그리고 학습내용과 학습목적 등이라 할 수 있다. 놀즈는 이상과 같은 가정들이 성인을 위한 프로그램 설계에 기본적인 것이라고 명확히 인식하였다. 이러한 가정 하나하나를 통해서 성인학습활동의 설계, 이행 및 평가를 위한 수많은 시사점을 이끌어내었다.

3 성인 발달이론

발달은 인간이 수정에서 죽음에 이르는 전 생애 단계에 걸쳐 나타나는 모든 변화를 말한다. 그러나 인간발달과 관련된 이론은 성인보다는 아동기에 집중되어 있었다. 대표적으로 피아제(Piaget)는 인간의 발달단계를 감각운동기, 전조작기, 구체적 조작기, 형식적 조작기로 구분하였다. 에릭슨(Erikson)은 정체성발달단계를 연령별로 1단계에서 8단계로 나누어 구분하였다.

대체로 생애(life span) 발달이론은 성인생활 내내 일어나는 어떤 예측 가능한 유형이 있다는 것이다. 따라서 레빈슨(Levinson)의 인생단계(life stage)나 에릭슨(Erikson)의 발달단계가 학습에 미치는 영향은 유사하다는 것이다. 즉, 성인생활은 일련의 단계와 전환기를 가지고 있는데, 이러한 각 단계에서 성인들은 익숙하지 않은 영역에 접하게 된다(Knowles, Holton & Swanson, 2005). 한편으로는 새로운 단계에 대한 전환기는 학습동기를 유발하게 되므로 성인학습 전문가들은 성인의 발달과정을 이해하여 성인의 학습동기를 잘 이끌어 주어야 할 것이다.

성인의 발달에 관한 연구는 에릭슨의 자아발달단계론과 관련이 깊다. 에릭슨은 유아기에서 노년기에 이르기까지 연령별 특징을 제시하였다.

1) 에릭슨의 자아발달단계

에릭슨은 심리사회 발달이론가로서 인간은 자신의 정체성을 확립하는 과정에서 다른 사람과의 관계의 중요성을 강조하였다. 에릭슨은 성인의 정체성은 8단계의 위기와 딜레마를 해결함으로써 발달한다고 제안하였다. 만약 성공적으로 해결된다면, 각각의 딜레마는 사람들에게 어떤 힘(strength)을 줄 것이다. 에릭슨은 아동기와 성인기와 같은 인생의 시기를 나타내기 위하여 단계(stage)라는 말을 사용하였는데, 이를 통하여 서로 대비되는 심리적 경향성을 여덟 가지 단계로 제시하였다.

이를 보면 다음 〈표 2-2〉와 같다.

〈표 2-2〉 에릭슨의 심리사회 8단계

단계	단계별 특징	얻을 수 있는 잠재적인 힘
단계 1 (출생~18개월)	신뢰 대 불신	희망(hope)
단계 2 (18개월~3세)	자율성 대 수치심, 의심	의지(will)
단계 3 (3~5세)	주도성 대 죄책감	목적(purpose)
단계 4 (6~12세)	근면성 대 열등감	역량(competence)
단계 5 (12~18)	정체성 대 역할혼돈	충실성(fidelity)
단계 6 (18~35세)	친밀성 대 고립감	사랑(love)
단계 7 (35~65세)	생산성 대 침체성	배려(care)
단계 8 (65세 이상)	통합성 대 절망	지혜(wisdom)

출처: Bishop(2013).

성인 초기(18~35세)는 직업을 선택하고 배우자를 찾고 책임 있는 성인으로서의 역할을 시작한다. 이 시기에는 자신의 정체성을 타인과의 친밀한 관계를 유지하려는 시기이다. 이것이 실패할 경우 고립감을 갖게 되어 자신에게 위협을 줄 수 있다고 느끼는 대상에게는 거부적이거나 공격적 태도를 보일 수 있다. 즉, 이 단계는 서로 사랑을 찾고 친밀감을 형성하느냐 아니면 고립에 이르느냐 하는 중요한 시기이다. 이때 얻을 수 있는 잠재적인 힘(strength)이나 덕(virtue)은 '사랑'이다.

성인 중기(35~65세)에서는 개인이 사회와 다음 세대의 발전을 위해 선의(good will)와 도덕적 판단을 촉진하는 활동에 참여할 때 이 단계를 성공적으로 이끌게 된다. 반면에 개인이 자기중심적이고 사회적 관계가 부족 할 때는 호의적인 결과를 가져오지 못하게 된다. 또한 자신이 수행하고 있는 일을 통해 생산성의 과업을 성취하지 못하면 개인은 고립되고 좁은 세계관을 가지게 된다. 이러한 심리·사회적 능력 혹은 덕성은 '배려'이다.

성인 후기(65세 이후)는 직장은퇴, 친구나 배우자의 죽음 등으로 절망감에 빠지기 쉬운 단계이다. 자아통합은 자신이 지금까지 살아온 인생을 돌이켜 보면서 성취감과 만족감을 얻을 때 생긴다. 자아통합을 이루어내지 못하면 삶이 무의미하고 절망감에 빠지게 된다. 이때 심리·사회적 덕성은 '지혜'이다.

2) 레빈슨의 생애주기 이론

레빈슨(Levinson)은 생애주기(life cycle) 이론을 제시하였는데 그 핵심 개념은 인생구조(life structure)이다. 레빈슨의 인생구조는 남성과 여성의 삶의 인생구조에 있어서 기본적인 패턴이 있다는 것을 발견했다. 즉, 인생구조는 성인기 동안 나이와 연결된 비교적 질서정연한 순서를 통해 발전한다는 것이다. 성인기의 발달특징을 보면 다음과 같다.

① 성인 초기 전환기(early adult transition, 17~22세): 성인 이전 시기와 성인 초기 간의 발달, 교량역할, 성인세계에서 성인으로서의 위치를 생각하기 시작함.

② 성인 초기 진입 단계(entry life structure for early adulthood, 22~28세): 최초의 성인 생활양식의 형성 및 유지, 직업세계와 가족이나 공동체속에

서의 개인적 정체감 발달

③ 30세 전환기(age 30 transition, 28~33세): 진입구조를 재평가 · 수정하여 다음 인생구조를 위한 기초를 만들기 위한 기회, 20대의 성취를 평가하고 계획된 인생구조에 적응하기

④ 성인 초기 절정 단계(early adulthood, 33~40): 개인적 · 직업적 목표달성을 위해 노력하며 직장, 가정 및 공동체에 강한 헌신

⑤ 성인 중기 전환기(midlife transition, 40~45): 성인 초기 종말과 성인 중기 시작, 30대에 계획된 인생구조 검토

⑥ 성인 중기 진입 단계(entry life structure for middle adulthood, 45~50): 새로운 시기에서 생활을 하기 위한 최초의 기초 제공

⑦ 50세 전환기(age 50 transition, 50~55): 인생구조 진입을 수정 · 개선하기 위한 성인 중기 기회제공

⑧ 성인 중기 절정 단계(middle adulthood, 55~60): 이전에 제기된 문제에 대한 답을 찾고, 인생선택에 적응하기

⑨ 성인 후기 전환기(late adult transition, 60~65): 성인 중기와 후기 사이를 분리하고, 연결하는 경계

이상의 인생구조를 정리해 보면 다음 [그림 2-1]과 같다.

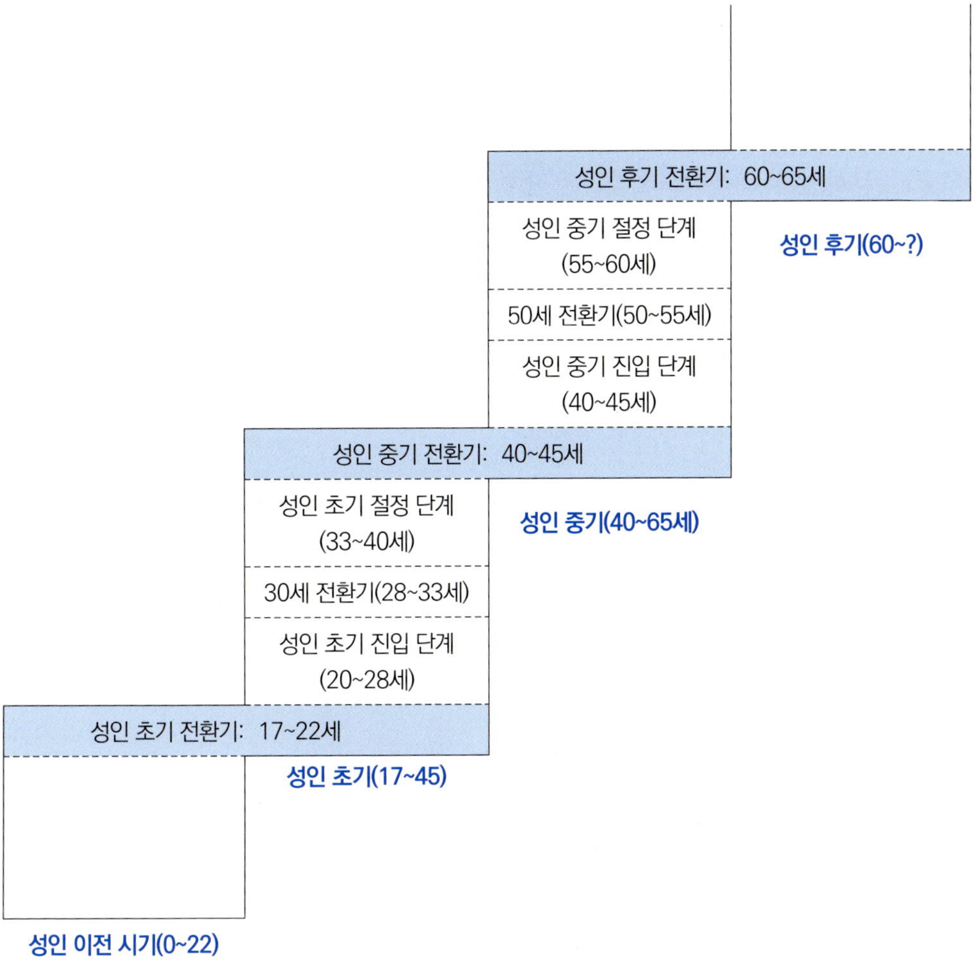

[그림 2-1] 성인 초 · 중 · 후기의 발달과정

출처: Levinson(1986).

이러한 시기와 기간의 단계는 다른 문화, 계급, 특정 시대의 남성과 여성에게 적용될 수는 있다. 그러나 사람들이 가지고 있는 인생구조(삶의 구조)의 종류, 과도기에 그들이 하는 발달과업, 그리고 사회적 역할, 사건, 성격 변화의 구체적인 단계나 순서에는 큰 차이가 있을 수 있다. 그럼에도 이 이론은 우리가 종종 계급, 성별, 문화 사이에 존재하는 심오한 차이를 연구할 수 있는 인간발달의 일반적인 틀을 제공한다.

위에서도 이미 언급되었지만 에릭슨이나 레빈슨의 성인발달 단계, 즉 인생이나 삶의 구조는 나라마다 문화나 전통, 성장과정 등에 따라 차이가 있을 수 있다. 뿐만 아니라 나라마다 집단지향적 문화인가 개인주의지향 문화인가 등에 따라서도 차이가 있을 수 있다. 그럼에도 이들의 인간발달 단계는 주로 청소년발달에 관한 연구로부터 성인발달 과정 연구라는 점에서 우리에게 많은 시사점을 주고 있다.

3) 해비거스트의 성인기의 발달과업

해비거스트(Havighurst, 1972)는 성인의 삶의 단계를 세 단계로 나누어 이에 따른 발달과업(developmental tasks)을 제시하였다.

① 성인 초기(early adulthood, 18~30)

- 동료 선택
- 배우자와 살아가기 위한 학습
- 가족 출발
- 자녀양육
- 가정관리
- 직업시작
- 시민으로서의 책임감 갖기
- 마음에 맞는 사회집단 찾기

② 성인 중기(middle age, 30~60세)

- 성인으로서의 시민적·사회적 책임감 달성
- 일과 삶의 만족스러운 균형 설정
- 자녀들이 책임 있고 행복한 성인이 되도록 지원하기
- 성인의 레저활동 개발

- 개인으로서의 배우자와의 관계
- 중년기의 생리적 변화를 수용하고 적응하기
- 노년기 부모에 적응하기

③ 성인 후기(old adulthood, 60세 이상)

- 신체적 힘의 쇠락과 건강에 적응하기
- 은퇴와 수입 감소에 적응하기
- 배우자의 죽음 및 건강에 적응하기
- 자신의 나이에 맞는 집단과의 관계설정
- 사회적 · 시민적 의무감 충족
- 손녀, 손자 돌보기

이상과 같이 해비거스트는 사람들의 발달단계에 따라 그 기간에 수행해야 할 발달과업을 제시하였다. 그러나 이러한 단계별 특성은 시대나 문화에 따라 차이도 있을 수 있지만 대체적으로 공통점도 있는 것으로 사료된다. 따라서 아동기나 청소년기도 마찬가지이지만, 성인의 경우도 발달단계별로 갖추어야 할 과업을 제대로 갖추도록 노력해야 할 것이다. 물론 이는 개인의 노력도 필요하지만 사회의 지원도 필요하다.

이러한 발달이론들을 토대로 볼 때 성인교육자들에게 시사하는 점을 생각해 볼 수 있다.

첫째, 성인학습을 이해하기 위해서는 성인발달과정을 이해해야 한다.

둘째, 성인발달은 다양한 요인들에 의해 영향을 받을 수 있다.

셋째, 따라서 성인교육자들은 성인학습자들의 발달특성을 이해하여 이에 맞는 학습방법을 학습프로그램에 활용하여야 할 것이다.

이상과 같은 성인학습자들의 특성을 고려하여 성인학습자들을 지도하는 성인교육자 역시 다음과 같은 역량을 지녀야 할 것이다(Mocker & Noble, 1981).

- 학습자들과 효과적으로 소통할 수 있어야 한다.
- 학습자들과 효과적인 관계를 가져야 한다.
- 학습자들에 대한 긍정적 태도를 강화시켜야 한다.
- 학습자들이 참여할 수 있도록 격려하는 풍토를 만들어야 한다.
- 학습자들과 상호존중하는 토대를 마련해야 한다.
- 수업의 속도와 학습자의 수준에 맞추어야 한다.
- 개인과 집단의 특성을 고려하여 가르쳐야 한다.
- 아동교육과 성인교육을 구별할 수 있어야 한다.
- 학습자의 자신감을 키워줄 수 있는 수업방법을 창안해야 한다.
- 수업활동에서 학습자의 관심을 불러일으켜야 한다.
- 프로그램을 성인의 욕구에 맞추어야 한다.
- 안락한 학습환경을 마련해야 한다.
- 성장을 위한 학습자들의 잠재력을 인식해야 한다.
- 학습자들의 수준에 맞는 수업을 해야 한다.
- 수업의 중요한 점을 요약하고 검토하여야 한다.
- 교수와 학습의 효과성에 대해 스스로 평가하여야 한다.
- 학습자들에게 끊임없이 피드백을 제공하여야 한다.
- 학습자들에게 필수적인 교과영역의 요소들을 선정해야 한다.
- 학급활동을 조정해야 한다.
- 성인에게 적용할 수 있는 학습원리를 결정해야 한다.
- 수업에서 새로운 접근을 통해 혁신과 실험에 대한 신념을 보여주어야 한다.
- 학습자들과 스스로의 연구계획을 세워야 한다.
- 다른 교수자들로부터 획득한 자료와 절차에 관한 지식을 응용하여야 한다.
- 학급활동을 학습자의 경험에 관련시켜야 한다.

4 성인학습자의 특성

성인학습과 관련한 이론과 방법은 성인기를 특징으로 하는 교육의 형태를 제시한다. 성인학습자의 특징에 대한 또 다른 관점을 보기로 하자 (Kokkos, 2005).

첫째, 성인학습자들은 교육의 과정(educational process)에 참여하기 위한 명확한 목표를 가지고 있다. 대부분의 성인들은 청소년학습자들에 비해 자신의 연령과 발달단계에 맞추어 구체적인 이유와 욕구를 가지고 교육의 과정에 참여한다. 가령, 교육목적은 전문성 향상, 개인발달, 부모로서의 역할수행 및 지위 등을 들 수 있다.

둘째, 성인학습자들은 더 많은 삶의 경험(life experiences)을 가지고 있다. 성인학습자들은 평균적인 일반 학습자보다 더 많은 인생경험을 교육과정에 제공할 수 있다. 이러한 인생경험은 강점이 될 수도 있고 장벽(barrier)이 될 수도 있다. 먼저 강점을 보면, 인생경험은 하나의 기초가 됨으로써 그 기초위에서 새로운 지식을 쌓을 수 있기 때문이다. 장벽이 될 수 있는 것은 성인학습자는 자신들의 가치와 신념을 형성하기 위하여 인생경험을 사용하기 때문에, 만약 그들의 사고가 경직되어 있는 경우에는 자신에게 제공되어야 할 새로운 지식과 경험학습을 받아들이지 않으려고 할 것이다.

셋째, 성인들은 자신이 선호하는 학습 스타일(learning style)을 가지고 있다. 성인들은 끊임없이 형식적 · 비형식적 · 무형식적(formal, non-formal, in-formal) 학습에 참여하고 있으며, 자신에게 맞는 학습 스타일이 형성되어 있다. 따라서 이러한 성인학습자의 학습 스타일은 평생교육자의 스타일과 다를 수도 있다. 따라서 성인학습자들이 가지고 있는 기존의 학습방식과 교육자의 교육방식의 차이는 효과적인 학습방법을 어렵게 할 수도 있다.

넷째, 성인학습자들은 능동적으로 참여하려는 경향이 있으므로 학습과정에 적극적으로 참여하고 싶어 한다. 성인학습자들은 적극적인 학습경험에 대한 욕구를 가지고 있으므로 성숙하고 책임 있는 개인으로 취급되길 요구한다. 성인학습자들은 구체적인 목적을 가지고 교육에 참여함으로 교육내용과 사용되고 있는 학습방법에 더 도전적이다.

다섯째, 성인학습자들은 학습에 대한 장벽에 직면한다. 이를 보면 다음과 같다.

① 교육활동을 위한 조직의 부족

② 성인학습자의 사회적 의무와 책임의 결과로서의 장벽

③ 기존에 가지고 있던 지식과 가치에 관련된 본질적인 장벽, 그리고 심리적 요인에 의한 장벽

특히, 성인들은 이전에 자신이 이미 가지고 있는 지식, 가치, 습관 등을 새로운 일단의 지식, 정보 등으로 수정해야 하거나 재정의하는 상황에 놓이게 될 때 어려움에 직면할 수 있다.

콕코스(Kokkos, 2005)가 제시한 성인의 특징을 보면, 성인들은 교육참여에 대한 명확한 목표의식으로 능동적으로 참여한다. 뿐만 아니라 자신이 그동안 쌓아 온 많은 삶의 경험은 자신의 학습활동에 도움을 준다는 것이다. 그러나 이러한 긍정적인 측면 외에도 학습에 장애 요인도 뒤따르고 있음을 알 수 있다. 즉, 성인은 지식과 가치에 대해 자신이 가지고 있는 기존의 관점이 자칫 새로운 관점을 수용하는 데 어려움을 가져올 수도 있다는 의미이다. 따라서 특정 현상에 대해 가지고 있는 기존의 사고의 틀을 유연하게 할 필요가 있다. 또한 학습방법 측면에서 자신만이 선호하는 학습 스타일이 있으므로 평생교육자는 이를 고려한 수업운영을 할 필요가 있다.

카퍼(Kapur, 2015)는 여러 학자들(Houle, 1961; Knowles, 1980 & 1984; Hiemstra and Sisco, 1990; Rogers, 2007)의 연구를 토대로 성인학습자의 특성을 다음과 같이 제시하였다. 이를 요약하여 제시해 보면 다음과 같다.

(1) 명확한 개인차

- 성인학습자들은 학습에 대한 욕구, 문제, 태도 및 전망에 있어서 서로 명확한 차이가 있다.
- 연령, 경험, 상황, 의사소통 및 학습 스타일이 서로 다르다.

(2) 자율적 · 독립적 · 자기주도적

- 스스로 생각하고 느끼며 독립적으로 관리한다.
- 교수자들은 이러한 성인의 특성을 이해하고 교수와 학습에 대한 경험적 방법을 활용해야 한다.

(3) 목표지향적

- 성인은 자신이 참여하는 활동에 대해 명확한 목표를 가지고 있다. 즉, 친구교제, 자격증취득, 직업교육, 기술획득, 더 나은 구직 및 승진 등이다.

(4) 자발적 학습자

- 성인학습자들은 어떠한 압력이나 강압 없이 자발적으로 학습에 참여한다.

(5) 결과지향적

- 학습프로그램에 참여할 때 마음속에 명확한 결과를 생각하고 있다.
- 학습활동을 통한 예상되는 결과가 충족되지 않을 경우 심지어 중도에 학습을 중단할 수도 있다.

(6) 적합성 지향적(relevancy-oriented)

- 성인학습자들은 학습과정이 자신에게 얼마나 적합한지를 알아야 한

다. 현재의 일상생활과 미래의 상황에서 학습의 적합성을 알게 되면, 그들은 학습상황에 더욱 능동적으로 참여하게 될 것이다.

(7) 풍부한 지식과 경험

- 개인은 연령이 증가함에 따라 많은 경험과 지식을 축적함으로써 성숙하게 된다.
- 교수자들은 이러한 성인학습자들의 경험과 지식을 존중해야 한다.
- 이러한 것을 학습상황에서 잘 활용하여야 한다.
- 학습자들이 가지고 있는 경험과 지식을 통하여 상호작용하고 토론하는 동안에 더 자신감을 갖고 활동하도록 한다.

(8) 존중

- 성인학습자들은 종종 학습과정에서 위축될 수 있다. 따라서 학습상황에 들어갈 때 학습촉진자로서의 평생교육자들은 성인학습자의 광대한 지식과 경험의 세계를 찾아서 그것을 펼칠 수 있도록 격려하고 존중해야 한다.

(9) 자아존중감과 자아상

- 학습상황에서 긍정적인 자아상과 높은 자기존중감이 형성되어야 한다. 많은 연구들에 의하면, 정서는 지적 측면(학습)과 분리될 수 없으므로 학습자가 스트레스를 받고 지나친 불안감을 갖게 되면 학습할 수 없을 것이다. 따라서 성인교육자들은 성인학습자들을 극도로 존중하면서 의사소통을 하는 것이 중요하다.

(10) 의견, 가치, 신념 반영

- 교수-학습과정에서 성인학습자들이 자신의 신념과 가치를 표현할 수

있는 기회가 제공되어야 한다. 또한 교육과정은 성인학습자들의 의견, 가치 및 신념을 반영하여 설계되고 선정되어야 한다.

(11) 동기부여된 학습자

- 성인학습자들은 자발적이고 동기가 부여된 학습자이다. 따라서 학습을 강요하기보다는 그들의 호기심, 적극적인 탐구와 자발적 참여를 유도하고 다양한 학습방법을 활용할 필요가 있다.

(12) 다양한 책임감

- 성인학습자들은 직업적 · 사회적 · 개인적인 책임 측면에서 그들의 어깨에 많은 것을 짊어지고 있다. 그들은 학습시간 할애나 학습의 우선순위 등 다양한 요구를 헤쳐 나가야 한다. 따라서 성인학습자를 위한 커리큘럼은 유연하고 학습자의 요구에 부합하도록 설계되어야 한다.

(13) 실제적, 실용적

- 성인학습자들은 실용적이고 실제적이다. 그들이 참여하는 학습활동이 적절한지, 유용한지 그리고 무엇을 얻을 수 있는지를 알아야 한다.

(14) 학습준비도

- 성인학습자들은 실질적인 학습상황에 효과적으로 대처하기 위하여 자발적으로 학습에 참여하고 있다. 따라서 교수-학습은 그들의 현재 욕구와 학습상황에 관련되어야 한다.

(15) 학습지향성

- 학습문제를 통해서 획득하는 새로운 지식과 기술은 이론적이며 애매

모호하고 자신들의 상황에 관련되지 않는 것보다는 오히려 실제적인 것이 되어야 한다.

(16) 변화에 대한 저항

- 성인학습자들은 많은 경험을 가지고 있는데, 이것은 자칫 덜 개방적인 자세를 갖도록 함으로써 변화에 저항하도록 할 수 있다. 따라서 교수자들은 전통적인 개념과 자신들이 소개하고자 하는 것들을 연계하여 설명할 필요가 있다. 즉, 변화 뒤에 있는 "왜"를 깊이 탐구하면서 동시에 학습자의 적극적인 탐구를 촉진해야 한다.

(17) 정서장벽

- 인간은 일생 동안 다양한 감정을 경험하고, 또 감정은 학습과정에 영향을 미친다. 이전의 충격적이고 부정적인 학습경험은 일생 동안 경험을 다루는 감정적인 능력에 영향을 미치고 심지어 상처를 입히기도 한다. 이전의 충격적인 학습경험 때문에, 많은 성인학습자들은 자신의 능력에 대한 믿음이 남아 있지 않고 너무 무서워서 배울 수 없게 된다(Horsman, 1999). 이러한 경험들은 계속해서 그들의 학습을 방해하고 의미 있는 학습을 위한 정서적 장벽을 야기한다.

(18) 자신에 대한 책임

- 성인학습자들은 학습의 성공과 실패에 대해 그 누구를 비난하지 않는다.

팔모어(Palmore, 2001)는 나이 든 사람들을 부정적으로 보는 고정관념으로서 연령주의(ageism)를 언급하였다. 이것은 그들의 긍정적인 강점(strength)은 무시한 채 한계점에만 주목을 하게 할 수 있다. 물론 사람에 따라 나이가 듦에 따라 시야와 예리한 비전에 영향을 받을 수도 있다. 또한 텍스트나 컴퓨터 스크린을 읽고 보는 데 어려움을 겪을 수도 있다. 35~45세 사이에 시력에서 첫 번째 변화가 일어나고, 두 번째 변화는 망막 세포로의 혈액 순환이 감소하기 시작하는 50년대 중반에 일어난다. 그 결과 망막 세포들은 퇴화하고 덜 효과적으로 수행한다(Tomporowski, 2003). 또한 청각문제와 인지능력 저하도 특히 노인과 성인학습자에게 영향을 미치게 된다. 작동기억(working memory), 정보처리(Morrell, Park, & Poon, 1989; Jones & Bayen, 1998), 운동통제 저하, 관절염으로 인한 이동성 상실, 심지어 근육 조정 문제에 있어서도 연령과 관련된 결함(deficits)이 있을 수 있다(Kapur, 2015). 따라서 촉진자와 교육자는 이러한 한계를 인식하고 성인학습자의 인지, 감정 및 심리 운동 기술을 습득할 수 있는 기회를 제공해야 한다.

팔라스카(Falasca, 2011)는 성인학습자의 외적 장애와 내적 장애를 다음과 같이 제시하였다.

먼저 성인학습자의 외적 장애현상은 다음과 같다.

① 시각과 청각 손실 등의 영향으로 형식적 성인교육 참여를 어렵게 할 수 있다.

② 피로와 통증과 같은 건강상의 변화는 학습활동에 집중을 방해할 수 있다.

③ 결혼과 자녀 등과 같은 핵가족에서의 역할변화, 일터에서의 역할변화 등은 성인학습에 영향을 미친다.

다음으로 성인학습자의 내적 장애를 보면 다음과 같다.

① 여러 가지 관점을 탐구하지 못하거나 만연된 사고방식은 학습과정을 저해한다.

② 기억된 사실과 학습된 기술에 의존하거나 과거에 형성된 오래된 범주를 토대로 새로운 학습을 이해하려는 경향이 있다.

③ 새로운 학습상황에서 성공할 수 없을 것이라는 우려 또는 학교교육

에 대한 부정적 지각과 학습가치에 대한 회의를 나타낸다.

이상과 같은 성인학습자의 특성을 토대로 볼 때, 성인학습의 원리를 다음과 같이 제시할 수 있다(Andrea, Antonis, & Rita, 2014).

① 성인학습자들의 교육은 성인학습자들의 일상생활 경험과 욕구에 관련될 필요가 있다. 성인학습자들은 다른 사람들이 그들에게 정보, 아이디어 또는 행동을 강요한다고 느낄 때 학습을 거부한다. 그들은 삶의 경험과 지식을 학습 과정에 가져오고 그러한 경험에 대한 강조는 그들의 자기 주도적인 학습동기를 촉진한다.

② 성인학습자는 프로그램의 목적을 이해하여 수용할 필요가 있다. 코스(course)의 개요를 설명할 때 교육의 목적이 먼저 제시되어야 한다. 학습자의 요구, 경험 및 특정 관심사와 관련하여 학습자가 재구성할 수 있도록 특정 부분에 대한 내용을 유연하게 구성할 필요가 있다.

③ 성인학습자는 행함으로써 배운다(learning by doing). 무치엘리(Mucchielli)에 의하면, 우리가 주의를 기울이게 될 때, 다음과 같이 적절하게 파지(retain)할 수 있다는 것이다.
우리가 읽은 것의 10%
우리가 듣는 것의 20%
우리가 보는 것의 30%
우리가 보고 듣는 것의 50%
우리가 하는 말의 80%
우리가 생각하고 있는 것과 관련된 것을 수행하면서 말하는 것의 90%(Courau, 2000).

④ 성인학습자는 집단의 동등한 구성원으로 느끼고 또한 집단의 동등한 구성원으로 받아들여질 필요가 있다. 그 속에서 성인학습자는 집단의 공동 성공에 기여하기 위해 그들의 역할이 필요하다. 이러한 이

유로 집단의 각 구성원이 서로 다른 역할을 갖는 집단 또는 상호협력 활동을 조직해야 할 필요가 있다.

⑤ 성인학습자는 학습과정에서 인지장애를 극복해야 한다.

문제해결 과정에서 학습자는 극복해야 할 장애물에 직면한다. 전체적인 학습과정은 어려움, 오해, 장애 등의 어떤 문제를 해결하는 과정으로서 학습자가 스스로 조절할 수 있는 방법을 개발해야 한다. 그러한 주요 개념은 인내심이다.

⑥ 성인학습자는 개인의 학습 스타일을 가지고 있다.

각각의 학습자들은 그들의 개인적인 학습과 인지적인 스타일과 관련하여 서로 다른 학습 전략을 발전시켜 왔다. 따라서 개인차의 존재는 필연적이므로 이를 인정하는 것은 필수적이다.

⑦ 성인학습자는 존중받을 필요가 있다.

다음과 같은 방법을 통하여 학습자에게 존경심을 나타낼 수 있다.

- 그들에게 관심 갖기
- 학습자가 가지고 있는 풍부한 경험을 인정하기
- 인생 경험에서 그들을 동등한 동료로 간주하기
- 모든 상황에서 아이디어, 추론 및 피드백 표현 장려하기

5 성인학습방법의 심리학적 · 철학적 · 사회적 기초

1) 심리학적 기초

성인학습의 심리학적 접근 방식은 인간은 신뢰할 수 있는 대상으로 선하며, 자율적이며, 자아를 실현하는 욕구, 성장을 위한 무한한 잠재력을 가지고 있다고 가정한다. 인본주의 심리학은 사람들이 자유 의지를 가지고 있으며 잠재력을 달성하고 자아를 실현하려는 동기가 있다는 실존적 가정에서 시작한다. 인본주의 심리학은 각 인간을 고유한 존재로 간주하며 자아실현의 가능성이 있고 자기주도적이고 내적으로 동기가 부여된 학습자로 본다.

인본주의 학습(humanism learning)은 ① 교육은 개인의 성장, 비판적 사고에 있다. ② 교육은 특정한 나이나 학년, 커리큘럼 영역에 따라 수행하는 것이 아니다. ③ 학생은 공동의 목표를 향해 협력해야 한다. ④ 학습자의 필요와 욕구를 드러내는 경험으로부터의 학습이다.

1960년대 인본주의 심리학의 대표적인 학자는 매슬로(Maslow)와 로저스(Rogers)이다. 인본주의 심리학의 아버지로 불리는 매슬로는 인간의 잠재력과 우리가 그 잠재력을 실현하는 방법에 관심이 있었다. 매슬로는 심리학적 동기부여 이론에 기초하여 인간의 욕구위계를 제안하였다. 욕구위계는 개인의 일생에 걸쳐 존재하는 개인의 성장과 발견에 대한 욕구를 나타낸 것으로 계층구조의 맨 아래에서 위쪽으로 생리적(음식과 의복), 안전(직장 안정), 소속욕구(우정), 자존에 대한 욕구(성취와 인정, 존중) 그리고 자아실현의 욕구라는 5단계 모델을 제시하였다(Maslow, 1954). 자아실현은 인간이 세상을 있는 그대로 완전히 경험한 뒤의 행복감, 기쁨, 경이감이다. 매슬로의 5단계 모델은 인지적 욕구(지식과 이해, 호기심, 탐구, 의미와 예측 가능성에 대한 욕구)와 심미적 욕구(아름다움, 균형, 형태 등의 감상과 추구)가 추가되었고 이후의 초월적 욕구(특정 경험, 미적 경험, 성적 경험, 타인에 대한 봉사, 과학 추구, 종교적 믿음 등)가 포함되어 8단계 모델로 확대되었다(Maslow, 1970). 이를 그림으로 제시하면 다음 [그림 2-2]와 같다.

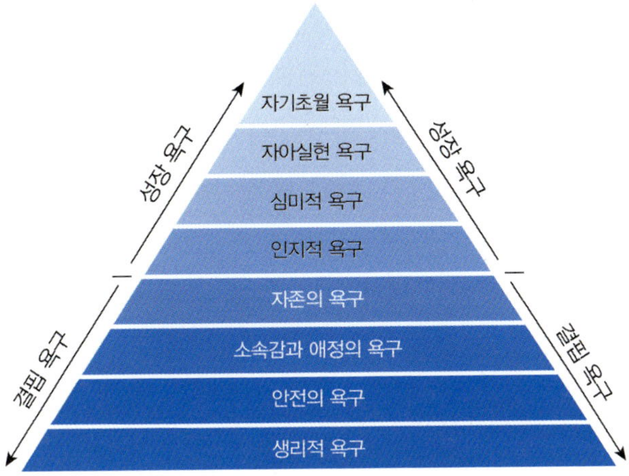

[그림 2-2] 매슬로의 욕구위계 8단계

매슬로는 개인의 성장과 완성, 충만함을 성취하기 위한 경로를 제공하는 방법으로 인간은 학습하고 경험해야 한다고 주장하였다. 자아실현은 자신의 잠재력을 실현하는 것이며 인간성장의 가장 높은 단계이다. 자아실현에 대한 매슬로의 조작적 정의는 실증적으로 검증하는 것은 극히 어렵다는 비판을 받았으며 낮은 욕구가 충족되어야 잠재력을 달성하고 자아실현할 수 있다는 가정은 이후 수정되기도 하였다. 교육의 목적을 인간의 자아실현에 둔 매슬로의 관점은 전통적인 교육의 관점에 커다란 변화를 주었다.

인간중심의 심리치료의 창시자인 로저스는 매슬로의 주요 가정에 동의하면서 인간에게는 하나의 기본 동기가 있다고 믿었다. 자아실현 경향은 자신의 잠재력을 성취하고 우리가 할 수 있는 가장 높은 수준의 '인간성'을 달성하려는 경향이다(Rogers, 1959).

모든 사람은 충만한 삶(fulfilled life)을 위해 지속적으로 성장하고 변화한다. 충만한 삶을 사는 사람은 삶에 행복을 느끼고 만족하며 항상 새로운 도전과 경험을 추구하는 사람이다. 이러한 사람들은 자아 방어 메커니즘에 의존하지 않고 편견과 선입견을 피하면서 인생에서 발생하는 다양한 경험을 수용한다.

로저스(1967)는 사람이 성장하기 위해서는 진정성(개방성 및 자기 공개), 수용(무조건 긍정적인 관심), 공감(경청 및 이해)을 제공하는 환경이 필요하다고 덧붙였다. 그는 교육은 교육자가 아닌 촉진자로서 학습자가 충만한 자아를 실현할 수 있도록 돕는 것이라고 했다. 즉, 교수자는 학습자가 좋은 감정을 느낄 수 있도록 도와줄 때 학습자 스스로 자신의 강점과 약점을 이해하게 되고 자신의 능력 향상에 대한 믿음을 가지게 된다.

인본주의 관점에서 학습은 학습자의 삶을 존중하는 학습이어야 하고 학습자 중심에서 학습자의 삶 속에서 가치를 발휘할 수 있는 학습이어야 한다는 것이다. 이와 같은 인본주의 관점은 교육학의 전통에 대한 대안을 찾는 성인교육자들에게 영감을 주었고 성인교육의 개념화에 큰 영향을 미쳤다.

2) 철학적 기초

성인학습에서의 지식개념은 객관적, 합리적, 절대적이라는 전통적인 지식개념에서 주관적이고 실제적인 지식개념으로의 변화라고 할 수 있다. 지식을 둘러싼 철학적 고찰은 아주 오래전부터 있어 왔지만 근대 이후 인식론에서 주로 다루어졌다. 지식의 본질·기원·근거·한계 등에 관한 인식론은 19세기 중반 이후에 정립되었지만 지식을 둘러싼 철학적 고찰의 기원은 그보다 훨씬 오래되었다.

관념주의(idealism)에서는 궁극적인 실재는 정신 또는 마음이며, 물질적 세계는 정신적 실재의 표상에 불과하다고 바라본다. 플라톤(Platon)은 참으로 존재하는 궁극적 실재는 일종의 정신적 형상인 '이데아'(idea)라고 하였다. 플라톤에 의하면, 교육이란 현실적인 감각세계의 허상만을 지각할 수 있는 인간으로 하여금 궁극적인 실재인 정신세계의 이데아를 인식할 수 있도록 마음의 눈을 뜨게 하는 것이라고 하였다.

실재주의(realism)는 세계는 인간의 정신이나 마음으로부터 독립해서 객관적으로 존재한다는 것을 강조한다. 실재주의는 두 가지 기본 명제를 그 핵심으로 한다. 하나는 독립성의 원리로 사물이 인간에게 지각되건 그렇지 않던 존재한다는 것이다. 또 다른 하나는 대응성의 원리로 우리의 감각적 경험은 실재와 대응하는 것이기 때문에, 실재를 있는 그대로 파악할 수 있다는 의미를 가진다.

실용주의(pragmatism) 철학에 의하면, 인간은 경험에 의해 세계를 바라본다. 따라서 우리가 아는 세계는 있는 그대로의 실세계의 모습이라기보다는 우리의 경험에 의해 걸러진 것일 따름이다. 다시 말해, 세계와 우리와의 상호작용을 통해 세계를 알게 되는 것이며, 상호작용의 내용에 따라 세계에 대한 지식은 달라질 수밖에 없다. 세계와 우리와의 상호작용은 우리가 갖는 생각, 신념, 욕구, 지식 그리고 기존의 경험에 따라 달라진다. 그러므로 지식은 절대불변의 것일 수 없으며, 진리 또한 우리의 경험과 상호작용의 방식에 따라 변화한다.

전통적으로 지식은 확실하고 객관적인 것으로 간주되었다. 교육은 객관적 지식의 세계를 학습자에게 이해시키고 전수시켜야 한다는 믿음에서 출발하였다. 지식은 도서관에 저장되었고 학교와 같은 공식적이고 제도화된 학교환경 속에서 권위 있는 자들에 의해서 교육되었다. 아동교육(Pedagogy)의 핵심은 공적, 객관적, 합리적, 절대적인 교육내용을 학습자가 이해하고 수용되고 변화할 수 있도록 교육하는 것이다. 따라서 교사는 의도되고 계획된 방법을 통하여 아동을 바람직하게 변화하도록 해야 한다.

반면에 성인학습 이론에서의 철학적 기초는 상대적 지식개념이다. 성인학습에서의 지식개념은 절대불변의 지식이 아니라 주관적·상대적 지식개념에 기초한다. 지식은 실제 학습자가 참여하지 않는 한 불완전한 것이다. 또한 경험을 통해서 얻는 지식은 개인마다 다를 수 있으며 진리 또한 상대적이라고 할 수 있다.

성인교육의 개념에서는 학습자가 가장 중요한 위치를 차지하고 객관적 지식보다는 의미 있는 경험이 교육에서 중요한 핵심으로 제시된다. 지식은 문제에 대한 실질적인 참여의 결과이기 때문에 결코 고정되지 않는 개인 경험의 일부라고 할 수 있다. 경험을 통해 획득한 지식은 각 사람에 의해 구성되므로 맥락적이고 주관적이라고 할 수 있다(Kitchener & King, 1990).

평생교육에서의 철학적 관점은 객관적·합리적·절대적 지식의 습득이라는 이상주의 철학에서 지식의 주관적, 다양성, 문제 지향적이라는 실용주의적 철학으로 전환이다. 이러한 평생교육의 지식개념은 포스트모더니즘과 닿아있다. 포스트모더니즘에서 지식과 관련한 기본질문은 첫째, 우리의 신념 중에서 무엇이 진리인지 알 수 있는가? 둘째, 모든 경험은 해석에 기초한다면 언제나 옳은, 확고한 근거를 가진 지식은 존재하는가?에 대한 질문이다. 평생교육은 절대적 지식에 대한 확고한 기반이 사라짐으로 인한 혼란을 극복하고 합리적 지식에 대한 분별이 이루어지도록 해야 하는 과제를 안고 있다.

3) 사회적 기초

평생교육은 학교교육이 자본주의 사회 내에서 생산력 증강의 도구로서 자본주의의 발전과 더불어 시장에 필요한 사람을 기르는 수단으로 전락되었다는 비판에서 출발하였다. 비판론자들은 교육의 본질적인 측면에서 교육이 삶에서 불평등과 차별을 구조화한다고 바라본다. 이러한 관점에서는 보다 깊이 있고 조화로운 인간 발전과 빈곤·배제·무지·억압·전쟁을 감소시키기 위하여 평생교육이 필요하다고 주장한다.

다른 한편으로는 오히려 평생교육이 자본주의의 발전과 시장에 필요한 사람을 길러야 한다고 생각한다. 능력 있는 노동력을 생산함으로써 생산력을 향상시키고, 교육활동 수행을 위한 자원을 활용하고 효과적으로 관리하는 데 평생교육이 필요하다고 본다. 인적자본론에 입각한 이러한 평생교육 관점은 인간의 직업능력에 관한 요인들과 생산에 미치는 요소로서 교육을 분석하여 효과적인 직업능력교육을 수행하는 것이 평생교육의 첫 번째 임무로 바라본다. 직업능력교육의 가장 큰 특징은 학교교육과는 달리 무형식 학습상황에서 이루어지는 학습이 많다는 점, 사회적 관계를 수반하는 공동의 활동이 많다는 점, 문제를 해결하기 위한 활동적·실천적 학습활동이 많다는 점이다.

사회적 측면에서의 평생교육을 바라보는 두 가지 관점은 분명한 차이가 있음에도 불구하고 전혀 별개의 것이 아니라 서로에게 영향을 주고받으며 평생교육의 발전을 이끌고 있다. 평생교육의 사회적 관점은 개인과 개인이 속한 사회나 국가는 물론 전 지구적 차원을 띠게 되는 문제들에 대한 해결책을 찾는 수단으로서의 평생교육의 역할을 의미한다. 결론적으로 평생교육은 인류의 가치와 존엄을 해치는 도전을 극복하고, 전 생애에 걸쳐 학습의 기회를 제공하여 모두가 미래사회에 필요한 평생학습능력을 갖출 수 있도록 하여야 한다는 것이다.

Part 02

전통적 학습이론

교육이론은 전통적으로 행동과 인지라는 두 가지 범주로 구분되었지만, 최근 교육현장에서 강조하는 접근은 구성적 관점이다. 즉, 행동주의(behaviorism), 인지주의(cognitivism), 구성주의(constructivism)는 평생교육을 보는 세 가지 주요 관점이자 이론이다. 이러한 이론에 의거해서 효율적인 학습 프로그램이 개발되고 개인의 학습 능력과 관련된 특성이 분석된다. 각 이론에는 고유한 장점이 있기 때문에 이를 다양한 수준으로 사용할 수 있어야 한다.

학습 과정에 대한 세 가지 뚜렷한 관점, 즉 행동주의, 인지주의, 구성주의는 각각 고유한 기능을 가지고 있다. 평생교육 교수전략이 원하는 결과를 달성하기 위한 최적의 이론을 선택할 때 학습의 효율성과 성과가 달라질 것이다. 평생교육 학습자는 특정 이론의 입장에서만 접근하는 교육활동을 감당하기 어렵다. 개인은 자신의 독특한 교육적 상황에서 보다 가치 있는 학습원칙을 꾸준히 탐색하기 때문이다.

여기에 제시된 정보는 평생교육의 목표 및 전략에 관한 중요한 결정을 내리기 위한 기반이 될 수 있다. 이 세 가지 관점은 역사적으로나 현재 교수설계 분야에서 차지하는 중요성으로 볼 때 평생교육의 근간이 되는 접근으로 이해할 수 있다.

Chapter 03

행동주의

1 행동주의 의미

행동주의 이론은 파블로프(Pavlov), 스키너(Skinner), 손다이크(Thorndike), 왓슨(Watson) 등의 학자들에게 기원을 두고 있다. 행동주의자들은 관찰 가능한 행동에만 초점을 맞추고, 자극과 관찰 가능한 반응 사이의 연결에 의해 야기되는 '행동의 관찰 가능한 변화'가 있을 때 학습이 일어난다고 주장한다. 즉, 행동주의는 학습을 관찰 가능한 수행의 형태나 빈도의 변화로 정의하며, 특정 환경 자극(stimulus)을 제시한 후 적절한 반응(response)이 나타날 때 학습이 이루어진 것으로 여긴다. 행동주의는 개별 학습(individual learning)을 고려하지 않는다. 대신 교육의 핵심으로서 환경 관찰 및 대응에 중점을 둔다. 자극에 대한 반응은 원하는 행동을 조건화하기 위해 긍정적 또는 부정적 피드백으로 강화될 수 있다. 행동주의는 마음을 '블랙박스'로 취급하며, 마음의 내부 과정을 관찰하는 것이 불가능하기 때문에 관찰 가능한 행동만이 학습자가 무언가를 배웠는지 여부를 나타내는 데 사용할 수 있다고 주장한다.

행동주의 이론은 사람들이 행동을 배우고 이것을 습관으로 형성하는 방법에 중점을 둔다. 즉, 가장 핵심적인 아이디어는 '개인이 배우는 모든 행동은 환경과의 상호작용을 통해 이루어진다'이다. 개인의 특성과 타고난 성향은 교육에서 최소한의 역할을 하고, 개인은 환경과의 상호작용에 의해 조건화되어(conditioning) 습관이 형성된다.

행동주의자들은 모든 행동은 경험의 결과이며 인종이나 배경에 관계없이 모든 사람은 특정한 조건이 주어지면 특정한 방식으로 행동하도록 훈련될 수 있다고 믿는다. 또한 인간은 백지상태(tabula rasa)에서 태어나며, 보상과 처벌 등에 의한 조건화를 기초로 하여 천천히 적절한 행동을 배운다고 믿는다. 예를 들어, 개인의 특정 행동이 바람직하다고 판단되면 긍정적 조건화로 적절한 보상을 제공한다. 개인의 특정 행동이 바람직하지 않음을 발견하면 부정적인 조건화로 부적 강화 또는 처벌을 제공한다. 이렇게 반복적으로 수행된 조건화의 결과로서 개인의 행동 발달이 이루어진다.

행동주의는 행동의 결과에 초점을 맞추고 강화가 뒤따르는 반응이 미래에 다시 행동으로 나타날 가능성이 더 높다고 주장한다. 학습자의 지식구조(structure of knowledge)를 결정하거나 학습자가 사용하는 데 필요한 정신적 과정(mental processes)을 고려하지는 않는다(Winn, 1990). 학습자는 환경을 탐구하는 능동적인 역할을 하기보다는 환경의 조건에 반응(reactive to conditions)하는 것으로 이해한다(Ertmer & Newby, 2013). 예를 들어, '3+2=?'라는 문제카드가 제시될 때 학습자는 5라고 답한다. 여기서 문제는 자극이고 적절한 답은 반응이 된다. 핵심 요소는 자극과 반응 사이의 연관성(association)이다. 행동주의 가장 중요한 관심사는 자극과 반응 사이의 연관성이 어떻게 형성되고, 강화되고, 유지되는지에 대한 것이다.

한편, 행동주의 이론과 사회학습이론(social learning theory)은 유사한 아이디어에서 비롯되었다. 행동에 대한 외적 영향에 있어서 행동주의 이론과 사회학습이론은 일치한다. 그러나 사회학습이론은 한 걸음 더 나아가 심리적 과정도 행동에 영향을 미친다고 제안한다. 행동주의는 내적 사고과정을 행동의 요소로 연구하지 않는다. 사회학습이론은 인간의 행동이 자극과 반응보다 훨씬 더 복잡하다고 주장한다. 이는 인간이 관찰을 통해 학습한 다음 의식적으로 행동 모방 여부를 결정한다는 것을 의미한다.

2 행동주의 학습원리

1) 학습에 영향을 미치는 요인

행동주의는 학습자와 환경적 요인을 모두 중요하게 생각하지만 환경적 요인이 더욱 강조된다. 행동주의자들은 학습자를 평가하여 어느 지점에서 수업을 시작할지 결정하고 어떤 강화물이 특정 학습자에게 효과적인지 판단한다. 그러나 가장 중요한 요소는 환경 내에서 자극과 결과(반응)를 어떻게 정렬할지에 대한 것이다(Ertmer & Newby, 2013).

행동주의는 교육적 단서(cues), 연습(practice), 강화(reinforcement)를 사용하고, 자극-반응의 연합을 구축하기 위한 전략을 제안한다(Winn, 1990). 이러한 제안은 일반적으로 변별(discriminations), 일반화(generalizations), 연합(associations), 연쇄(chaining, 특정 절차를 자동으로 수행) 등의 학습을 촉진하는 효과적인 전략으로 입증되었다. 그러나 행동주의의 원리는 더 높은 수준의 기술 습득이나 사고과정(예: 언어 발달, 문제해결, 추론 생성, 비판적 사고)에 필요한 학습을 적절하게 설명할 수 없다는 데 한계가 있다(Schunk, 1991).

2) 행동주의에서 기억의 역할

일반적으로 정의되는 기억(memory)은 행동주의에서 다루어지지 않는다. 습관(habits)의 습득이 논의되지만 이러한 습관이 어떻게 저장되고, 이후에 사용되거나 회상되는지에 대해서는 거의 관심을 기울이지 않는다. 망각(forgetting)은 시간이 지남에 따라 특정 반응을 사용하지 않음(nonuse)으로 설명된다. 주기적인 연습이나 복습은 학습자의 반응을 유지하는 데 도움이 된다(Schunk, 1991).

3) 행동주의에서 학습의 전이

전이(transfer)는 학습된 지식을 새로운 방식이나 상황에 적용하는 것과 이전 학습이 새로운 학습에 미치는 영향을 말한다. 행동주의에서 전이는 일반화(generalization)를 의미한다. 동일하거나 유사한 상황에서 행동은 공통적인 요소 간에 전이될 수 있다(Ertmer & Newby, 2013). 예를 들어, 느티나무를 인식하고 분류하는 방법을 배운 학습자는 동일한 요소를 활용하여 단풍나무를 분류할 수 있다. 즉 느티나무를 분류하는 기준을 학습한 경우, 그 기준을 단풍나무 분류에 적용할 수 있다.

3 행동주의 수업

1) 수업설계 원리

행동주의에서 가정하고 있는 많은 원리들은 현대사회의 교육에 다수 포함되어 있다. 행동주의는 시청각 자료를 수업에 포함하기 위한 기초로 활용되었으며 스키너(Skinner)의 교수 기계(teaching machines) 및 프로그래밍된 교육 전략에 많은 영향을 미쳤다. 최근에는 컴퓨터 지원 교육(CAI, computer-assisted instruction) 및 완전학습(mastery learning)에서 적용되고 있다. 행동주의에 따른 수업설계의 원리는 다음과 같다(Ertmer & Newby, 2013).

① 학습자의 관찰 가능하고 측정 가능한 결과를 생성하는 것을 강조한다. 따라서 행동목표 설정, 과제 분석, 절대기준 평가(criterion-referenced assessment) 등이 활용된다.

② 수업을 시작해야 하는 지점을 결정하기 위해 학습자 사전 평가(pre-assessment)를 실시하여 학습자 분석(learner analysis)을 한다.

③ 보다 복잡한 수준의 학습으로 진행하기 전에 기초단계를 완전하게 학습하는 것을 강조한다.

④ 수행에 영향을 미치기 위해 보상이나 피드백 등의 강화(reinforcement)를 사용할 것을 주장한다.

⑤ 강한 자극-반응(stimulus–response)의 연계를 위해 단서(cues), 조형(shaping), 연습(practice)을 사용한다. 이때 단순한 형태에서 복잡한 형태로 연습하고, 프롬프트를 사용할 수 있다.

2) 행동주의 수업의 구성

행동주의에 따른 교육의 목표는 자극이 주어진 학습자로부터 원하는 반응을 이끌어내는 것이다. 이를 달성하기 위해서 학습자는 알맞은 반응을 실행하는 방법과 해당 반응이 이루어져야 하는 조건을 알아야 한다. 따라서 교육은 목표 자극을 제시하는 것과 학습자가 적절한 반응을 연습할 수 있는 기회를 제공하는 것을 중심으로 구성된다. 자극-반응 쌍의 연결을 용이하게 하기 위해 수업은 단서(초기에 반응 전달을 촉진하기 위해)와 강화(자극에 대한 올바른 반응을 강화하기 위해)를 사용한다.

행동주의이론에서 교수자 및 교육과정 설계자의 역할은 ① 어떤 단서를 통해 원하는 반응을 이끌어낼 수 있는지 결정하는 것이고, ② 처음에는 알맞은 반응을 유도할 수 없을지라도 점차 일반적인 반응으로 이끌어내도록 연습하는 상황을 제시하는 것이다. 그리고 ③ 학습자들이 해당 자극이 있을 때 알맞은 반응을 하고 그 반응에 대한 강화를 받을 수 있도록 환경을 조성해야 한다(Gropper, 1987).

예를 들어, A가 새로운 직장에서 회의를 기획하고 운영해야 한다면 이것은 목표 자극이 된다. A는 처음에 이에 대한 알맞은 반응이 무엇인지 알지 못하지만, 이러한 자극에 대응되는 단서들을 확인하며(예: 과거의 회의 기획안, 회의록 열람 등) 나름의 적절한 반응을 시작한다. 처음의 반응이 적절한 형태가 아닐 수도 있지만 반복적인 연습과 이에 대한 강화는 점차 올바른 반응을 형성하도록 한다. 이후 회의를 기획하고 운영하라는 자극에 대해 안정적으로 회의를 구성하고 진행함으로써 A는 새로운 유형을 학습했다고 할 수 있다(Ertmer & Newby, 2013).

4 교육현장과 온라인 학습환경

행동주의자들에 따르면 교육현장에서 조건화를 활용하는 것은 교육적 행동을 개발하는 데 중요한 역할을 할 수 있다. 예를 들어 모범적인 학습자는 칭찬을 받는 반면(정적 조건화, positive conditioning), 성과가 좋지 않은 학습자는 다른 학습자와 달리 혜택을 누리지 못한다(부적 조건화, negative conditioning). 이 자극은 학습자들이 더 잘 수행하도록 동기를 부여하게 되고, 조건화는 자극-반응으로 발전하게 된다.

교육현장에서 행동주의를 적용하는 또 다른 방법은 완전 학습(mastery learning)을 통해서이다. 학습자들은 최소한의 전문지식을 얻을 때까지 특정 자료를 배우고 연습하게 된다. 이러한 학습과정을 통해 더 높은 수준으로 나아가게 된다.

한편, 대면 및 온라인 교실 모두에서 일어나는 다양한 상황은 많은 변수의 영향을 받으며, 어떤 단일 이론도 이러한 상황들을 충분히 설명하지 못한다. 이러한 이유로 이론과 실제는 일대일로 대응되지 않는다. 다만, 교육자로서 다양한 이론이 대면 및 온라인 강의실에서 우리에게 정보를 제공할 수 있는 시기와 방법을 알 수 있도록 이론에 대한 접근 방식을 이해하는 것이 필요하다.

행동주의는 지식을 얻는 방법이나 이유에 대한 관심보다는 올바른 응답이 제시되는지 여부에 관심이 있다. 이 관점은 학습자를 교육자가 전달하는 정보를 수동적으로 흡수하는 백지 상태에서 출발하는 것으로 가정한다. 행동주의적 관점에서 교육자의 역할은 적절한 자극과 지속적인 긍정적 강화를 제공하여 원하는 행동을 이끌어내는 환경을 제공하는 것이다. 이러한 유형의 학습 환경은 일반적으로 반복, 암기, 질문 및 응답, 채점 등과 같은 수업방식을 활용하고 칭찬과 같은 외적 동기를 모델링한다. 이러한 이유로 행동주의는 교수자 중심적인 접근 방식을 취한다는 비판을 받는다(Ally, 2008).

대부분의 초기 형태의 컴퓨터 지원 교육(computer-assisted instruction)은 학습에 대한 행동주의적 접근 방식을 기반으로 개발되었다. 연습과 실습(drill-and-practice)은 오늘날 온라인 교육에서 계속 사용되며 일반적으로 철자법, 어휘 발달과 같은 기본 기술을 강화하도록 설계되었다. 행동주의적 접근은 학습할 지식이 객관적일 때 잘 적용되는 경향이 있다. 현대사회의 많은 온라인 교육과정은 기본 연습과 퀴즈에 의존하여 학습자들에게 즉각적인 피드백을 제공하고, 새로운 개념을 제시하고, 특정 목표를 완료하는 방법에 대한 단계별 지침을 제공하는 등 행동주의적 접근법을 사용한다(Selwyn, 2011). 또한 온라인 교육에서 사용되는 대부분의 디지털 게임은 원하는 행동을 강화하기 위해 포인트 및 보상 시스템 등을 사용한다는 점에서 행동주의적 특성을 가지고 있다. 학습 결과물, 온라인 테스트, 연속된 자료제시, 지속적인 피드백 등에 중점을 둔 온라인 학습은 행동주의적 의미를 가진다.

Chapter 04

인지주의

1 인지주의 의미

인지주의는 인간을 정보를 분석하고 평가하는 주체적인 정신적 존재로 이해한다. 따라서 행동주의 관점과 직접적으로 대립된다. 1950년대 후반부터 행동주의 중심의 학습이론은 점차 인지 과학의 학습이론으로 전환되기 시작했다. 심리학자와 교육학들은 관찰 가능한 행동보다는 사고, 문제해결, 언어, 개념 형성 및 정보처리 등과 같은 보다 복잡한 인지 과정(cognitive processes)을 강조했다(Snelbecker, 1987). 수업설계 분야의 많은 학자들은 점차 인지 과학에서 도출된 학습에 대한 새로운 심리학적 원리를 적용하면서 전통적인 행동주의적 접근에서 벗어나고자 하였다.

행동주의에 대한 반작용으로 개발된 인지주의는 개인이 받은 정보와 자극을 처리할 때 학습이 일어난다고 주장한다. 단순히 자극에 반응하고 조건화를 통해 학습하는 것이 아니라 학습자는 자신의 반응에 대해 사고하고 분석한다고 본다. 즉, 인지주의는 학습자가 정보를 마음으로 받아들이고 그것을 이해하기 위해 처리할 때 학습이 일어난다고 주장한다. 새로운 정보를 기존 정보에 연결한 후 나중에 검색할 수 있도록 저장함으로써 새로운 정보를 학습할 수 있다. 인지학습이론은 사고의 과정(thought processes)과 내적으로 정보를 처리하고 저장하는 방법을 이해하는 데 중점을 둔다. 행동주의와 대조적으로 인지주의는 학습 중에 발생하는 내적 프로세스와 관련이 있으며, 마음의 '블랙박스'가 확인되고 이해되어야 한다고 주장한다(Kalogeras, 2014). 인지주의 관점의 교육은 개인차의 중요성과 이러한 차이를 수용하기 위한 다양한 학습 전략의 중요성을 강조한다. 인지주의 교육자의 역할은 학습자가 새로운 정보를 기존 지식과 연관시킬 수 있도록 새로운 정보를 제시하는 것이다. 인지주의 학자로는 오수벨(David Ausubel), 브루너(Jerome Bruner), 가네(Robert Gagne), 르윈(Kurt Lewin), 피아제(Jean Piaget) 등이 있다(Ally, 2008).

인지주의는 인간의 학습행동을 이해하기 위해 외적인 관찰을 넘어서 내부정신을 이해하고자 한다. 인지학자는 이러한 학습 메커니즘을 인지영역(cognitive domains)이라고 부른다. 인지주의자들은 인간이 더 깊은 학습을 위해 한 인지영역의 층(layer)에서 다른 층으로 이동한다고 주장한다. 각 영역은 학습경험을 개별화하게 된다. 인지주의는 각 개인을 개별화된 인지 영역과 다양한 수준의 이해방식을 가진 존재로 이해한다. 이제 인지이론이 현대 학습이론의 중심이 되었다는 일반적인 인식이 형성되었다. 주로 학습자료를 제시하고 조작하는 절차를 중심으로 한 행동 지향적 접근에서 인지지향적 접근으로의 전환은 학습자의 사고와 수업설계와의 상호작용을 강조한다(Merrill, Kowalis, & Wilson, 1981).

합리적 인식론에 가까운 인지주의는 지식과 정신적 구조(internal mental structures)의 획득을 강조한다(Bower & Hilgard, 1981). 학습이란 반응확률(probability of response)의 변화라기보다는 지식상태(states of knowledge)의 독립적인 변화를 의미한다. 인지이론은 학습자가 수행하는 학습과정의 개념화에 초점을 맞추고, 정보가 어떻게 투입, 조직화, 저장, 인출되는지를 다룬다. 즉, 학습자가 무엇을 하는지가 아니라 그들이 무엇을 알고 어떻게 습득하게 되는지에 관심을 가진다(Jonassen, 1991b). 지식의 습득(knowledge acquisition)은 학습자에 의한 내적 부호화(internal coding) 및 구조화(structuring)로 이루어지는 정신적 활동으로 설명된다. 학습자는 학습 과정에 적극적인 참여자로 이해된다(Ertmer & Newby, 2013).

한편, 학자들은 인지주의 이론을 사회인지이론(social cognitive theory)과 인지행동이론(cognitive behavioral theory)의 두 가지 하위 이론으로 나눈다. 사회적 인지이론은 사회적 상호작용이 학습에 미치는 영향을 탐구한다. 이 이론은 행동주의 학습이론(behavioral learning theory)과 약간 겹치지만, 외부 행동에 기반을 둔 자극 및 반응 메커니즘 대신 학습자의 환경을 수정하여 내적 사고 과정에 영향을 미치는 것을 목표로 한다. 사회인지 이론의 개념은 다음과 같다.

- 상호 결정론(reciprocal determinism): 인간, 환경, 행동은 모두 서로에게 영향을 미치고 상호작용한다.
- 긍정적 및 부정적 강화(positive and negative reinforcement): 보상이나 처벌과 같은 긍정적이거나 부정적인 반응은 미래의 학습 행동에 영향을 미친다.
- 관찰 학습(observational learning): 학습자는 다른 사람이 행동을 수행하는 것을 보고 스스로 그 행동을 반복할 수 있다.

사회인지 이론은 인간이 목표 지향적인 행동을 개발하기 위해 자신의 행동을 조절하는 방법에 주목한다. 많은 학습이론에서는 개인이 행동을 시작하는 방법에 주목하지만, 사회인지 이론은 시간이 지남에 따른 개인의 행동을 평가한다. 평생교육에서 성인학습자는 관리자 및 동료가 학습에 관심을 가지고 투자할 수 있는 환경이 필요하다.

인지행동 이론은 우리의 생각이 행동과 감정에 어떻게 영향을 미치는지 연구한다. 인지행동이론에 따르면, 사람의 생각, 감정 및 행동은 학습 방식에 영향을 미친다. 다시 말해, 사고 패턴이나 상태가 정보를 선택하고 유지하는 방식에 영향을 미친다. 예를 들어, 한 연구에서 학습동기가 수업 중 산만함을 결정하는 것으로 확인되었다. 학습동기가 높은 학습자는 동기가 낮은 학습자보다 수업에 더 집중하였다. 성공적인 성인학습자에게서 발견한 네 가지 특성으로 열망(aspiration), 자기인식(self-awareness), 호기심(curiosity), 취약성(vulnerability) 등이 나타났다. 이러한 특성에 대한 자기이해는 새로운 정보가 어떻게 도움이 될 수 있는지 고려하거나 실수를 학습경험으로 재구성할 수 있다.

2 인지주의 학습원리

1) 학습에 영향을 미치는 요인

행동주의와 마찬가지로 인지주의는 학습을 촉진하는 데 환경 요인의 역할을 강조한다. 설명(explanations), 시연(demonstrations), 예시(illustrative examples), 부합하지 않는 예(matched non-examples) 등은 모두 학습에 도움을 주는 중요한 활동이 된다. 그리고 학생의 활동에 대한 교정적 피드백(corrective feedback)과 연습(practice)의 역할도 강조된다. 여기까지는 행동주의와 거의 차이가 없다. 그러나 학습자의 능동적 특성은 상당히 다르게 인식된다. 인지주의에서는 학습자의 정신적 활동을 통한 반응에 초점을 맞추고, 정신작용에 의한 계획, 목표 설정, 조직 전략 등을 인정한다(Shuell, 1986). 인지이론은 환경적 단서와 수업요소만으로는 교육 상황에서 발생하는 모든 학습을 설명할 수 없다고 주장한다. 추가적인 핵심 요소로서 학습자의 정보에 대한 주의, 부호화, 변환, 리허설, 저장, 인출 등을 포함한다. 학습자의 사고, 신념, 태도, 가치 또한 학습 과정에 중요한 영향을 미치는 것으로 인정한다(Winne, 1985). 학습에 대한 인지적 접근을 한다는 것은 학습자가 적절한 학습 전략을 사용하도록 격려함으로써 변화시키는 것에 있다(Ertmer & Newby, 2013).

인지주의 이론은 정신적 구조를 강조하고, 이 때문에 추론(reasoning), 문제해결(problem-solving), 정보처리(information-processing) 등 행동주의 관점보다 복잡한 형태의 학습을 설명하는 데 더 적합하다(Schunk, 1991). 그러나 수업의 목표는 가능한 가장 효율적이고 효과적인 방식으로 학습자들에게 지식을 전달하는 것으로 동일하다(Bednar et al., 1991). 지식을 효율적으로 전달하기 위한 대표적인 방식은 단순화(simplification)와 표준화(standardization)이다. 즉, 지식은 기본 단위로 분석(analyzed), 분해(decomposed), 단순화

(simplified)될 수 있으며, 관련성이 없는 정보가 정리되면 지식 전이가 빨라진다. 예를 들어, 워크숍에 참석한 학습자들에게 가능한 한 빠르고 쉽게 새로운 정보를 동화 또는 조절할 수 있는 방식으로 묶음 단위(chunked)의 정보를 제공할 수 있다. 행동주의는 전달을 최적화하기 위한 환경 설계에 초점을 맞추는 반면, 인지주의는 효율적인 정보처리 전략을 강조한다(Ertmer & Newby, 2013).

2) 인지주의에서 기억의 역할

앞서 지적한 바와 같이, 기억은 학습과정에서 중요한 역할을 한다. 정보가 체계적이고 의미 있는 방식으로 저장될 때 학습의 결과가 나타날 수 있다. 교수자는 학습자가 최적의 방법으로 해당 정보를 구성하도록 지원할 책임이 있다. 수업을 설계할 때에는 선행조직자(advance organizers), 유추, 위계적 관계성, 체계도 같은 기술을 적용하여 학습자가 새로운 정보를 사전 지식(prior knowledge)과 연관시킬 수 있도록 한다. 반대로 망각은 간섭, 기억 상실 등으로 인해 정보에 접근하는 데 필요한 신호가 누락되거나 불충분하여 기억에서 정보를 인출할 수 없는 것을 의미한다(Ertmer & Newby, 2013).

3) 인지주의에서 학습의 전이

인지주의 이론에 따르면 전이(transfer)는 정보가 기억에 저장된 방식의 작용이다(Schunk, 1991). 즉, 학습자가 다양한 맥락에서 지식을 적용하는 방법을 이해하면 전이가 발생한 것이다. 이해(understanding)는 규칙, 개념, 변별 등의 형태를 기반으로 구성된다(Duffy & Jonassen, 1991). 선행지식(prior knowledge)은 새로운 정보와의 유사점과 차이점을 식별하기 위해 활용된다. 지식 자체가 기억에 저장되어야 할 뿐만 아니라 그 지식이 어떻게 활용되는지에 대해서도 함께 저장되어야 한다. 특정한 수업이나 실제 사건은 특정한 반응을 촉발할 수 있지만, 학습자는 지식이 활성화되는 상황 이전에도 그것이 유용한 것임을 믿어야 한다.

3 인지주의 수업

1) 수업설계 원리

인지주의에서 활용되는 많은 수업전략들은 행동주의에도 강조되지만, 주로 다른 이유로 인해 강조된다. 행동주의와의 공통점은 피드백을 사용한다는 것이다. 행동주의에서는 원하는 방향으로 행동을 수정하기 위해 피드백(강화, reinforcement)을 사용하는 반면, 인지주의는 정확한 정신적 연결을 안내하고 지원하기 위해 피드백(결과에 대한 지식, knowledge of results)을 사용한다(Thompson, Simonson, & Hargrave, 1992).

학습자 및 과제분석(learner and task analyses)은 인지주의와 행동주의 모두에게 중요하지만, 그 근거는 다르다. 인지주의는 학습자를 관찰하여 학습 성향을 결정한다. 예를 들면, 학습자는 학습을 어떻게 활성화하고, 유지하고, 통제하는지를 확인한다(Thompson et al., 1992). 그리고 학습자가 쉽게 동화될 수 있도록 수업을 설계하기 위해 학습자를 평가한다. 즉, 학습자가 기존에 형성한 지식구조가 무엇인지 밝히는 것이다. 대조적으로, 행동주의는 수업을 어디서 시작해야 하는지, 즉 현재 그들이 어느 수준에서 성공적으로 수행하고 있는지 확인하고, 어떤 강화물이 가장 효과적인지, 즉 학습자가 가장 원하는 결과는 무엇인지를 결정하기 위해 학습자를 확인한다. 인지주의에 따른 기본적인 수업설계 원리는 다음과 같다(Ertmer & Newby, 2013).

① 학습 과정에서 학습자의 적극적인 참여를 강조한다. 학습자는 자신의 학습을 스스로 통제하고 초인지 전략을 활용하여 계획, 모니터링, 수정 등을 해야 한다.

② 학습의 선행 조건을 확인하기 위해 위계적인 분석을 실시한다. 이를 통해 학습자가 어떠한 인지적 활동을 해야 하는지 그 절차를 분석한다.

③ 정보를 가장 알맞게 처리할 수 있도록 구조화(structuring), 조직화(organizing), 순서화(sequencing)하는 것에 중점을 둔다. 개요작성, 요약하기, 종합하기, 선행조직자와 같은 인지 전략을 사용한다.

④ 학습자들이 이전에 학습한 내용과 연결할 수 있도록 지원하는 학습 환경을 조성한다.

2) 인지주의 수업의 구성

행동주의 이론은 교수자가 제시된 자극에 학습자들이 적절하게 반응할 수 있도록 환경적 조건을 마련해야 함을 강조한다. 인지주의 이론은 지식을 의미 있게 만들고 학습자가 새로운 정보를 조직하며, 기존 지식과 연결시키는 것을 강조한다. 따라서 수업이 효과적으로 이루어지려면 학습자가 기존에 구성한 지식을 기반으로 해야 하며, 새로운 정보와 기존 지식을 의미 있게 연결할 수 있도록 구성해야 한다. 이러한 인지적 과정의 강조는 교수자의 주요 과제가 ① 개인이 학습 결과에 영향을 미칠 수 있는 다양한 학습 경험을 가져와야 한다는 것을 이해해야 한다. 그리고 ② 학습자가 이전에 습득한 지식, 능력, 경험을 활용하기 위해 새로운 정보를 구성하는 가장 효과적인 방법을 결정해야 한다. ③ 새로운 정보가 학습자의 인지 구조 내에서 효과적이고 효율적으로 동화 및 조절이 일어날 수 있도록 피드백과 함께 연습과정을 조직해야 한다(Stepich & Newby, 1988).

예를 들어, 대기업의 관리자가 신입 직원에게 프로젝트에 대한 비용-이익 분석을 가르쳐야 하는 상황을 떠올려 보자. 이 경우 신입직원은 비용-

이익 분석에 대한 이전 경험이 없다. 그러나 관리자는 신입 직원이 가진 다양한 경험을 프로젝트 비용-이익 분석과 유사한 내용으로 연결함으로써 중요한 지식을 원활하고 효율적으로 동화시킬 수 있다. 한 예로써, 물품을 구매하기 위해 정보를 탐색하고 원거리 이동을 하고 지출에 대한 만족 요인을 확인하는 것이 될 수 있다. 이러한 일상의 경험들은 비용-이익 분석과 정확히 일치하지 않을 수 있지만, 활동 간의 유사성은 익숙하지 않은 정보를 친숙하게 수용하게 만든다. 이를 통해 정보를 쉽게 수용하고, 오랫동안 회상할 수 있는 잠재적 효율성이 증가한다(Ertmer & Newby, 2013).

4 교육현장과 온라인 학습환경

교육현장에서 인지주의는 학습자들의 잠재된 사고력을 촉진하는 상호작용 활동으로 나타난다. 예를 들어, 학습자들에게 사고를 자극하는 질문을 하여 현재의 지식이나 사고를 더 깊이 검토하고 해결책을 찾도록 안내한다. 자기 성찰(self-reflection)과 기억을 촉진하는 활동 또한 학습자들의 학습 잠재력을 성장시키는 데 도움이 된다. 학습자들에게 자신이 이해한 개념을 설명하도록 하고, 핵심적인 내용을 기억하도록 요청하고, 직접 다뤄볼 수 있는 문제를 제공하고, 대화형 토론을 유도하는 것 등은 교육현장에서 인지학습을 촉진하는 활동이 된다.

인지주의 이론과 함께 자주 논의되는 두 가지 개념은 암묵적 학습(implicit learning)과 명시적 학습(explicit learning)이다. 암묵적 학습은 의식적인 노력 없이 일어나는 학습을 의미한다. 명시적 학습은 의식적인 노력으로 발생하는 학습을 의미한다. 직장에서 암묵적 학습은 직원이 업무를 수행하면서 얻게 되는 기술 향상을 예로 들 수 있다. 이 개념은 대부분의 학습이 경험을 통해 일어난다고 주장하는 70-20-10 규칙(rule)과 연결된다. 70-20-10 규칙이란 인간은 자신의 지식의 70%는 도전적인 경험과 과제에서(challenging experiences and assignments), 20%는 발달적 관계에서(developmental relationships), 10%는 교과 과정(coursework and training)에서 배우는 경향이 있다는 것이다. 명시적 학습은 직업훈련프로그램과 같은 명확한 목표를 가진 연수과정으로 구성되며, 이를 통해 구성원이 이해하기를 원하는 정확한 개념과 기술을 지원할 수 있다. 평생교육지원은 구성원의 참여를 유지하기 위해 능동적(명시적) 및 지속적(암시적) 학습을 기반으로 해야 한다. 구성원들은 능동적인 학습 전략과 함께 공유된 경험을 통해 지속적인 학습에 참여할 수 있다.

현대사회의 온라인 교육 및 학습에 사용되는 많은 기술은 학습자의 오류를 감지하고 문제해결 방법을 제공하는 지능형 튜터링 시스템을 포함하고 있다. 이것은 인지주의 원칙을 기반으로 하는 것이다. 이러한 시스템은 사용자가 나머지 해법을 스스로 도출하도록 요구하는 최소한의 힌트를 제공하여 새로운 지식을 구성하도록 권장한다. 지능형 튜터링 시스템은 사용자가 주어진 과업의 구성요소를 숙달한 후 과업을 진행하도록 하는 완전학습(mastery) 모델을 기반으로 하는 경우가 많다. 그러나 행동주의 원칙에 기반한 기술과 달리 지능적 시스템은 직접적인 지시에 의한 학습이 아닌 행함으로써(doing) 학습을 촉진한다(Selwyn, 2011). 사전 테스트, 시각적 도구, 정보를 관련 주제로 분류하는 등의 온라인 학습도 인지주의 방식에 기반한다. 온라인 학습에 대한 인지주의 의미는 학습자가 다음을 수행할 수 있도록 하는 전략이 포함된다.

- 정보를 인지하고 주의를 기울임
- 장기 기억에서 기존 정보 검색
- 정보를 실생활에 적용
- 학습자의 동기부여 및 메타인지 기술 지원
- 다양한 학습 스타일을 수용하기 위한 다양한 학습방법 사용
- 정보의 분류

Chapter 05

구성주의

1 구성주의 의미

행동주의와 인지주의 모두에 깔려 있는 철학적 가정은 주로 객관주의(objectivistic)이다. 즉, 세계는 학습자의 외부(external)에 있는 실제(real)이다. 수업의 목표는 세상의 구조를 학습자에게 습득하게 하는 것이다(Jonassen, 1991b). 많은 현대 인지주의 이론가들은 이 객관주의적 가정에 의문을 제기하기 시작했고, 학습과 이해에 대한 보다 구성주의적인 접근방식을 검토하기 시작했다. 구성주의는 학습에 대한 완전히 새로운 접근방식이 아니다. 다른 학습이론과 마찬가지로 구성주의는 20세기의 철학적 · 심리학적 관점, 특히 브루너(Bruner), 굿맨(Goodman), 듀이(John Dewey), 피아제(Jean Piaget), 비고츠키(Vygotsky)의 영향을 받았으며(Perkins, 1991), 1990년대에 상당한 인기를 얻었다. 최근 구성주의는 수업설계를 포함하여 다양한 분야에서 관심을 받기 시작하면서 주도적인 이론이 되었다(Bednar et al., 1991).

구성주의는 학습이 지식을 습득하는 것이 아니라, 학습자가 구성해 나가는 능동적이고 맥락화된 과정이라고 주장한다. 구성주의 이론은 학습을 행동주의나 인지주의보다 더 적극적인 과정으로 묘사한다. 구성주의의 핵심 이상 중 하나는 인간의 지식은 탐색(exploration) 과정을 통해 구축되고 개인은 이전 학습을 기반으로 새로운 지식을 구성한다는 것이다. 구성주의 모델에서 학습자는 개인적인 경험을 통해 세상에 대한 자신의 관점을 구성하는 것으로 보기 때문에 학습은 맥락적이다.

구성주의는 인간이 이전의 경험과 지식을 바탕으로 새로운 내용을 이해하고 해석한다는 관점이다. 그리고 모든 지식과 학습이 오로지 내면(mind)에서 존재한다고 주장한다. 인지주의와 밀접하게 관련된 구성주의는 모든 지식이 선행 지식(prior knowledge)을 기반으로 형성된다고 본다. 인간은 자신의 지식을 적극적으로 형성하고, 이렇게 형성된 지식은 현실에 대한 자신의 관점을 형성한다.

구성주의는 학습을 경험에서 의미를 창출하는 것으로 여긴다(Bednar et al., 1991). 구성주의는 학습을 정신적 활동(mental activity)으로 간주하는 인지주의의 한 분야로 간주되지만, 여러 면에서 전통적인 인지이론과 구별된다. 대부분의 인지주의 학자들은 마음(mind)을 실제 세계에 대한 참조 도구(reference tool)로 생각한다. 그러나 구성주의자들은 마음이 세상으로부터 들어온 정보를 걸러내어 고유한 현실(own unique reality)을 만들어 낸다고 믿는다(Jonassen, 1991a). 구성주의자들은 플라톤 시대의 합리론자들과 마찬가지로 마음을 모든 의미의 근원으로 여기지만, 경험론자들과 마찬가지로 환경에 대한 개인의 직접적인 경험도 중요한 것으로 간주한다. 구성주의는 마음과 경험 사이의 상호작용을 강조함으로써 두 범주를 교차한다(Ertmer & Newby, 2013).

구성주의는 지식(knowledge)이 마음(mind)과 독립적이며 학습자에게 습득될 수 있다는 인지주의 및 행동주의의 관점을 공유하지 않는다. 구성주의자들은 현실 세계의 존재를 부정하지 않지만, 우리가 세상에 대해 아는 것은 경험에 대한 자신의 해석에서 비롯된다고 주장한다. 그들에 따르면 인간은 의미를 획득하는 것이 아니라 의미를 만들어내며, 경험을 통해 얻을 수 있는 의미는 다양하기 때문에 미리 정해진 올바른 의미(correct meaning)를 얻을 수 없다. 학습자는 단지 외부 세계의 지식을 자신의 기억으로 옮기지 않는다. 오히려 그들은 개인적인 경험과 상호작용함으로써 세상에 대한 개인적 해석을 형성한다. 따라서 지식의 내적 표상(internal representation)은 끊임없이 변화할 수 있다. 학습자가 알고자 하는 객관적인 현실은 존재하지 않고, 지식은 관련 맥락 속에서 나타난다. 따라서 개인 내에서 일어난 학습을 이해하기 위해서는 실제 경험을 검토해야 한다(Bednar et al., 1991).

구성주의는 학습을 능동적이고 사회적인 과정으로 이해한다. 학습자들은 자신만의 독특한 경험과 관점을 교육현장에 가져와서 배운 개념에 대한 이해를 형성한다. 구성주의는 학습의 초점을 교수자에서 학습자로 옮긴다. 학습자는 자신만의 고유한 경험을 수업에 가져와서 학습에 대한 잠재력을 향상시키고 다양화한다고 믿는다.

한편, 학자들은 다양한 유형의 구성주의를 제안하였다. 먼저, 인지적 구성주의(cognitive constructivism)는 학습이 학습자의 인지 발달단계와 관련되어야 한다는 관점이다. 이러한 접근은 학생들이 이미 알고 있는 정보와 연결하여 새로운 정보를 학습하는 것을 강조하며, 새로운 정보를 수용하기 위해 기존 지식을 수정 및 확장하는 원리를 제시한다. 인지적 구성주의는 피아제(Piaget)의 연구와 아동의 인지발달에 대한 연구에서 비롯된다.

사회적 구성주의(social constructivism)는 학습의 협력적 성격에 초점을 맞춘다. 지식은 사람들이 문화 및 사회 전반과 상호작용하는 방식에 의해 발전한다. 학생들은 무엇을 만드는 데 다른 사람에게 의존하고, 다른 사람에게서 배우는 것은 자신의 지식과 현실을 구성하는 데 도움이 된다. 사회적 구성주의는 비고츠키에서 비롯되었으며, 사회 및 동료의 영향을 추가하여 인지 구성주의와 밀접하게 연결되어 있다.

급진적 구성주의(radical constructivism)는 인지적 구성주의 및 사회적 구성주의와 매우 다르다. 이 관점은 1974년 에른스트 폰 글라저스펠트(Ernst von Glasersfeld)에 의해 제안되었다. 인간이 구성하는 지식은 실제적인 지식이 아니라, 우리가 환경에서 원만히 기능하는 데 도움이 되는 아이디어라고 본다. 즉, 지식은 발견되는(discovered) 것이 아니라 발명된다는(invented) 것이다. 우리가 가질 수 있는 것은 진리가 아니라 지식에 대한 판단이다.

2 구성주의 학습원리

1) 학습에 영향을 미치는 요인

지식을 생성하는 것은 학습자와 환경 사이의 특정한 상호작용이기 때문에 두 요인 모두 구성주의에게 중요하다. 구성주의자들은 행동이 상황에 따라 결정된다고 주장한다(Jonassen, 1991a). 새로운 어휘의 학습은 사전에서 의미를 배우는 것과는 대조적으로 문맥을 통해 해당 단어를 경험하고 후속적인 상호작용을 통해 향상된다. 이처럼 내용 지식(content knowledge)은 그것이 사용되는 상황이 필수적으로 포함된다. 브라운 등(Brown et al., 1989)은 상황이 실제 활동을 통해 지식을 공동으로 생산한다고 주장한다. 모든 행동은 이전 상호작용(previous interactions)의 전체 역사를 기반으로 한 현재 상황의 해석으로 간주된다(Clancey, 1986). 단어의 의미가 상황에 따라 달리 해석되고 강조되면서 학습자의 현재(current) 이해를 끊임없이 변화시키는 것처럼, 개념(concept)도 각각의 새로운 사용과 함께 지속적으로 진화할 것이다. 이러한 관점으로 인해, 구성주의에서의 학습은 실제적인 환경에서 발생하고 선택된 학습 과제가 학습자들의 실제 경험과 관련성을 갖는 것이 중요하다(Ertmer & Newby, 2013).

구성주의적 관점은 학습이 학습할 내용과 그것이 활용되는 맥락과 관련성이 높다는 가정을 한다(Bednar et al., 1991). 구성주의에서는 지식에 대한 계층적 분석에 따라 정보 단위를 분리하거나 영역을 분할하는 것이 불가능하다고 생각한다. 구조화된 지식 영역에서는 기본 기술을 가르치는 것이 효과적인 것으로 입증되었지만, 학습해야 할 대부분의 많은 영역은 기본적인 지식보다 더 정교하고 복잡한 지식을 포함한다. 요한센(Jonassen, 1991a)은 지식 습득의 3단계로 입문(introductory), 고급(advanced), 전문(expert) 등의 과정을 설명하면서, 구성적 학습환경이 고급 지식 습득 단계에서 가장 효과적이라고 주장했다. 이때 입문 단계에서 습득한 지식을 실제적으로 검토함으로써 오해와 편견이 발견될 수 있고, 필요한 경우 수정되거나 제거될 수 있다. 요한센은 입문단계의 지식 습득이 보다 객관적인 접근(행동주의 또는 인지주의 접근)에 의해 더 잘 지원된다는 데 동의하지만, 학습자가 복잡하고 비구조화된 문제를 처리하는 데 필요한 지식을 얻기 위해서는 구성주의적 접근으로 전환할 것을 제안하였다(Ertmer & Newby, 2013).

2) 구성주의에서 기억의 역할

수업의 목표는 개인이 특정 사실을 알도록 하는 것이 아니라 정보를 자세히 설명하고 해석하도록 하는 것이다. 이해는 지속적이고 상황에 맞는 사용을 통해 개발되며, 기억에서 인출될 수 있는 범주적 정의(categorical definition)로 결정되지 않는다(Brown et al., 1989). 앞서 기술한 바와 같이 개념(concept)은 새로운 상황, 협의, 활동 등을 통해 다른 형태로 재구성되고 새로운 활용을 통해 계속 개발될 것이다. 따라서 기억(memory)은 항상 상호작용의 누적된 역사로 구성된다. 경험의 표상은 하나의 선언적 지식으로 형식화되거나 구조화되어 머리에 저장되지 않는다. 강조되는 것은 학습자가 완전한 지식 구조를 검색할 수 있도록 하는 것이 아니라 당면한 문제에 적절한 다양한 사전 지식을 조합(assembling)하여 상황에 맞는 새로운 이해를 생성할 수 있는 수단을 제공하는 것이다. 구성주의는 이미 구축된 도식(schemas)의 회상보다 기존 지식의 유연한 사용을 강조한다(Spiro, Feltovich, Jacobson, & Coulson, 1991).

3) 구성주의에서 학습의 전이

구성주의의 초점은 개인의 통찰력과 경험뿐만 아니라 관련 문화를 반영하는 인지 도구(cognitive tools)를 만드는 데 있다. 고정적이고 추상적이며 독립적인 개념이나 세부 사항을 단순히 습득하는 것은 의미가 없다. 의미 있고, 지속적인 학습을 위해서는 활동(실제, practice), 개념(지식, knowledge), 문화(맥락, context)의 세 가지 요소를 모두 포함해야 한다(Brown et al., 1989).

구성주의 입장은 의미 있는 맥락 속의 진정한 과업에 참여함으로써 전이가 촉진될 수 있다고 가정한다. 단어 의미가 특정한 활용 사례와 연결되어 있는 것처럼, 이해는 경험에 의해 연동(indexed)되기 때문에 경험의 진정성은 개인의 능력에 매우 중요한 영향을 미친다(Brown et al., 1989). 구성주의적 관점의 본질은 학습이 항상 맥락 속에서 일어나고 맥락은 그 안에 내재된 지식과 연결을 형성한다는 것이다(Bednar et al., 1991). 따라서 수업의 목표는 과업을 달성하는 데 필요한 학습 구조를 정의하는 것이 아니라 과업을 정확하게 묘사하는 것이 되어야 한다. 학습이 탈맥락화(decontextualized)되면 전이가 일어날 가능성이 거의 없다. 단순히 법칙들을 기억하고 따른다고 해서 일련의 도구를 사용하는 방법을 배우는 것은 아니다. 학습자들이 실제 상황에서 도구를 실제로 사용하도록 참여시킬 때 적절하고 효과적인 도구의 사용이 가능해진다. 따라서 학습에 대한 궁극적인 평가는 학습자의 지식 구조가 이러한 도구가 사용되는 맥락에서 사고 및 수행을 촉진하는 데 얼마나 효과적인지에 따라야 한다(Ertmer & Newby, 2013).

3 구성주의 수업

1) 수업설계 원리

구성주의 교수자는 학습자가 복잡한 주제나 환경을 적극적으로 탐색하고, 해당 영역의 전문가처럼 사고하도록 수업방법을 구상해야 한다. 지식은 추상적이지 않고 학습하는 내용의 실제적 맥락과 연결되어야 하고, 학습자가 가져오는 경험과 연결되어야 한다. 따라서 학습자는 자신의 이해를 구성해야 하고, 사회적 협의 과정을 통해 이러한 새로운 이해를 타당화하도록 격려된다. 학습내용이 사전에 구체적으로 지정되기보다는 다양한 분야의 정보가 필수적으로 요구된다. 예를 들어, 전형적인 구성주의자의 목표는 초급프로그래밍 학습자들에게 프로그래밍 내용에 대한 정확한 사실을 가르치는 것이 아니라, 학습자들이 프로그래머들이 하는 것처럼 할 수 있도록 준비시키는 것이다. 따라서 수업목표는 프로그램 내용보다도 프로그램을 구성하는 과정과 관련이 있다.

구성주의에서 활용하는 수업 전략에는 실제 상황에서의 과업, 도제교육, 다양한 관점을 개발하고 공유하기 위한 협력학습, 토론, 체험학습, 반성적 성찰 등이 활용된다. 구성주의에 따른 기본적인 수업설계 원리는 다음과 같다(Ertmer & Newby, 2013).

① 학습한 기능이나 내용이 이후에 적용될 맥락에서 구체화되도록 강조한다. 이를 통해 의미 있는 맥락에서 학습이 진행되도록 한다.

② 학습과정을 통제하고 정보를 조직하는 학습자의 능력을 강조한다. 학습된 것을 적극적으로 사용할 수 있도록 한다.

③ 정보가 다양한 방식으로 제시되어야 한다. 다른 시점이나 맥락에서, 다른 목적이나 개념적 관점에서 내용을 다시 검토하도록 한다.

④ 학습자가 주어진 정보보다 더 나아갈 수 있도록 문제해결 기술을 지원한다. 예를 들면, 패턴을 재인식하도록 하는 기술을 학습하거나, 주어진 문제를 대체하여 제시하는 방법을 활용한다.

⑤ 지식과 기능의 전이에 초점을 맞춘 평가를 실시한다. 처음 학습한 조건과 다른 새로운 문제나 상황을 제시하여 이를 확인할 수 있다.

2) 구성주의 수업의 구성

학습에 대한 주요 관점이 행동주의-인지주의-구성주의로 점차 강조됨에 따라 교육의 초점은 교수(teaching)에서 학습(learning)으로, 사실의 수동적 전달에서 문제에 대한 능동적 적용으로 변화되었다. 인지주의와 구성주의 모두 학습자를 학습 과정에 적극적으로 참여하는 주체로 간주하지만, 구성주의는 학습자가 단지 정보를 처리하는 것을 넘어서 주어진 정보를 자세히 설명하고 해석하도록 한다(Duffy & Jonassen, 1991). 지식이나 개념의 의미는 학습자에 의해 만들어진다. 학습 목표는 미리 지정되지 않고 수업도 사전에 엄격하게 설계되지 않는다. 구성주의적 관점에서 수업의 역할은 학습자들에게 지식을 구성하는 방법을 보여주고, 다른 사람들과의 협력을 촉진하여 특정 문제와 관련될 수 있는 다양한 관점을 보여주고, 자신의 관점에 도달하는 것이다(Cunningham, 1991).

구성주의에서 학습자가 지식을 스스로 구성하는 것을 강조하고 있지만, 교수자의 역할은 여전히 중요하다(Reigeluth, 1989). 여기서 교수자의 역할은 크게 두 가지이다. ① 의미를 구성하는 방법과 이렇게 구성된 의미를 효과적으로 검토, 평가, 갱신하는 방법에 대해 학습자에게 가르쳐야 한다. 그리고 ② 학습자를 위한 경험을 설계하여 실제와 관련된 맥락을 경험할 수 있도록 해야 한다(Ertmer & Newby, 2013).

4 교육현장과 온라인 학습환경

교육자는 학습기회를 확대하기 위해 다양한 방법으로 구성주의를 활용한다. 학습자들은 주제에 대한 흥미를 유발하고 통찰을 얻기 위해 자신이 가진 이해와 경험을 활용한다. 학습자들이 토론, 동료 간의 지식 공유 등을 통해 학습을 주도하도록 하는 것은 대표적인 구성주의적 접근이다. 학습자들은 각자 자신에게 제공되는 지식을 다르게 경험하므로 해석의 자유가 허용된다. 구성주의 이론은 주로 지식을 내면에서만 존재하는 과정으로 취급하기 때문에 동기(motivation)를 핵심적인 요소로 다룬다. 즉, 구성주의에서 동기가 없는 학습자는 아무것도 배울 수 없다.

구성주의적 관점에서 교육자는 학습자들이 자신의 이해와 학습을 개발하고 평가하도록 지도, 중재, 지원하는 촉진자 역할을 하며, 수업내용을 직접 제공하기보다는 개인의 탐구를 조정하고 지원한다. 구성주의 교실에서 학습자는 학습 과정을 제어할 수 있으며 협동학습, 실습, 실험, 발견, 실제 문제해결 등의 능동적 역할이 요구된다(Ally, 2008).

학습자가 지식을 구성하는 데 필요한 자료를 제공하는 온라인 학습은 구성주의 관점이 적용될 수 있다. 예를 들어, 학습자가 데이터의 변화 추이를 볼 수 있도록 하는 시각화 도구, 개념 맵 작성, 다양한 관점의 정보 등이 구성주의 관점에 포함된다. 그리고 멀티미디어 저작 도구, 스프레드시트, 워드 프로세서, 시뮬레이션 등이 통합된 온라인 과정에서 적절한 질문을 지원하고 건설적으로 사용할 수 있도록 한다. 포럼, 웹 회의, 전자 화이트보드를 사용하여 사회적 상호작용 및 협업을 지원하는 온라인 학습도 사회구성주의 학습 접근 방식과 일치한다(Selwyn, 2011). 구성주의 환경에서 학습자는 능동적으로 자신의 지식을 구성하며, 협력학습이 촉진되고 자신의 학습에 대한 통제권이 주어지며, 반성할 시간이 주어져야 한다.

이상에서 살펴본 행동주의, 인지주의, 구성주의를 간략히 비교하면 다음 〈표 5-1〉과 같다.

〈표 5-1〉 행동주의, 인지주의, 구성주의 비교

구분	행동주의 Behaviorism	인지주의 Cognitivism	구성주의 Constructivism
학습의 발생	관찰 가능한 행동	지식의 구조화 정보의 체계적 처리	개별 학습자가 생성하는 의미
학습 영향요인	보상, 처벌, 자극의 성격	기존 스키마, 이전 경험	학습자 참여, 사회, 문화
기억의 역할	기억은 반복된 경험을 연결해 줌 보상과 처벌이 가장 큰 영향을 미치도록 함	인코딩, 저장, 검색	현재 상황에 맞게 재구성된 사전지식
학습의 전이	자극, 반응	외부 지식에 대한 복제적 구성	사회화
대표적 학습 유형	과업 기반 학습	추론 및 문제해결학습	사회적 학습

앞서 설명된 세 가지 교육적 접근 방식을 경험한 학습자들은 각기 다른 역량을 얻게 될 것이다. 이것은 교육자에게 두 가지 중요한 질문을 제기한다. 첫번째 고려사항은 어떠한 접근방식이 다른 것보다 더 효율적인가에 대한 것이다. 학습은 사전지식에 크게 영향을 받는 복잡하고 긴 과정이기 때문에 이에 대한 알맞은 대답은 아마 상황에 따라 다르다가 될 것이다. 학습은 많은 요인에 의해 영향을 받기 때문에 학습과정이 진행됨에 따라 그 특성이 끊임없이 변화한다(Shuell, 1990). 복잡한 지식 체계를 처음 접하는 초보 학습자에게 효과적인 내용이 익숙한 학습자에게는 효과가 없거나 효율적이지 않을 수 있다. 일반적으로 개념을 가르치는 것과 문제해결 전략을 가르치는 것이 동일한 방식으로 이루어지지 않는다. 마찬가지로, 학습자의 숙련도에 따라 교수전략이나 다루는 내용이 달라진다(Ertmer & Newby, 2013).

따라서 교수자에게 학습자, 학습내용, 교수전략을 일치시키는 일은 매우 중요한 과업이 된다. 행동적 접근은 과업의 내용(무엇을 아는 것, knowing what)을 숙달하는 것을 효과적으로 촉진할 수 있다. 인지적 접근은 알고 있는 사실이나 규칙이 어떤 상황에 어떻게 적용될 수 있을지와 같은 문제해결 전략을 가르치는 데 유용하다(방법 알기, knowing how). 그리고 구성주의 전략은 행위 중 반성(reflection-in-action)을 통해 잘 정의되지 않은 문제를 다루는 데 적합하다(Ertmer & Newby, 2013).

두 번째 고려 사항은 학습할 과업에서 요구하는 내용을 검토해야 한다. 필요한 인지처리 수준에 따라 다른 관점이 필요할 수 있다. 예를 들어, 기본 짝지음, 변별, 암기 등과 같이 낮은 수준의 인지적 처리가 필요한 과업은 주로 행동주의적 접근에 의해 촉진될 수 있다. 인지적 처리 수준을 높여야 하는 분류, 규칙, 절차적 실행 등은 주로 인지주의적 접근에 의해 촉진될 수 있다. 높은 수준의 인지적 처리를 요구하는 발견적 문제해결, 인지전략의 선택, 인지전략 모니터링 등의 과업은 주로 구성주의적 관점에서 보다 잘 학습될 수 있다.

교수자가 가져야 하는 중요한 질문은 '가장 좋은 이론은 무엇인가?'가 아니라, '특정 학습자의 특정 과업을 촉진하는 데 가장 효과적인 이론은 무엇인가?'가 되어야 한다. 즉, 어떠한 관점을 취하기 전에 학습자와 과업을 모두 고려해야 한다.

아래 [그림 5-1]은 학습자의 지식수준과 인지적 처리 수준이라는 두 가지 차원을 바탕으로 각 이론적 관점이 적용되는 정도를 보여준다. 이것은 각 학습이론의 고유한 특성으로 인해 각기 다른 지점에서 두 차원이 교차되어 집중되는 경향을 볼 수 있다. 이것은 어떤 전략을 교수 설계 과정에 적용할 때 학습 과제의 성격(즉, 필요한 인지 처리 수준)과 학습자의 숙련도 수준을 모두 고려한 후에 결정해야 함을 의미한다. 과제의 요구와 학습자의 수준, 전달 혹은 발견할 내용 등에 따라 다른 전략이 필요할 것이다. 그렇지만 이러한 관점을 분리하여 이해하고 적용할 필요는 없다. 실제로 성공적인 교수법이란 세 가지 관점 모두에 의해 지원되는 경향이 있다.

때문에 특정 관점을 다른 관점보다 지지하거나 강조할 필요가 없다. 이것은 학습자의 현재 능력 수준과 학습 과제 유형에 대해 수집된 정보를 기반으로 적절한 교수방법을 선택할 수 있어야 한다는 의미이다(Ertmer & Newby, 2013).

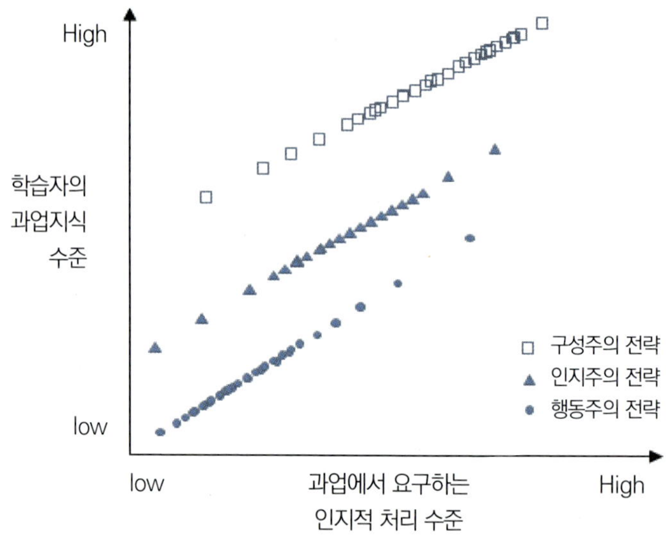

[그림 5-1] 행동, 인지, 구성주의 관점의 교수 전략 비교(Ertmer & Newby, 2013)

Part 03

성인학습이론

평생교육방법론

성인학습이 일반 교육학과 구별되는 것은 학습에서 경험, 자기주도성, 성찰이 중요한 요소로 작용하고 있다는 것이다. 첫째, 성인학습은 경험에 기반(experience-based)하고 있고, 비일상적 상황(non-routine)에서 발생하며, 암묵적(tacit) 지식을 동반한다는 점에 그 특성이 있다. 성인학습에서는 경험들이 어떻게 구성되고 어떻게 학습에 적용되는지를 이해하는 것이 중요하다. 둘째, 성인학습에서 또 다른 중요한 아젠다는 자기주도성이다. 성인학습은 학습자의 자기주도적이고 능동적인 학습의 측면을 강조한다. 셋째, 성인학습은 단순한 지식 습득을 넘어 비판적 성찰을 통하여 검증된 의미를 통해 변환하는 데 있다. 성인학습에서 다루어지고 있는 경험, 자기주도성, 성찰 개념은 성인교육 이론의 기초가 되었으며 상황학습(situated learning), 반성적 실천(reflective practice), 실천공동체(communities of practice), 전환학습(transformative learning)등의 학습이론으로 발전되었다. 여기에서는 성인학습 이론의 핵심인 경험학습, 자기주도학습, 전환학습에 대해 이론의 전개와 특성, 핵심 요소에 대해 살펴보고자 한다.

Chapter 06

경험학습 이론

1 경험학습 이론의 전개

경험과 학습에 대한 이론적 기원은 20세기의 듀이의 실용주의, 레빈(Lewin)의 사회심리학, 피아제(Piaget)의 인지발달이론, 비고츠키(Vygotsky), 콜브(Kolb), 쇤(Schön) 등에 두고 있다.

인지심리학에서의 경험에 대한 이해는 새로운 경험을 기존 개념에 동화시키고 새로운 경험을 수용하는 과정으로 보았다. 대표적 학자인 피아제(Piaget)는 학습은 새로운 경험을 기존 개념에 동화시키고 기존 개념을 새로운 경험에 수용하는 변증법적 과정의 평형을 통해 발생한다고 보았다. 인지심리학의 관점은 경험적 요소들의 단순한 변형으로 경험과 학습과의 관계를 설명하고자 하는 측면이 강하였다.

듀이(Dewey)는 학습을 어떤 문제와 씨름하는 인간의 개인적 경험에서 발생하는 활동으로 바라보았다. 학습은 인지의 결과일 뿐만 아니라 생각, 느낌, 인식 및 행동과 같은 전체 개인의 통합된 기능을 포함하고 있다. 학습은 결과로 끝나지 않으며 학습은 연결된 경험의 과정을 통해 발생한다(Dewey, 2008). 듀이는 교육적 성장은 학습자의 경험은 기계적으로 추가되는 것이 아니라 학습자가 그들의 경험을 기초로 새롭게 통합하고 과거 경험을 지속적으로 재구성해가는 것이라고 주장했다.

듀이는 경험학습과 관련된 수많은 저서를 남겼으며 1938년 79세의 마지막 주요 교육 저작으로 '경험과 교육(Experience and Education)'을 집필하였다. 경험은 환경과 상호작용하고 시간과 공간에 걸쳐 통합된다. 경험의 과정은 경험, 개념, 관찰, 행동을 통합하는 변증법적 과정을 거쳐 결정적인 결론, 즉 완성에 도달한다(Dewey, 2008).

인간의 아이디어와 사고는 고정된 것이 아니라 경험에 의해 지속적으로 변화하는 것이다. 인간 활동과 사회적 환경은 개인이 세상을 경험하는 방식, 세상과 상호작용하는 방식을 형성하고 평생학습을 통해 새로운 상황에서 배운 것을 적응시킨다. 듀이가 경험을 개인적 측면에서 바라보았다면 비고츠키(Vygotsky)는 사회적 관계에서 경험을 바라보았다. 경험은 시간적으로 전개되는 과정에서 설정되고 개인을 넘어 시간과 공간에 걸쳐 확장되며 경험 그 자체가 상호작용 형태로 생산되는 사회적 관계이다(Vygotsky, 2001).

경험은 사고의 범주이며 사람(지적, 정서적, 실제적 특성), 물질적 · 사회적 환경, 거래 관계(서로에 대한 상호 영향), 감정을 포함하는 분석의 최소단위이다. 경험은 개인 안에 감춰진 것이 아니라, 시간적으로 전개되는 사회적 관계 속에서 시간적 · 공간적으로 확장되는 것이다(Vygotsky, 2001). 비고츠키는 사회적 관계의 우선성을 인정하고 사회적 관계 속에서 경험에 대한 이해를 설명하고자 하였다.

콜브(Kolb)는 듀이의 교육적 경험에 대한 이론적 틀을 토대로 경험학습이론을 정립하였다. 그는 경험, 지각, 인지 및 행동을 결합하는 학습에 대한 총체적이고 통합적인 학습이론을 제안하였다(1984). 콜브는 지식을 경험의 변환(transformation)을 통해 생성되는 과정이자 경험이 변환하는 조합의 결과로 정의하였다(Kolb, 1984). 경험학습의 이론서로 잘 알려진 그의 저서 경험학습(Experiential Learning, 1984)에서 그는 듀이의 경험과 학습에 대한 가정들에 기초하여 경험으로부터 시작하는 네 가지 유형의 학습순환모델을 제시하였다.

콜브의 경험적 학습주기(학습순환 모델)는 인간의 구체적 경험이 관찰과 성찰을 통해 일반화된 개념으로 전환되고, 이것이 다시 능동적 실험을 통해 다시 구체적 경험으로 전환되는 과정(구체적 경험-반성적 관찰-추상적 개념화-능동적 실험)이 순환되는 것을 설명하였다. 콜브의 순환학습 모델은 학습장애, 직업상담, 학업조언 등을 이해하기 위한 지침으로서 교수 및 학습활동을 계획하기 위한 기본적인 프레임을 제공하였으며 이후 다양한 학습스타일 이론과 도구가 개발되었다.

자비스(Jarvis, 1987)는 콜브의 이론은 학습활동을 계획하는 데 도움이 되고 학습자가 효과적으로 참여할 수 있는지 확인하는 데 도움이 되었지만 일련의 조건, 상황, 사회적 맥락(생활 세계)에 대한 고려가 없다고 보았다. 콜브의 모델이 다양한 문화적 경험/조건을 거의 고려하지 않았다면 자비스는 학습이 환경의 영향을 받는 문화적 사회적 기반을 중요하게 고려하였다.

지식은 형식적 학습과 과거 경험을 통해 얻은 개념, 사실 및 정보를 말하며 활동은 실제 세계에 대한 지식의 적용이다. 쇤(Schön, 1987)은 전문학교에서 실제실습의 복잡하고 예측할 수 없는 문제를 처리하는 새로운 접근방식으로 성찰을 제시하였다. 성찰은 새로운 지식을 창출하기 위한 지식과 활동의 분석이라고 할 수 있다. 그는 '행동에 대한 성찰(reflection in action)' 과정을 반복적으로 수행함으로써 이전 경험과 실행능력을 구축하는 데 도움이 될 수 있다고 제안했다.

그는 성찰을 통해 학습자는 명시적 지식(explicit knowledge)뿐만 아니라 암묵적 지식(tacit knowledge)까지 습득할 수 있다고 주장하면서 성찰을 성인학습자의 전문성 개발과 연결시켰다. 성찰은 학습자가 과거와 현재의 경험 및 지식과 관련되거나 동화될 수 있는 기초를 제공하며 성찰을 통해 경험을 사전 지식과 관련시킴으로써 의미 있는 결과를 생성할 수 있다.

경험학습이론은 학습이 행동의 변화와 동일하다고 보고 그 외의 학습을 특징짓는 것에 무관심했던 교육심리학적 접근을 극복하고자 하였다. 학습은 사고로만 이루어지지 않는다. 경험학습이론은 학습을 경험의 변환을 통해 지식이 생성되는 과정으로 인간이 학습하고 성장하고 발달하는 학습과정의 총체적 측면에서 바라본다. 성인학습에서의 경험이란 인간과 그를 에워싸고 있는 환경이 만나는 과정의 산물로 학습자는 환경에 대한 자각과 해석을 바탕으로 경험을 새롭게 형성하거나 개조해나가는 것이라고 할 수 있다.

2 경험학습의 개념적 특성

경험(Erfahrung)의 어원학적 뿌리인 경험(pereživanie)의 원래 의미는 무언가의 반복과 대조적으로 여행, 횡단, 위험, 위험 및 변화와 관련되어 있다. 듀이는 학습자를 미지의 영역을 지도하는 탐험가와 비교하였다. 예를 들어, 숲을 여행하는 사람이 개울을 만날 때 사람들은 주변에 디딤이 될 만한 돌을 찾거나 얕은 부분을 찾아 건너려고 하는 등 자신의 문제에 대한 가능한 해법을 찾기 위해 노력한다. 그 결과 사람들은 적합한 재료나 조건을 찾아 건너편으로 건너가 다시 여행을 시작한다. 듀이가 제시한 경험의 기본적 특성은 크게 네 가지로 정리할 수 있다.

첫째, 경험은 강물처럼 흐른다.

모든 경험은 단절되어 끝나지 않는 것이 아니라 앞의 경험과 뒤의 경험이 연결되어 지속적으로 흘러간다. 듀이에게 있어서 과거의 경험은 옛 경험 그 자체로 끝나는 것이 아니라 새롭고 보다 나은 미래의 경험을 구성하기 활용되는 것이라고 할 수 있다. 이러한 경험의 계속성 속에서 생명이 유지되고 삶은 계속된다. 학습자는 여러 종류의 경험을 통해서 지성적 습관을 형성해 가며 경험의 연속성을 통해 삶을 풍요롭게 가꾸어 간다.

둘째, 경험은 환경과의 능동적인 상호작용이다.

경험은 인간과 환경과의 상호작용을 의미한다. 환경 속에 있는 유기체는 환경 속에서 주어진 문제를 해결하고, 균형 상태에 이를 수 있는 방법을 찾고자 한다. 생명을 가진 유기체의 형태가 고차적일수록 생명을 유지시키기 위해 환경 조건을 적극적으로 재구성한다. 인간은 홀로 존재하는 것이 아니라 환경과 상호작용하면서 서로 영향을 끼치며 성장하는 존재이다. '하나의 경험'은 다양한 내용들과 긴밀한 관련을 통해 통일체를 이룬다. 우리는 경험을 통해 환경을 조정하고 적응하며 제어하는 방법을 배운다. 우리는 겪고 행하며 성장한다.

셋째, 경험은 정서적이고 심미적이다.

경험은 지적, 정서적인 것의 지속적인 상호작용이라고 할 수 있다. '경험으로부터 배운다'는 것은 우리가 하는 일과 그 결과로 받는 즐거움이나 고통 사이를 앞과 뒤로 연결한다는 것을 의미한다. 경험은 하나의 환원 불가능한 단위 내에서 의식을 의미하는 내면(emotion/feeling)의 등가물로 경험의 범주에는 정서적 채색이 포함된다. 듀이는 경험이 '심미적 성질(esthetic quality)'을 갖지 못한다면 완결된 경험이 될 수 없다고 하였다. 경험에서 간과하지 말아야 할 부분은 바로 경험의 '심미적 성질'이다.

넷째, 경험을 가장 바람직하게 이끄는 것은 성찰적 사고이다.

성찰적 사고는 경험한 모호함, 의심, 갈등, 일종의 혼란이 있는 상황을 명확하고 일관성 있고 안정되고 조화로운 상황으로 바꾸는 것에 기능한다(Dewey, 1933). 성찰은 경험을 학습과 더 깊은 통찰력으로 인도하고 충동적이고 단순한 일상적인 활동에서 지적인 행동으로 전환시킨다.

성찰은 그것을 뒷받침하는 근거와 그것이 지향하는 추가 결론에 비추어 어떤 믿음이나 추정된 형태의 지식에 대해 적극적이고 지속적이며 신중하게 숙고하는 것이다(Dewey, 1933). 완결적 경험을 위해서 성찰이 필요하며 성찰은 비합리적인 과거의 영향에서 우리를 자유롭게 한다. 성찰적 사고는 모호함, 의심, 갈등, 일종의 혼란이 있는 상황을 명확하고 일관성 있고 안정되고 조화로운 상황으로 바꾸는 것이다.

경험은 삶의 모든 영역에서의 배우는 과정이며 학습은 인간 사회의 모든 수준에서 작동한다. 학습경험은 출생에서 청소년기까지는 기본적인 능력과 인지 구조가 발달하는 곳에서 획득된다. 또한 정규 교육 교실에서만이 아니라 생활과 개인의 삶에서의 비형식적인 학습 상황에서 형성된다.

학습은 일차적으로 개인의 '직접 경험'을 통해서 학습되지만 '매개경험'을 통해 학습되기도 한다. '직접 경험'은 일차적 경험이라고도 하며 구체적이고 직접적인 실천경험을 의미한다. 직접경험은 실습, 방문, 직장 배치, 역할극 및 시뮬레이션과 같은 교육활동을 통해 얻을 수 있다. '매개경험'은 강의, 토론, 책, 방송, 영화, IT 등 모든 시청각 매체의 활용을 통해 얻는 경험이다. 많은 정보는 구체적인 경험과 같은 직접 경험하기보다는 '매개경험'을 통해 얻게 된다.

콜브 A.와 콜브 D.(Kolb, A. & Kolb, D., 2013)는 인간 학습 및 발달 이론을 토대로 경험학습의 여섯 가지 명제를 제시하였다. ① 학습은 결과가 아니라 과정으로 이해하는 것이 가장 좋다. 습은 지식이 수정되고 재형성되는 연결된 경험의 과정을 통해 발생한다. ② 모든 학습은 재학습이다. 학습은 주제에 대한 학습자의 신념과 아이디어를 끌어내어 검토하고 테스트하고 새롭고 더 세련된 아이디어와 통합하는 과정을 통해 촉진된다. ③ 갈등, 차이점 및 불일치는 학습 과정을 주도하는 요소이다. 이러한 긴장은 상반되는 성찰과 행동, 감정과 사고 방식 사이를 반복하면서 해결된다. ④ 학습은 세상에 적응하는 총체적인 과정이다. 학습은 단순히 인지의 결과가 아니라 생각하고 느끼고 지각하고 행동하는 전체 사람의 통합된 기능을 포함한다. ⑤ 학습은 개인과 환경 사이의 상호작용을 통해 발생한다. 피아제의 용어로 학습은 새로운 경험을 기존 개념에 동화시키고 기존 개념을 새로운 경험에 수용하는 변증법적 과정의 균형을 통해 발생한다. ⑥ 학습은 지식을 창조하는 과정이며 지식을 전수받는 과정이 아니다. 지식은 사회 역사적 맥락에서 공동 구성되는 사회적 지식과 학습자의 주관적 경험인 개인 지식 간의 거래이다.

3 경험학습의 요소

1) 학습공간(learning space)

경험학습 이론에서 학습은 인간과 환경 사이의 상호 작용을 기초로 한다. 따라서 학습공간은 교실과 같은 물리적 공간을 말하는 것이 일반적이지만 경험학습에서는 물리적 공간뿐만 아니라 문화적, 제도적, 사회적 및 심리적 수준의 차원까지도 포함한다.

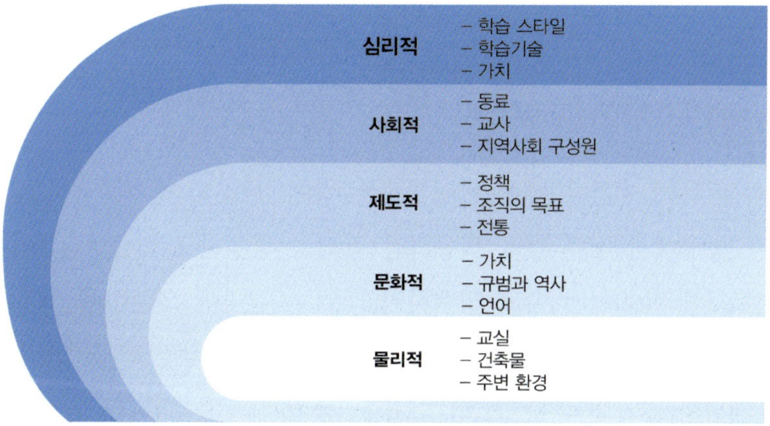

[그림 6-1] 학습공간의 범주

출처: Kolb, D.(2014).

학습은 물리적 공간에서뿐만 아니라 사회적 환경에서의 경험의 결과이다. 학습의 공간은 삶의 공간이며 이 공간에는 사람에게 존재하는 사실과 목표, 필요, 신념, 문화와 같이 행동에 영향을 미칠 수 있는 모든 것이 포함된다. 상황학습 이론에서는 학습은 반드시 물리적인 장소가 아니라 사회적 환경에서 개인의 경험의 구성물로 바라본다.

경험학습에서 교육적 경험이란 직접적인 경험뿐만 아니라 학습자의 전체적 · 경험적 삶의 공간을 의미한다. 여기에는 물리적, 사회적 환경과 관계의 질이 포함된다. 학습 공간은 학습자가 경험하는 곳으로 학습에 가장 큰 영향을 미치며 심리적, 사회적 차원으로 확장된다.

학습은 역사, 규범, 도구 및 관행, 그리고 공동체에 내재되어 있다. 학습공간은 학습 과정에서 공동체의 역할, 교육자와 교실을 넘어 확산되는 학습, 정체성 형성까지 내포하는 공동체의 사회화, 소속감, 삶의 변화가 포함된다. 리브와 웽거(Leave & Wenger, 1991)는 지식은 한 개인에게만 속한 것이 아니며 학습은 적극적인 참여를 통해 실천공동체의 일원이 되는 길이라고 말한다. 이에 따라 학습공간도 학습 촉진을 위한 심리적 안전, 공동체의 목적과 규범도 중요한 요소이다.

2) 학습유형(learning style)

경험을 통해 인간은 세상을 경험하는 방식, 세상과 상호작용하는 방식, 새로운 상황에서 배운 것을 적용하는 방식을 형성하고 학습한다. 어떤 학습자는 구체적(concrete)이고 명백하며(tangible) 감각에 의존하여 새로운 정보를 인식기도 하고 또 다른 사람들은 감각보다는 상징적 표현이나 추상적인 개념화(생각, 분석 또는 체계적 계획)를 통해 새로운 정보를 인식하고 파악하기도 한다.

다른 한편으로 어떤 사람들은 어떤 일이 일어나는지 숙고하고 성찰하는 반면, 또 다른 사람들은 바로 뛰어들어 일을 시작한다. 예를 들어 자동차를 운전하는 것(구체적인 경험)과 자동차의 기능을 분석하는 것(추상적 개념화)을 동시에 수행하는 것은 어렵다. 학습자는 특정한 과거 생활 경험이나 현재 환경의 요구로 인해 선호하는 방식이 다를 수 있다. 우리는 구체적이거나 추상적인 것, 능동적인 것과 성찰적인 것을 패턴화한 것을 학습스타일이라고 한다. 콜브는 학습자의 특징화된 학습유형을 제시한 LSI (Learning Style Inventory)를 개발했다.

최초의 LSI는 1969년 MIT 커리큘럼 개발 프로젝트의 일환으로 만들어졌으며 경험적 학습에 기반한 최초의 관리 교과서가 되었다. 이 학습 스타일 인벤토리는 원래 학습자가 경험학습의 과정과 경험을 통한 학습의 독특한 개별 스타일을 이해하도록 돕기 위해 고안된 것이다.

(1) 수렴형(converger)

수렴 스타일의 지배적인 학습 요소는 추상적 개념화(AC)와 적극적 실험(AE)이다. 이 학습 스타일의 사람들은 아이디어와 이론의 실제적인 용도를 찾는 데 가장 능숙하다. 수렴형 학습 스타일을 가진 사람들은 문제를 해결하고 질문이나 문제에 대한 해결책을 찾고 결정을 내리는 능력이 있다. 이들은 사회적 문제와 대인관계 문제보다 기술적인 작업과 문제를 다루는 것을 선호한다. 이 스타일을 가진 사람들은 학습 상황에서 새로운 아이디어, 시뮬레이션, 실험실 과제 및 실제 적용을 실험하는 것을 선호한다. 이러한 학습 기술은 전문가 및 기술 경력 개발에 중요한 요소이다.

(2) 확산형(diverger)

확산적 사고형의 지배적인 학습 능력은 구체적인 경험(CE)과 반성적 성찰(RO)이다. 이 학습 스타일을 가진 사람들은 다양한 관점에서 상황을 가장 잘 통찰할 수 있다. 이러한 학습 스타일을 가진 사람들은 사람들에게 관심이 많고 상상력이 풍부하고 감정적이며 광범위한 문화적 관심을 갖고 있다. 이러한 학습 스타일은 광범위한 문화적 관심을 갖고 있으며 예술을 전문으로 하는 경향이 있다. 상황에서 발산 스타일을 가진 사람들은 학습 상황에서 집단으로 작업하고 열린 마음으로 듣고 피드백을 받는 것을 선호한다.

(3) 동화형(assimilator)

동화형의 지배적인 학습 능력은 추상적 개념화(AC)와 반성 관찰(RO)이다. 이러한 학습 스타일을 가진 사람들은 광범위한 정보를 이해하고 간결하고 논리적인 형식으로 작성하는 데 능숙하다. 동화 스타일의 사람은 창의적 아이디어와 추상적인 개념에 더 관심이 있다. 일반적으로 이러한 스타일을 가진 사람들은 실용적인 가치보다 논리적인 이론을 갖는 것이 더 중요하다고 생각한다. 이 스타일을 가진 사람들은 학습상황에서 분석, 모델화, 탐색, 생각할 시간을 갖는 것을 선호한다.

(4) 적응형(accommodator)

적응형 스타일의 지배적인 학습 능력은 구체적인 경험(CE)과 능동적 실험(AE)이다. 이러한 학습 스타일을 가진 사람들은 주로 실제 경험을 통해 학습한다. 계획을 실행하고 새롭고 도전적인 경험에 참여하는 것을 즐긴다. 이러한 학습자 경향은 논리적 분석보다는 직감, 감정에 따라 행동한다. 이 학습 스타일은 마케팅이나 영업과 같은 행동 지향적인 직업에서 효율성을 가진다. 이들은 다른 사람들과 협력하는 것을 선호하고, 현장작업을 수행하고, 프로젝트를 완료하기 위한 다양한 접근 방식을 시도한다.

이와 같은 학습 스타일, 학습능력 및 특성을 종합하면 다음 〈표 6-1〉과 같다.

〈표 6-1〉 콜브의 학습 스타일과 학습 특성

학습 스타일	학습능력	학습특성
수렴형 (Converger)	추상적 개념화(Abstract conceptualization) + 적극적 실험(active ex-perimentation)	• 아이디어의 실제 적용에 강함 • 특정 문제에 대한 귀납적 추론에 집중 • 사회적 문제나 대인 관계 문제보다 기술적인 작업과 문제를 다루는 것을 선호
확산형 (Diverger)	구체적 경험(Concrete experience) + 반성적 관찰(reflective ob-servation)	• 다양한 관점에서 사물을 보고 아이디어를 생성 • 사람들에게 흥미를 두며 광범위한 문화적 관심이 있음 • 그룹으로 작업하고 열린 마음으로 듣고 피드백을 받는 것을 선호
동화형 (Assimilator)	추상적 개념화(Abstract conceptualization) + 반성적 관찰 (reflective observation)	• 귀납적 추론으로 이론적 모델을 만듦 • 광범위한 정보를 이해하고 간결하고 논리적인 형식으로 작성하는 데 능숙 • 실용적인 가치보다 논리성을 갖는 것이 더 중요하다고 생각
적응형 (Accommodator)	구체적 경험(Concrete experience) + 적극적 실험(active ex-perimentation)	• 실제 경험을 통해 학습하며 도전적인 경험에 참여하는 것을 즐김 • 논리적 분석보다는 직감, 감정에 따라 행동 • 행동 지향적인 직업에서 효율성을 가지며 다른 사람들과 협력하는 것을 선호

출처: Tennant(1997).

학습자는 그들이 파악한 경험에서 일부는 구체적이고 유형적이며 느낌 있는 특성을 경험하고 감각에 의존하고 구체적인 현실에 몰입함으로써 새로운 정보를 인식한다. 어떤 사람들은 감각을 지침으로 사용하기보다 상징적 표현이나 추상적인 개념화(생각, 분석 또는 체계적 계획)를 통해 새로운 정보를 인식, 파악 또는 보유하는 경향이 있다. 또한 우리 중 일부는 유사하게, 경험을 변형하거나 처리할 때 작업에 관련된 다른 사람들을 주의 깊게 관찰하는 경향이 있다. 어떤 사람은 어떤 일이 일어나는지 경험하고 반성하는 반면, 다른 사람들은 바로 뛰어들어 일을 시작한다. 관찰자는 반성적 관찰을 선호하는 반면 수행형은 적극적인 실험을 선호한다.

콜브의 학습 스타일은 40년 동안 여섯 가지 버전의 학습 스타일 목록이 출판되었으며 이후 수년에 걸친 경험적 및 임상적 연구로 개별 학습 스타일의 패턴은 보다 세분화되었다. 콜브(Kolb)의 LSI 4.0은 네 가지 학습 스타일 유형에서 새로운 아홉 가지 스타일을 제시하였다. 아홉 가지 유형은 시작(initiating), 경험(experiencing), 상상(imagining), 성찰(reflecting), 분석(analyzing), 사고(thinking), 결정(deciding), 행동(acting), 그리고 균형(balancing)이다(Kolb, 2015).

콜브를 포함한 대다수는 학습 스타일 이론과 도구는 1970년대에 시작되었고 1990년대 번성했다. 하지만 개별 학습 스타일은 고정된 것이 아니라 시간이 지남에 따라 달라질 수 있고 다양한 문화적 경험과 조건이 거의 고려되지 않았다는 바판을 받는다. 따라서 학습 스타일은 고정된 심리적 특성이 아니라 사람과 환경 간의 상호작용에 따른 동적 상태로 이해하는 것이 필요하다.

개인의 안정성과 지속성은 고정된 유전적 특성이나 인간의 특성에서 비롯되지 않으며, 그와 관련하여 환경 환경의 안정적이고 고정된 요구에서 오는 것도 아니다. 오히려 안정적이고 지속적인 인간 개성 패턴은 개인과 환경 사이의 일관된 거래 패턴, 즉 사람들은 사람들이 살고 있는 실제 상황에서의 선택을 통해 생성된다.

3) 사고 과정

경험에서의 사고 과정은 현재 상태로서는 완결되지 않은 것을 출발점으로 한다. 탐구의 선행조건으로 인간이 환경과의 균형 상태가 깨어질 때 이 불일치를 극복하기 위하여 사고하고 반성하도록 자극된다(Dewey, 1934). 듀이는 불확실성과 위기가 경험의 출발이라고 보았다고 보았다. 이 과정에서 인간은 자신의 환경에 대해 외부로부터 수동적으로 반응하는 것이 아니라 자신의 의지에 따라서 행동하게 된다.

듀이는 학습을 인식, 정의, 추론, 행동을 통합하는 변증법적 과정으로 설명하였다. 듀이는 탐구과정을 성찰적 사고와 행동의 5단계 학습모델을 제시하였다.

첫째, 탐구의 선행조건으로 혼란을 야기시키는 불확실한 상황 인식단계이다. 경험의 출발은 개인의 내적 표상이나 회상으로 이해되는 경험이 아니라 인간의 물질적 활동 또는 인간과 환경 시스템의 교란에서 시작된다. 어떤 종류의 장애물이나 그에 대한 저항은 정상적인 행동의 흐름을 어렵게 만든다. 이것은 반성적 사고의 필수적인 전제 조건이며 이를 통하여 인간 행동의 조건과 장애에 대한 탐구를 시작하게 된다.

둘째, 주어진 문제가 무엇인지 명확하게 파악하는 지능화 단계이다. 어떤 상황에서 무엇이 잘못되었는지 정의하려는 시도이다. 문제를 공식화하는 단계로 문제를 정의하고 문제에 대한 잠정적인 개념을 형성한다. 문제의 공식화는 문제를 생각하는 방식에 따라 어떤 특정 제안이 받아들여지고 어떤 제안이 기각되는지가 결정된다.

셋째, 문제해결을 위한 상황의 조건과 가설(hypothesis)의 형성 단계이다. 문제점이 부각되면 조건의 분석과 진단이 수행된다. 조건에는 물질적, 사회적 조건과 문제를 해결하는 데 사용되는 수단과 자원이 모두 포함된다. 해결 가능한 아이디어 또는 계획인 작업가설이 잠정적으로 형성되는 단계이다.

넷째, 가설을 이전의 지식과 경험의 체계 안에서, 가설들의 의미와 결과를 추론(Reasoning)하는 단계이다. 추론은 관련된 아이디어와 의미를 정교화하는 것이다. 추론은 개인이나 공동체가 이용할 수 있는 지식과 자원에 비추어 평가하는 것이며 이 과정에서 가설은 재구성될 수 있다.

다섯째, 구체적 행동을 통해 가설을 검증하는 단계이다. 상황이나 인간-환경 관계를 재구성하여 실제로 실현하려고 시도함으로써 가설은 검증된다. 가설의 요구사항에 따라 상황을 재구성하여 가설에서 추론된 결과가 실제로 실제인지 확인한다. 그러나 가설의 검증이 항상 가설의 확인으로 이어지는 것은 아니다. 듀이(1916)는 가설의 실제 검증만이 그 타당성에 대한 결론을 도출하는 것을 가능하게 한다고 말한다. 듀이의 성찰적 사고와 행동 모델을 보면 다음 [그림 6-2]와 같다.

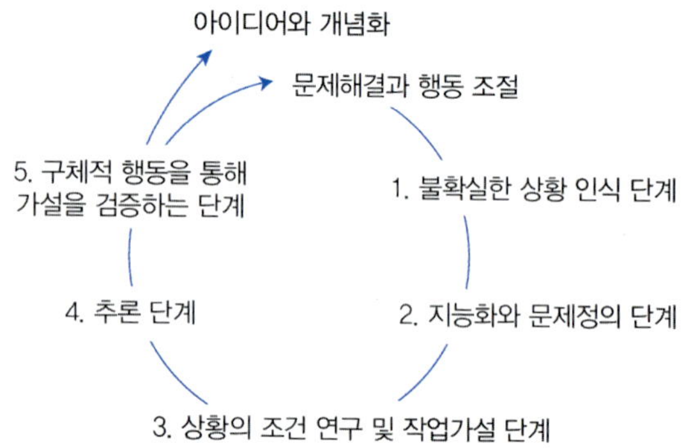

[그림 6-2] 듀이의 사고과정과 학습

출처: Miettinen(2000).

콜브는 듀이의 경험학습에 대한 연구를 기초로 학습과정에 초점을 맞춘 순환학습 모델을 제시하였다. 콜브는 경험만으로는 학습이 이루어지기에 충분하지 않다고 보았다. 학습은 경험의 변한을 통해 지식이 생성되는 과정으로 지각, 인지, 행동의 총체적인 것으로 제시하였다. 콜브(1984)는 학습을 경험의 변환을 통해 지식이 생성되는 과정으로 지식은 경험을 파악하고 변환하는 조합의 결과로 정의한다.

콜브는 경험학습 이론은 통합과 순환으로 특징지을 수 있다. 콜브의 경험학습 모델은 경험을 파악하는 모드인 '구체적 경험(CE)과 추상적인 개념화(AC)'와 경험을 변형하는 모드인 '성찰적 관찰(RO)과 능동적 실행(AE)'의 변증법적 관계로 설명하고 있다. 콜브는 학습을 경험한 내용을 성찰, 개념화 그리고 실험을 통해 전환하고, 이런 과정을 통해 새로운 지식이 창조되는 과정으로 설명한다.

학습은 구체적 경험으로부터 시작된다. 구체적 경험(CE: Concrete

Experiences)은 일상의 구체적 맥락에서 접하는 문제적 상황을 인식하는 단계다. 일상 속에서 예상하지 못했거나 이례적인 사건을 접하면서 경험하는 신체적, 심리적 불편함으로 학습이 시작된다.

다음 단계는 성찰적 관찰(reflective observation)의 단계로 구체적 경험에 대해서 학습자의 다양한 성찰활동이 이루어지는 단계이다. 성찰적 관찰을 통해 개인은 문제에 내포된 의미를 스스로 해석하려는 성찰 과정을 거친다.

세 번째 단계는 일반화 및 추상적 개념화(abstract conceptualization)의 단계로 반성적 관찰을 통해 획득한 결과 원리들을 정리하는 단계다. 구체적 경험에 내포되어 있는 일반적 수준에서의 지식, 원리, 가정을 도출하는 과정이 이루어지게 된다.

마지막으로는 능동적 실행단계(active experimentation)이다. 이 단계는 추상적 개념화를 통해 추출된 원리나 가정을 실제로 적용하여 문제를 해결하거나 이해하려는 시도를 수행한다.

4단계의 학습방식은 이해(prehension)와 전환(transformation)이라는 기준에 의해 구체적 경험과 추상적 개념화는 이해라는 두 개의 상반되는 기준에 의해서 구분된다. 구체적 경험과 추상적 개념화는 '이해'라는 공통점을 갖고 있지만, 이해를 하는 방식에서 구체적 경험은 구체적이고 직접적인 구체적 이해(apprehension)이며 추상적 개념화는 상징적이고 개념적인 추상적 이해(comprehension)라는 차이점을 갖는다. 구체적인 경험이 성찰을 통해 풍부해지고, 생각으로 의미가 부여되고, 행동으로 변형될 때, 생성된 새로운 경험은 더 풍부하고 더 넓고 깊어진다.

성찰적 관찰과 능동적 실행은 전환(transformation)이라는 기준에 의해서 구분된다. 성찰적 관찰과 능동적 실행은 관찰(observations)과 성찰(reflections)의 기초가 된다. 성찰적 관찰에서는 구체적인 경험을 추상적인 개념으로 전환하는 내연(intention)이 일어난다. 능동적 실행에서는 추상적 개념화를 통해 나온 추상적이고 개념적인 것을 구체적인 경험으로 전환하는 외연(extension)이 발생한다. 구체적 경험에서의 성찰은 행동에 대한 새로운 의미를 이끌어낼 수 있는 추상적인 개념으로 동화되고 정제된다. 이것은 새로운 경험의 가이드라인이 되며 실제 현장에서 적용(active experimentation)된다. 콜브의 학습순환은 다음 [그림 6-3]과 같다.

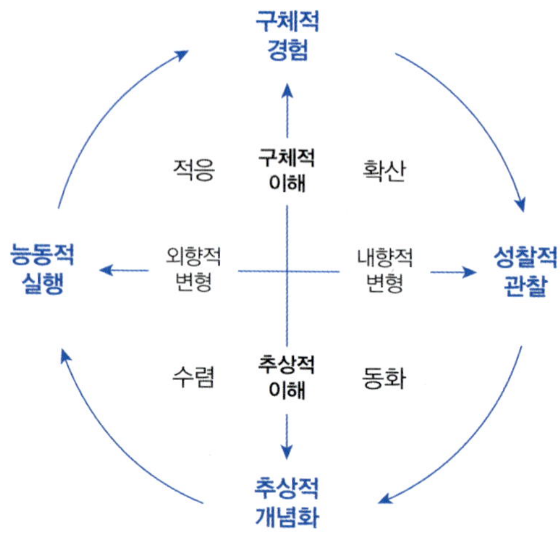

[그림 6-3] 경험학습의 학습순환

출처: Kolb(1984).

인간의 학습과정은 구체적 경험이 관찰과 성찰을 통해 일반화된 개념으로 전환되고, 이것이 다시 능동적 실행을 통해 다시 구체적 경험으로 전환되는 과정으로 순환한다. 이러한 학습순환은 한 번으로 그치는 것이 아니라 인간의 삶 전체를 통해 나선형으로 순환된다(Kolb, 2015).

콜브의 구체적인 경험, 관찰 및 성찰, 일반화, 추상적 개념화 및 능동적 실행의 학습주기는 직업능력 개발에 다양하게 적용되었고 이후 학습과정에 대한 모델 개발에 커다란 영향을 미쳤다. 반면에 콜브의 학습순환 이론은 학습의 다양한 측면, 특히 사회적 맥락을 반영하지 못했다는 비판을 받았다.

자비스(1987)는 콜브의 순환학습 모델에서 학습자가 구체적인 경험, 성찰적 관찰, 추상적 개념화 및 능동적 실행 사이를 자유롭게 이동할 수 있고 성찰은 행동을 통한 경험의 변형으로 행동과 동시에 발생할 수 있다고 보았다. 자비스의 학습과정에 대한 연구의 출발점은 콜브의 모델을 기초로 하고 있지만 사회적 맥락에서 학습하는 방식, 학습자가 주변 환경에 적응하는 방식으로 확장하였다. 콜브 모델이 학습에 대한 특정한 순환 패턴을 제안하였다면 자비스는 학습에 대한 다른 비선형 경로가 가능하다고 주장했다.

자비스(1992)가 제시한 학습과정은 ① 인간이 ② 사회의 상황에 들어오게 되면 ③ 경험을 하게 되는 데 ④ 학습자가 무시하거나 당연한 것으로 여기면 변화하지 않을 수 있다. 다른 어떤 사람은 ③ 경험을 하고 ⑥ 기억에 저장된 후에 ④ 여전히 변하지 않거나 ⑨ 변할 수 있다.

고차원적인 학습이 발생하는 경우에는 인간은 ③ 경험하고 ⑤ 실천하며 ⑦ 추론과 성찰을 통해 ⑧ 평가하며 ⑥ 새로운 기억을 거쳐 ⑨ 인간은 변화되고 풍부해진다. 자비스의 학습과정 모델은 다음 [그림 6-4]와 같다.

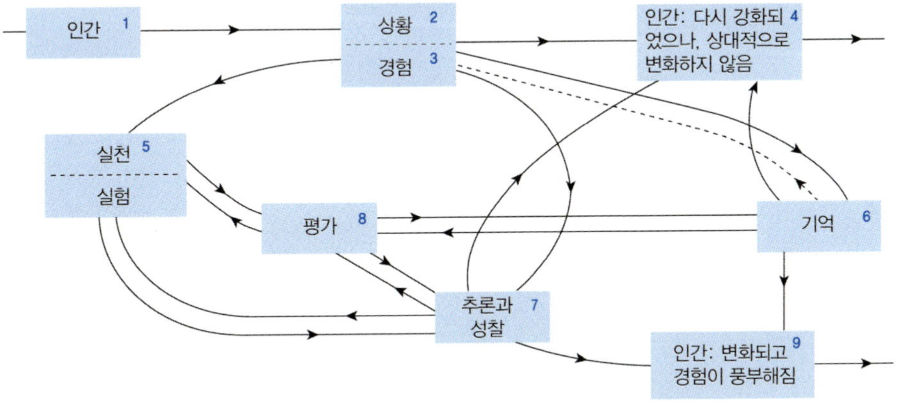

[그림 6-4] Jarvis의 학습과정(Learning Process) 모델

출처: Dyke(2016).

자비스에게 학습은 '경험을 지식, 기술 및 태도로 변환하는 과정'이다. 이러한 학습과정에는 비학습(non-learning), 비성찰(non-reflection), 성찰(reflection)의 요소를 포함한다. 비학습은 사람들이 학습기회를 '거부'하는 상황, 현재의 행동을 이끄는 성찰 없이 사회화된 과거의 생각이나 추정과 같은 것이다, 비성찰의 형태는 자동으로 발생하는 전의식(pre-conscious) 학습형태로 반복, 모방 등 행동주의와 관련된 학습에서 분명하게 나타난다. 마지막으로 성찰은 고차원적인 숙고로서 성찰적 실천으로 귀결된다. 자비스의 학습과정은 경험의 변환을 통해 지식이 생성되는 콜브의 정의를 기반으로 하였지만 사회적 프로세스와 상호작용을 중요하게 생각하였다. 자비스는 이후 학습을 지식, 기술을 넘어 신념과 가치가 포함된 것으로 확장하였다.

Chapter 07

자기주도학습 이론

1 자기주도학습 이론의 전개

일반적으로 교육학으로 분류되는 것은 교사주도학습을 기반으로 하고 있는 반면 자기주도학습은 성인학습을 의미하는 안드라고지를 기반으로 한다(Knowles, 1970). 안드라고지 개념에서 제시된 성인학습의 핵심 키워드 중의 하나는 자기주도성이다. 안드라고지 관점에서 인간은 성숙함에 따라 자아개념이 의존적 형태에서 자기주도적인 형태로 변화한다. 성인학습은 행동주의 혹은 인지주의가 가져다준 교수자 중심성을 극복하고 학습자의 자기주도적이고 능동적인 학습의 측면을 강조한다.

자기주도학습의 개념은 성인교육 분야에서 체계화되었지만 거슬러 올라가면 듀이가 제기한 학습자중심의 이론적 틀에서 비롯되었다. 듀이는 인간은 단순히 교사에 의해 수동적으로 반응하는 존재가 아니라 환경과 상호작용하는 능동적 존재로 보았다. 자기주도학습이 본격적으로 제기된 것은 1961년 홀(Houle)이 자기주도학습이라는 용어를 사용하기 시작하면서부터이다.

홀(Houle, 1961)은 22명의 성인학습자를 인터뷰하고 학습참여 이유에 따라 학습자를 세 가지 범주로 분류했다. 홀은 어떤 최종 목표를 달성하기 위해 주로 참여하는 목표지향적 학습자(goal-oriented learner), 친목을 위한 사교 활동에 참여하는 활동지향적 학습자(activity-oriented learner), 학습 자체를 목적으로 인식하는 학습지향적학습자(learning-oriented learner)로 제시하였다.

목표지향적인 학습자는 학습참여에 구체적이고도 명백한 목표를 지니는 유형으로 현실적인 필요나 이익, 이해관계에 민감한 특징이 있다. 활동지향적인 학습자는 명시된 목적과 관련이 없는 학습활동에서 의미를 찾는다. 학습에 참여하는 사회적 활동 속에서 의미와 만족을 찾고 일부는 개인적인 문제나 불행한 관계에서 벗어나기 위해 활동지향성을 가지게 된다. 학습지향적인 학습자는 지식 그 자체를 추구하며 근본적으로 알고자 하는 욕구로 인해 학습에 참여하는 유형이다. 자기주도적 학습자와 유사한 것은 이 후자의 그룹이다.

이 연구는 자기주도학습에 대한 새로운 이론과 모델을 이끌어냈고 이후 터프(Tough)와 놀즈(Knowles)에 의해 체계화되었다. 홀의 제자인 터프는 최초로 자기주도학습에 대한 포괄적인 설명과 함께 자기주도학습 개념을 제시하였다. 그는 대부분의 성인들은 여러 인적, 물적 자원을 고려하여 교육 프로그램을 계획할 수 있는 능력을 소유하고 있고, 장기간의 학습도 스스로 할 수 있음을 제시하였다.

터프는 성인들은 특정한 특성과 기술을 습득하고 유지하거나 어떤 식으로든 변화할 목적으로 그가 학습 프로젝트라고 부르는 것에 상당한 시간을 할애하는 것으로 결론지었다. 터프(1971)는 자기계획 학습에서 학습자는 무엇을, 어디서, 언제 학습할 것인가를 결정하고, 자원을 결정하는가에 대한 13가지 요소를 제시하였다.

① 학습할 세부적인 지식과 기술, ② 구체적인 학습 활동, 방법, 자원, 장비 등, ③ 학습할 장소, ④ 구체적인 최종 목표 또는 중간목표, ⑤ 시기, ⑥ 학습 진행 속도, ⑦ 현재의 지식과 기술의 수준과 얻고자 하는 수준, ⑧ 방해요소, ⑨ 필요한 자원, 장비, 장소 등의 확보, ⑩ 학습을 위한 공간에 대한 준비, ⑪ 비용, ⑫ 학습 시간 확보, ⑬ 동기부여이다.

터프와 비슷한 시기에 놀즈는 자기주도학습이 교사주도 학습과 어떻게 다른지에 대해 설명하면서 학습 촉진자가 어떻게 학생을 자기발견 과정으로 이끌 수 있는지에 대한 과정을 밝히려 하였다. 놀즈(1975)는 학습자가 주도적으로 자신의 학습 요구를 진단하고, 학습 목표를 설정하고, 학습을 위한 인적 및 물적 자원을 확인하고, 적절한 학습을 선택하고 실행하는 과정을 설명하였다.

전통적으로 학습은 권위 있는 교사가 명확하게 구조화된 활동과 지식을 전달하는 것으로 바라본다. 학습자는 본질적으로 의존적이므로 학습 과정을 교사에게 맡기고 그 책임 역시 교사에 있다. 반면에 자주도학습에서는 학습자는 기본적으로 학습에 대한 책임감과 타고난 의욕이 있다는 것을 기본 개념으로 한다. 학습자의 학습을 격려하고 촉진하는 것이 교수자의 역할이며 특정한 교수기술은 없다. 교사주도학습과 자기주도학습을 비교하면 다음 〈표 7-1〉과 같다.

〈표 7-1〉 교사주도학습과 자기주도학습의 특징

	교사주도학습	자기주도학습
학습자	학습자는 본질적으로 의존적임	인간은 본질적으로 자기주도적이고자 하는 욕구를 가짐
교수자	교수자는 학습자가 배워야 할 내용을 체계화하고 그 방법을 결정함	학습자의 학습을 격려하고 촉진하는 것이 교수자의 역할임
학습의 초점	지식의 획득과 행동변화	자기주도학습 능력이나 학습자 내부의 의식변화를 강조
교수법	학습자가 학습해야 할 내용을 효과적으로 습득하기 위한 계획되고 구조화된 프로세스를 강조	학생들의 자발적인 학습 활동 참여 방법의 구체화하는 것으로 특정한 교수기술을 제시하지 않음
학습 경험	교사의 경험을 전달하는 것이 중요하며 학습자의 학습경험은 덜 가치롭다고 가정	학습자들의 다양한 경험은 학습을 위한 풍부한 자원이 된다고 가정함
학습준비	학습자는 동일한 내용을 학습할 준비가 되어 있다고 가정	각 개인이 다른 사람과 다소 다른 학습준비 유형을 가지고 있음
학습내용	교과중심적이며 학습 내용을 학습 단계에서 고려되어야 하는 단위에 따라 조직됨	과업중심적 혹은 문제중심적으로 학습 내용은 과업수행 또는 문재해결 과제로 조직됨
보상	외적인 보상이나 처벌에 따라 학습동기가 부여됨	존경, 성취에 대한 갈망과 같은 내적 자극에 의해 학습동기가 부여됨

캔디(Candy, 1991)는 그의 저서 『자기주도적 평생학습(self-direction for life-long learning)』에서 1980년대의 광범위한 자기주도학습에 대한 선행 연구를 종합하고 다양한 자기주도학습 모델을 소개하였다. 그는 '학습자는 자

신이 친숙한 영역이나 이전 경험과 유사한 영역에서 높은 수준의 자기 주도성을 가질 수 있다'는 견해를 가졌다. 그는 학생의 자율성은 상황에 따라 달라질 수 있고 교육자는 한 상황에서 자기 주도적인 학생이 다른 학습 상황에서 더 많은 지원 및 지도가 필요하다는 것을 주장하였다.

자기주도학습은 성인의 자기주도성을 실현하는 것으로 이해되기도 하고 학교 교육과정에서 학습자의 수업 참여도를 높이는 방법으로 거론되기도 한다. 자기주도학습에 대한 비판은 개념이 모호하고 일관성이 부족하다는 것이다. 자기주도학습이 자기주도 학습능력' 향상을 목적으로 교육적 개입을 통해 길러질 수 있다는 것인지, 아니면 주어진 학습 목표를 달성하기 위한 학습 방법인지도 명확하지 않다는 것이다.

학습은 정도의 문제로 자기주도학습에서 학습자의 학습 경험의 계획(목표)과 관리(지원)가 완전히 자율적일 수 없다는 것이다. 즉, 자기주도적 학습은 전적으로 기회에 의존하는 것이 아니라 학습 결정을 내리는 능력에도 달려 있기 때문에 공식적인 학습 상황에서는 교사와 학습자 간의 협력 프로세스로 간주되어야 한다는 것이다(Garrison, 1997). 자기주도학습의 상호 의존적 및 협력적 측면에 대한 더 넓은 인식이 필요하다는 문제는 꾸준히 제기되었다(Merriam & Caffarella, 1999).

우리는 상호 의존적으로 살고 지식은 사회적으로 결정된다. 개인이 고립되어 의미를 구성하지 않으며 자신의 학습에 대한 책임을 진다는 것이 반드시 단독으로 결정을 내리는 것을 의미하지는 않는다. 더 나아가 자기주도학습을 학습자의 비판적 자각의 길을 열어준다는 측면에서 이해할 필요가 있다는 것이다.

가장 완전한 형태의 자기주도학습은 성인의 의미추구 과정과 성찰이 결합할 때 일어난다. 브룩필드(Brookfield, 1993)는 자기주도학습은 궁극적으로 해방학습과 사회운동을 촉진을 위해 학습하고 기능하는 것으로 간주되어야 한다고 본다.

자기주도학습의 목표는 해방학습과 사회 운동을 촉진하는 것이며 가장 완전한 형태의 자기주도학습은 성인의 의미추구 면에서 과정과 성찰이 결합할 때 일어난다. 자기주도학습자는 '개인주의적 또는 물질주의적' 관심을 증진하는 데 관심이 있는 학습자로만 추구되어서는 안 되며, 오히려 다른 사람과 지식을 공유하고 사회를 개선하기 위해 적용하려는 학습자로 분류되어야 한다.

자기주도학습에 대한 개념은 명확하지 않고 연구자마다 각기 다른 의미로 해석되고 있지만 자기주도학습은 어떤 특정 영역에 국한되거나 사회적, 심리적으로 분리되는 것이 아니라 전체 학습과정에서 통합되어 수행되는 방법으로 이해될 필요가 있다.

자기주도학습이라는 용어가 등장한 지 반세기 동안 정치적, 사회적, 기술적으로 커다란 변화는 겪고 있다. 빠른 속도로 변화하고 있는 세계는 지속적인 학습과 학습자의 자기주도학습 능력을 요구하고 있다. 자기주도학습에서 학습자는 학습을 즐기고, 목표 지향적이며, 정해진 시간 내에 과제를 완료하는 학습자이다. 더 나아가 그들은 본질적으로 동기가 부여되고 학습 진행 상황을 지속적으로 모니터링하며 자신의 부족함을 식별하고 자기개선을 위해 의식적으로 노력하는 사람들이다(Guglielmino, 2013).

오늘날 자기주도학습 능력을 갖추는 것은 변화하는 시대에 평생학습을 책임지는 학습자가 되기 위해 필수적인 것으로 간주되고 있다. 자기주도학습자는 자신감이 있고 주도성과 독립성이 있으며 학습을 즐기고, 기본학습능력을 적용할 수 있으며, 학습을 계획하고 속도를 조절하여 결과적으로 정해진 시간 내에 과제를 완료할 수 있다는 것이다.

2 자기주도학습의 개념적 특성

자기주도학습은 학습자에 대한 관점을 학습활동의 수동적인 존재가 아닌 학습활동의 주체적인 존재이며 자기주도(self-directedness)적이라는 가정에서 출발한다. 자기주도학습자는 더 큰 동기를 갖고 일상생활에서 배운 지식을 더 많이 적용하는 경향이 있으며 학습에 주도적으로 참여하는 사람들이 수동적으로 배우는 사람들보다 학습에 있어 훨씬 더 효과적이다.

자기주도학습에 대한 개괄적인 정의에도 불구하고 성공한 학습자의 기질적 특성인지, 자기주도성 수준에 따른 적절한 학습전략의 일환인지, 교육을 통하여 길러져야 하는 학습 능력인지는 분명하지 않다. 규범적 관점에서 볼 때 자기주도성은 학습 상황에서 추구되어야 할 목표이며, 성인교육의 일차적 목표 역시 성인을 자기주도적으로 만드는 것이다. 성숙함의 질은 성인을 특징짓는 것으로 인간의 성숙 과정에는 많은 구성 요소가 있지만 자기주도적인 성인이 독립성과 삶의 만족도를 높일 가능성이 있다(Brockett, 1985).

자기주도학습은 자기주도성을 학습의 최종 산물인 동시에 과정으로 간주한다. 학습 동기는 내재적이며 학습자에게서 나온다. 학습자는 자기주도적이고 내적으로 동기가 부여된 개인이다. 자기주도학습자는 자신의 가치와 신념에 대한 강한 감각을 가진 사람으로 스스로 자기 책임과 조절을 할 수 있는 사람이라고 할 수 있다(Brockett & Hiemstra, 1991). 인간의 자율적 존재의 의미는 내적·외적 제약으로부터 자유로운 인간의 보편적인 자율적 존재의 의미이다.

자율성은 자기주도성과 유사한 개념이지만 자기주도학습에서 자율성은 학습의 주체로서 학습활동을 수행하고 능동적으로 학습에 참여하는 학습에서의 자기주도성을 의미한다. 자기주도성은 학습자 스스로 그들의 학습을 계획, 실행, 평가하는 데 있어 주도적이고 능동적으로 임하는 능력이라고 할 수 있다. 자기주도학습을 연구한 학자들은 학습자의 자기주도성을 일반화하고 자기주도적 능력을 측정하고자 하였다.

굴리엘미노(Guglielmino, 1977)는 개인이 인지하는 자기주도학습에 대한 준비 정도를 평가할 목적으로 자기주도학습 준비도 척도(SDLRS: Self-Directed Learning Readiness Scale)를 개발하였다. 이 도구는 개인이 응답해야 하는 여덟 가지 요소(학습 기회에 대한 개방성, 효과적인 학습자로서의 자기 개념, 학습의 주도성과 독립성, 자신에 대한 책임성과 수용성, 학습에 대한 사랑, 창의성, 미래 지향성, 기본 학습 및 문제해결능력)를 기반으로 한다. 굴리엘미노의 SDLR의 세부 내용은 다음 〈표 7-2〉와 같다.

〈표 7-2〉 자기주도학습 준비도의 요소 및 내용

요소	내용
새로운 학습에 대한 개방성	학습에 대한 높은 관심과 학습하려는 태도, 지식에 대한 탐구심, 학습에 대한 애정과 수용성 등
효과적인 학습자로서의 자아개념	학습시간의 조직능력, 자기훈련을 위한 자율적인 학습, 활용할 수 있는 학습 자원에 대한 지식 등
학습에 대한 주도성과 독립성	학습욕구 수용, 학습경험의 능동적 참여, 자신의 능력에 대한 믿음, 새로운 학습을 계획하여 실행하는 능력 등
자신의 학습에 대한 책임수용	자신에 대한 지각, 관심 있는 주제에 대한 학습의지, 탐구적 자세, 적극적인 학습계획, 학습의지 등
학습에 대한 사랑	학습하는 사람에 대한 존경, 새로운 학습에 대한 선호, 학습에 대한 욕구, 체계적인 학문탐색 등
창의성	새로운 방식의 문제해결, 결과에 대한 위험 감수, 주제에 대한 다양한 접근 능력 등
미래에 대한 긍정적 지향성	자아개념에 대한 인식, 자신의 미래에 대한 고려, 어려운 상황에 대한 도전과 대처 등
기본 학습기능과 문제해결능력	인내하는 능력, 학습문제를 해결하는 데 필요한 학습기술 및 능력 등

출처: Guglielmino(1977).

굴리엘미노의 SDLR은 업무만족, 직업, 자아개념, 삶의 만족, 업무성과 등의 연구 개발에서 주요 변인으로 지금도 여전히 활용되고 있다. 이 외에도 오디(Oddi, 1986)는 적극성과 인지적 개방성, 그리고 학습에 대한 책임감 등이 포함된 계속학습조사도구(OCLI)를 제시하였다. 자기주도학습자의 성향은 학습에 대한 사랑, 책임성과 개방성, 자율성으로 요약할 수 있다.

자기주도성은 학습자의 개인적 특성에만 영향을 받는 것이 아니라 사회문화적 측면, 사회 계층적, 심지어 인종적 측면에서도 차이가 나타난다. 자기주도성은 학습자가 스스로 학습을 주도하는 능력을 의미하지만 이러한 자기주도성과 관련한 측정도구가 문화의 차이를 반영하지 않고 있다는 주장도 있다. 브룩필드(2003)의 견해는 자기주도성은 특정 문화적 또는 사회적 조건에 해당되며 타당성이 결여되어 있다는 것이다. 자기주도성은 교육 수준이 평균 이상의 그룹의 특징을 가지고 있으며 이러한 그룹이 다른 사회계층 및 인종에 유효할 수 있는가에 대해 의문을 제기하기도 한다.

자기주도성은 학습의 자율성을 포함하여 학습의 목적과 필요한 자원을 관리하는 능력 그리고 조직화된 학습에서의 학습자 통제(learner control)로 나타난다. 자기주도학습의 기본가정은 첫째, 학습자는 능동적으로 학습에 참여하며 스스로 학습할 능력이 있다. 둘째, 학습자는 인지적, 동기적, 행동적, 환경적 자기통제 능력이 있다. 셋째, 학습자는 수업의 양과 형태를 선택하는 데 중요한 역할을 담당한다.

자기주도학습은 학습의 주체로서 학습활동을 수행하고 능동적으로 학습에 참여하고 학습의 목적과 필요한 자원을 관리하는 능력 그리고 조직화된 학습에서의 학습자 통제로부터 시작된다(Candy, 1991). 학습자 통제는 수업 상황에서 교수자가 자기주도성을 증진시키기 위한 교육적 개입을 의미한다. 학습자 통제는 본질적으로 제도적인 것과 학교와 같은 형식적인 성인교육시설에서 발생하는 교수학습이다. 자기주도학습에서의 학습자 통제는 통제의 위치가 교사에서 학생으로 이동한다. 학습자 통제의 핵심은 학습자가 외부 통제에서 내부 통제로 전환되는 것이다. 모든 학습자들은 자율적이기를 원한다는 것과 교수자들은 수업 상황을 통제할 능력이 있다는 것을 전제로 한다.

학습자 통제에서 교수자는 자신을 지식 전파에 대한 책임을 지는 전통적인 교수 방식이 아닌 안내자이자 조력자이다. 캔디(Candy, 1991)는 학습자 통제를 위한 전략으로 ① 통제를 가하기 위한 기회를 제공하기, ② 통제를 가하기 위한 기회를 되풀이하여 제공하기, ③ 성공과 실패에 대하여 적절하게 독려하고 격려하기, ④ 성찰의 목적을 학습하도록 만들기, ⑤ 실생활에서 학습을 위치 지우기, ⑥ 학습자가 자신의 능력을 믿도록 독려하기, ⑦ 자기주도와 탐구의 풍토를 조성하기를 제시하였다.

롱(Long, 1989)은 교육적 통제와 심리적 통제 간의 상호작용에 초점을 맞추었다. 교육적 통제는 학생들이 학습 목표를 결정하고, 자원을 찾고, 평가 방식을 설정할 자유가 있는 정도를 말하며, 심리적 통제는 학습 과정을 능동적으로 통제하려는 학생들의 의지에 초점을 맞춘다. 이 두 가지 형태의 통제가 동일하거나 심리적 통제가 교육적 통제를 초과할 때 상황을 자기주도학습 상태로 정의한다.

성인학습자가 항상 능동적이고 자율적인 것은 아니며 교수자로부터 명확하게 구조화된 활동과 지식을 전달받으려는 기대도 늘 존재한다. 자기주도학습은 학습자의 개인적 특성에 영향을 받기도 하고, 교육수준, 삶의 질, 독립성 등의 요인에 영향을 받기도 한다. 학습자 통제는 전통적으로 정의되는 교수관점과 다른 방식이라는 점에서 교수자는 어려움에 직면할 수 있다. 학습자 통제는 단일한 형태가 아니라 개별화되고 다양한 교육상황 아래 놓이게 된다는 점 때문에 하나의 형태로 자기주도 학습 방법을 제시하기 어렵다. 또한 학습자 통제는 개인의 책임감과 타고난 의욕이 있는 학생에게는 유용할 수 있지만 그렇지 않은 학습자에게는 효율적인 방법이 아닐 수도 있다.

그로우(Grow, 1991)는 학생들은 자기주도성은 교육에 있어 다양하게 나타나며 교사는 학생들의 자기주도적 단계에 적응하고 학습에 있어 보다 자기주도적일 수 있도록 해야 한다고 하였다. 그는 수업 설계는 지적으로 도전적이어야 하지만 교수 및 학습 활동이 학습자의 자기주도학습 준비 및 능력과 일치해야 한다고 보았다. 그는 학습자는 '의존적 학습자(단계 1)에서 관심 있는 학습자(단계 2), 참여적인 학습자(단계 3), 결국 자기주도적 학습자(단계 4)'로 구분하여 교수 및 학습 접근 방식을 설명하였다. 이를 보면 다음 〈표 7-3〉과 같다.

〈표 7-3〉 학습자의 자기주도 단계에 따른 교수단계

<table>
<tr><th></th><th>T1:
권위적 전문가</th><th>T2:
동기부여자</th><th>T3:
촉진자</th><th>T4:
위임적 리더</th></tr>
<tr><td>S4: 자기주도학습자</td><td></td><td></td><td colspan="2">독립적인 프로젝트. 학생주도 토의. 발견학습. 전문가, 컨설턴트, 모니터로서 교사</td></tr>
<tr><td>S3: 참여적인 학습자</td><td></td><td colspan="3">도구 이용. 촉진된 토의. 실제 문제에서 교사에 근접한 팀워킹. 비판적 사고. 학습 전략</td></tr>
<tr><td>S2: 관심 있는 학습자</td><td colspan="3">중재인물, 강의토론, 자극방법으로 기본방법 적용. 동기부여자로서 교사</td><td></td></tr>
<tr><td>S1: 의존적인 학습자</td><td colspan="2">도구 소개. 강의. 훈련. 즉시 교정</td><td></td><td></td></tr>
</table>

출처: Grow(1991).

1단계 학습자는 의존적 학습자(dependent learner)이다. 이들은 자기주도성이 낮은 학습자이며 학습은 교사 중심으로 수행된다. 교사는 권위자이자 코치여야 하며 선택권을 주는 것을 피해야 한다. 교사의 의사소통은 주로 단방향이며 초점은 학습자가 아닌 주제에 맞춰져야 한다.

2단계 학습자는 관심 있는 학습자(interested learner)이다. 학습자는 적당히 자기주도적이며 흥미를 가지고 있다. 이 단계의 교사는 동기부여자이자 안내자가 되어야 한다. 학습자들은 여전히 가르치는 주제에 대해 대체로 무지하지만 동기부여 기술에 반응하고 과제를 기꺼이 수행한다. 이 단계의 의사소통은 양방향이며 학습자는 자신의 관심에 응답한다.

3단계 학습자는 참여적 학습자(involved learner)이다. 그로우에 따르면 학습자는 기술과 지식을 가지고 있으며 자신을 교육의 참여자로 간주한다. 이들은 좋은 가이드가 있으면 주제를 탐구할 준비가 되어 있고 일부는 독립적으로 탐구할 수 있다. 이 단계는 자기주도적 방향으로 가는 과도기적 단계로. 교사는 촉진자이며 학습자는 동등하게 토론에 참여한다. 학습자가 보다 자기주도적이 됨에 따라 교사는 학습자가 자기주도적 학습 상태로의 전환을 구조화하도록 도와야 한다.

4단계 학습자는 자기주도적 학습자(self-directed learner)이다. 학습자는 전문가의 도움을 받지 않고 자신의 목표와 기준을 설정할 수 있다. 그들은 학습, 방향 및 생산성에 대해 기꺼이 책임을 진다. 4단계에서 교사의 역할은 주제를 가르치는 것이 아니라 학습자의 학습 능력을 배양하는 컨설턴트이다. 교사는 양방향 의사소통과 외적 강화를 점차적으로 줄일 필요가 있고 때로는 학습자는 교사가 전혀 필요하지 않을 수 있다.

그로우는 자기주도성이 점진적으로 발전될 수 있다고 생각하였으며 교수법은 학습자의 자기주도적 수준과 일치하지 않을 때 문제가 발생한다고 보았다. 학습에서 자기주도적의 의미는 ① 스스로의 목적과 계획이 있으며, ② 선택의 자유를 행사하며, ③ 합리적인 성찰과 능력이 있고 그것을 따를 의지력이 있으며, ④ 자제력과 자기수양을 하고, ⑤ 스스로를 자율적인 인간을 말한다(Candy, 1991).

자기주도학습에서 학습자가 학습 목표를 결정하고, 자원을 찾고, 평가방식을 설정하는 것은 교육학의 일반적인 내용을 제시하는 데 불과한 것일 수 있다. 또한 자기주도학습에 대한 논의의 대부분은 일반적으로 전통적으로 교육학이 주목했던 심리학적 측면은 제한되는 경향이 있다.

롱(Long, 1989)은 자기주도학습에서 가장 중요한 것은 외적 요인이 아니라 내적 심리적 요인이며 정신활동이라고 주장한다. 학습자의 자기통제는 좁은 의미에서는 자신의 시간과 노력, 작업을 수행하는 데 필요한 자원을 관리하는 자기 관리이며 넓은 의미로는 자신의 관심과 열망을 찾아가는 과정이다. 자기주도성은 타인의 검증이나 승인이 필요하지 않은 개인적이고 사적인 의미가 발생되는 학습영역이 있으나 자기주도학습은 홀로 하는 학습을 의미하는 것은 아니다. 자기주도성은 특정한 학습상황에 대한 반응일 수도 있지만 학습이 가능한 능력이기도 하다. 따라서 교수자는 학습자가 자기 동기부여 및 자신의 관심 목표 추구, 자기 평가와 같은 요소가 포함되도록 학습을 설계하여야 한다.

3 자기주도학습의 요소

자기주도학습이란 개인이 주도적으로 자신의 학습에 책임을 지는 것을 의미한다. 자기주도학습은 학습자가 스스로에게 하는 질문 '내가 원하는 것은 무엇인가?', 내가 학습을 함으로써 얻을 결과는 어떤 모습인가?로부터 시작된다.

자기주도학습에서 학습자는 수업의 순서, 속도, 흐름, 양 및 검토와 관련하여 스스로 결정을 내릴 수 있다. 여기에서는 자기주도학습을 구성하는 요소 중에서 동기, 맥락, 학습전략을 중심으로 살펴보고자 한다.

1) 동기

자기주도학습자들은 학습자 자신의 내부로부터 교육의 필요성 생성되었고 학습자 스스로의 동기부여(self-motivation)에 의해 학습이 진행된다. 동기는 '목표나 과업을 달성하기 위해 개인을 격려, 추진 또는 유지하는 에너지, 추진력 또는 욕망'으로 정의된다(Long, 2000). 개리슨(1997)은 자기주도학습을 목표 설정, 자원 사용, 다른 사람과의 협력 및 학습을 위한 외부 지원에 중점을 두었다. 개리슨의 이론적 모델은 자기 관리, 자기 모니터링, 동기부여가 밀접하게 연결되어 있다.

동기는 직업, 역할 또는 주제에 대하여 지속적으로 관심을 갖고 헌신하거나 목표를 달성하기 위한 노력을 기울이도록 자극하고 에너지를 준다. 학습자에게 자유와 책임감을 부여할수록 학습에의 동기는 증가한다. 동기부여는 학습 과정에서 학습자 통제와 책임감 사이에 있다. 책임감은 자기 모니터링과 관계있다. 자기 모니터링은 새로운 지식을 기존 지식과 동화시키는 것이다. 통제는 자기 관리를 의미한다. 학습자가 본인 상황에 맞는 방향설정과 선택을 할 때 학습동기가 증가될 수 있다.

자기주도학습은 타인의 검증이나 승인이 필요하지 않은 개인적이고 사적인 의미가 발생되는 영역에 속하는 경우가 많다. 개리슨은 학생들에게 동기를 부여할 수 있는 조건을 만드는 것이 중요하다고 주장한다. 개리슨(1997)은 진입 동기와 과제 동기라는 두 가지 차원에서 동기를 제시하였다. 진입 동기는 학생으로 하여금 학습 과정에 참여하도록 하는 반면, 과제 동기는 학생이 학습 과정을 추적하고 지속하도록 하는 것이다.

동기는 내적 동기와 외적동기로 구분된다(Deci & Ryan, 2008). 내적 동기는 '인간 본성의 긍정적 잠재력'을 반영하는 현상으로 호기심이나 도전 욕구와 관련이 있다. 내적 동기는 학습에 대한 학습자 개인의 흥미를 의미한다. 내적 동기가 부여된다는 것은 '본질적으로 흥미롭거나 즐겁기 때문에 무언가를 하는 것'이다. 또한 성인은 자아개념, 미래비전과 같은 것이 학습동기에 크게 영향을 미친다.

외적 동기는 보상, 시험압력과 같이 결과로 이어지는 어떤 것 때문에 무언가를 하는 것으로 정의될 수 있다. 외적 동기는 가족이나 조직, 업무 등에서의 학습요구와 같은 여러 유형의 사회적 압력으로부터 발생할 수도 있다. 성인학습에서의 사회적 압력은 자기주도성을 강화시킬 수도 있지만 본인의 의지와는 달리 반복된 실패로 인한 무기력으로 귀결될 수도 있다.

성인학습은 학교교육과 같이 구조화되거나 제도적 제약이 없는 형태가 많다. 성인학습에서 학습 주제와 학습 목표는 학습자에 의해 결정되기 때문에 성인학습자의 동기는 학습과목의 선택이나 학습 목표 결정에 있어서 중요하게 작동한다.

2) 사회적 맥락

자기주도라는 용어는 개인을 집단보다 높게 높이도록 이끌었지만 지식과 학습의 본질은 본질적으로 학습자를 다른 사람과의 관계에 놓이게 한다(Candy, 1991). 지식과 학습의 본질은 학습자를 다른 사람과의 관계에서 형성되며 자기주도학습 역시 개인적 측면에 제한되는 것이 아니다. 자기주도학습에 대한 주된 비판 중의 하나는 지식의 사회적 구성과 학습의 사회적 맥락을 무시하고 있다는 비판이다. 자기주도학습이 개인의 고립된 학습자에 초점을 맞춰 지식의 사회적 구성과 학습의 사회적 맥락(context)을 간과하고 있다는 것이다.

자기주도성은 사회적인 동시에 심리학적인 구조이고, 철학적인 이상이며, 외적발현과 내적성향, 평생교육의 시작과 끝 모두에서, 학습사회의 초석과 주축이 되는 원리로써, 형식교육의 대안과 보완으로써, 개인의 지식전환을 위해, 그리고 확립된 지식을 다루는 수단으로, 동시다발적인 과정의 산물로, 필수조건이다(Candy, 1991: 424).

가장 완전한 맥락에서 학습은 사회적 활동이며 학습과 학습 외부 모두에서 완전한 개인의 자율성과 자기주도성을 달성하려면 이러한 상호의존성을 인식해야 한다(Candy, 1991). 캔디는 자기주도성은 사람과 상황 간 상호작용의 결과라고 주장한다. 성인학습의 대부분은 사회적 맥락에서 생기며, 완전히 고립된 곳보다는 집단환경에서 일어난다. 독학을 하는 사람들조차도 자신의 학습을 평가하고 경험을 공유할 타인을 찾는다. 대부분의 학습은 완전하고 고립된 것보다는 집단환경에서 일어나는 것과 마찬가지로 자기주도학습이 지극히 개인적인 의미의 학습을 의미하는 것은 아니다.

맥락은 자기주도학습의 상호 의존적 및 협력적 측면에 대한 인식을 의미한다. 힘스트라와 브로켓(Hiemstra & Brockett, 2012)은 사람, 과정 및 맥락의 세 가지 요소가 모두 중요하며 이것이 균형을 이룰 때 자기주도학습이 잘 가장 잘 실현할 수 있다고 보았다. 힘스트라와 브로켓이 제시한 세 가지 요소 각각에 대한 특성은 다음 〈표 7-4〉와 같다.

〈표 7-4〉 자기주도학습에서 발생하는 학습요소

요소	내용
사람	비판적 성찰, 열정, 삶의 경험, 삶의 만족도, 동기부여, 자아 개념, 창의성
과정	교수-학습 활동, 촉진, 학습 기술, 학습 스타일, 교수 및 학습 스타일, 계획 및 구성, 능력 및 기술 기술 평가
맥락	문화, 권력, 학습 환경, 재정, 성별, 정치적 환경, 성적 지향

출처: Hiemstra & Brockett(2012).

학습은 의미 있고 가치 있는 학습 결과를 구성하고 확인하는 과정이 중요하며 의미와 가치가 교육 경험의 인지적, 사회적 관점을 반영한다(Merriam & Caffarella, 1999). 자기주도학습에서의 의미 구성에 대한 책임은 개인에 있지만 의미를 확인하는 데 다른 사람의 참여가 포함된다. 사회적 맥락은 학습환경이나 학습자 관계성만을 의미하지는 않는다. 자기주도학습의 사회적 맥락은 학습의 내용과 과정의 관계를 통합적으로 이해하는 것이다.

3) 학습전략

자기주도학습의 궁극적인 목표는 학습자가 학습 목표를 공식화하고, 자원을 선택하고, 적절한 학습 전략을 적용하고, 학습 결과가 달성되었는지

평가함으로써 학습 과정의 주도권과 소유권을 갖도록 하는 것이다. 자기주도학습에서 학습자들은 학습목표를 설정하고 사전 설계함으로써 자신이 처하고 있는 상황과 환경에 따라 융통성 있게 학습활동을 조정해나가는 모습을 보인다.

자기주도학습 전략의 특별한 원칙은 타인의 경험과 생각을 존중하는 개방적이고 수용적인 학습 분위기, 상호 존중과 상호 격려하는 풍토와 같은 민주적인 학습풍토 조성으로 요약할 수 있다. 이상적인 자기주도학습에서 학습자는 분석하고 추론하면서 비판적 사고 기술을 사용하여 창의적으로 문제를 해결한다. 그들은 또한 지속적으로 목표를 설정하고 계획을 세우고 목표를 모니터링한다.

독학 역시 무엇을 배울지, 어떠한 학습 활동을 할 것인지, 언제 어디에서 학습 활동을 수행할 것인지, 어떻게 학습 결과를 평가할 것인지를 온전히 학습자가 결정한다. 독학은 자기주도학습과 일정 부분에서 공통적인 측면이 있으나 근본적으로 독학은 학습자 통제, 즉 교수분야(instructional domain)의 일부가 아니라는 점에서 차이가 있다. 자기주도학습은 수업 상황의 측면에 대한 '학습자 통제'를 다루는 반면 '독학'은 공식적인 교육환경 밖에서의 학습을 의미한다.

학습상황의 통제는 자기주도학습의 한 요소이다. 교수자는 학습 상황을 자기주도 능력의 다양한 단계에 적응시켜야 한다. 어떤 학습자는 전통적인 패턴인 강의를 선호하고 단순히 가르침을 받기만을 원할 수 있다. 교수자는 학습자의 자기주도적 수준에 맞게 개별화되도록 하여야 하며 학습자가 보다 자기주도적으로 될 수 있도록 학습상황을 만들어야 한다.

학습자가 학습상황을 어느 정도 통제할 수 있도록 하는 것은 학습에 있어 보다 자기주도적인 활동을 하도록 하는 데 필수적이다. 학습자에게 책임과 권한을 부여한다는 것은 반드시 모든 개인 생활 상황이나 환경 조건에 대한 통제를 의미하지는 않지만 학습자들이 상황에 대응하는 방식을 통제할 수 있음을 의미한다.

학습자 통제는 단순히 학습자에게 제공되는 지원 및 지도의 양을 줄이고 학습자 통제를 높이는 것 이상을 포함한다(Merriam et al., 2007). 자기주도학습 활동에서 교수자는 덜 구조화된 주제를 제시하고, 참여자로서 동참하며 학습자에게 힘을 실어주고 영감을 주고, 충고를 하는 학습의 촉진자의 역할을 수행한다.

자기주도학습은 '학습 활동의 전반에 대한 지속적인 반성과 점검을 수행하는 학습', '학습의 결과에 대해 스스로 평가하고 의미를 찾는 학습'이 될 수 있도록 하는 일련의 활동들로 전개된다. 자기주도학습의 선행조건은 자신에 대한 이해와 믿음이다. 자기주도적이 되기 위해서는 자신의 능력에 대한 자신감과 믿음이 있어야 한다. 자신의 능력에 대한 자신감이 있을 때 노력을 시작할 수 있다(Long, 2000). 긍정적 사고를 가진 학습자는 학습에 대해서도 긍정적이고 학습에 능동성을 발휘하게 된다. 긍정적 사고는 학습자에 대한 존중, 학습자 간 상호존중에서 시작된다. 학습자는 경험과 지식 면에서 동등하게 대우받아야 하며 자신의 의견을 자유롭게 말할 수 있어야 한다.

어느 누구도 완전히 자기주도적으로 될 수 없고 특정 맥락이나 환경에서 그렇게 될 수 있다. 중요한 것은 자기주도학습은 자기주도학습 능력을 가진 학습자가 수행하는 특징적인 학습 방법이 아니라 아동 때부터 교육을 통하여 길러져야 하는 학습 능력이다. 자기주도적 학습능력은 특정 교수법을 통해 향상될 수 있다. 자기주도학습은 문제기반학습(PBL)과 같은 다양한 교수-학습 전략, 모델 및 실습에서 학생의 자기주도성을 촉진하기 위해 제안되고 있다(Golightly & Guglielmino, 2015).

21세기는 정형화된 학교학습보다 기업이나 기관, 온라인학습 등 비형식 상황에서의 학습이나 소집단 활동, 워크숍과 같은 무형식 상황에서의 학습이 확대되는 특징을 지닌다. 교수자에 의해 잘 조직된 학습을 수동적으로 받아들이는 학습보다는 학습자 스스로 학습주제를 탐구하고 학습하는 자기주도학습 능력이 필요하다. 자기주도학습 능력은 개방성, 호기심, 독립성, 책임감, 미래지향성, 창의성, 문제해결능력 등 21세기 교육이 지향하는 핵심역량의 기초가 되는 능력이다.

최근 지식사회에서 발생하는 도전과 4차 산업 혁명의 도래에 따라 불확실한 미래를 탐색하고, 자신의 삶을 형성하고, 다른 사람의 삶에 기여하는 학습자주체성(student agency)에 대한 논의가 활발하게 진행되고 있다. OECD(2018)는 교육과 기술의 미래 2030(The future of education and skills 2030)에서 학습자 주체성(student agency)을 미래 사회에 요구되는 핵심 역량으로 강조하였다.

OECD의 학습자주체성은 세계에 책임감을 가지고 능동적으로 참여하는 학습자를 의미한다. 학습자 스스로가 더 나은 미래사회를 준비하기 위해 교육과 생활을 통하여 변화의 주체가 되어야 함을 강조한다(OECD, 2019).

교육적 맥락에서 학습자 주체성은 학생들이 자신의 학습에서 능동적 주체가 되는 것을 의미한다. 학습주체성은 개인의 다양성과 고유한 특성에 대한 존중과 자기효능감이 모여 형성된다(Williams, 2017). OECD의 학습자 주체성 개념은 성인의 학습보다는 국가 교육과정 개정이나 학생의 교실 수업에서 획득하고자 하는 학습방안으로 제시되고 있다.

학습자 주체성은 학습자가 환경과 적극적으로 상호작용하고 학습 및 개발에 적극적으로 참여한다는 것을 의미한다. 학습자주체성의 핵심 기능은 개인이 시대 변화에 맞춰 자기개발, 적응 및 자기 갱신에 역할을 할 수 있도록 하는 것이다(Bandura, 2006). OECD는 학생들이 익숙하지 않은 상황을 스스로 헤쳐나가는 것을 배워야 하고, 단순히 교사가 가르쳐 주거나 지시하는 것을 따르는 대신에 의미 있고 책임 있는 방식으로 자신이 가야 할 방향을 찾아야 한다는 것을 강조한다.

놀즈는 성인은 아동과 달리 의도적으로 그들 자신의 학습한다는 것을 입증하고, 학습자가 자기주도적 학습자가 되기 위한 방법을 발견하는 것에 중심을 두었다. 하지만 성인학습자의 자아는 자기주도적인 반면에 아동학습자는 의존적인 것으로만 규정할 수 없다. 모든 학습자는 자신의 학습주도성을 훈련하고 스스로 자신의 잠재력을 이끌어내기 위해 노력해야 한다. 자기주도학습은 지식의 창출, 학습의 효과성은 물론 기업이나 조직의 성과개선에도 효과가 있으며 자기주도학습능력은 평생학습, 계속학습의 기초이다(Guglielmino et al., 2009).

Chapter 08

전환학습 이론

1 전환학습 이론의 전개

경험은 인간과 그를 에워싸고 있는 환경이 만나는 과정의 산물로 학습자는 환경에 대한 자각과 해석을 바탕으로 경험을 새롭게 형성하거나 개조해나간다. 이 과정에서 성찰은 학습자들이 경험 중, 경험 이후에 자신의 행동과 감정에 대해 깊이 생각할 수 있게 한다(Peltier et al., 2005).

성찰([영] reflection)의 영어 사전적 의미는 표면에서 빛이나 음파의 반환, 반사면에 의해 반사된 이미지, 명상의 결과로 형성된 생각이나 의견이다. 반성이라고 번역되기도 하고 성찰이라고 번역할 수 있다. 성찰(省察)의 국어 사전적 의미는 자기의 마음을 반성하고 살피는 것이다. 성찰은 학생들이 새로운 정보와 문제, 도전에 대에 깊이 있게 생각하고 의미 있는 연결을 만든다.

듀이는 성찰을 경험과 더 깊은 관계를 형성하는 핵심요소로 보았다. 인간의 경험과 학습과정에서 학습자의 의미부여는 중요하다. 경험이 학습과정에서 중요한 역할을 하지만 주어진 상황이 학습자에게 의미가 있을 때 더 깊이 관계될 수 있다. 경험은 주어진 상황이 학습자에게 의미가 있을 때 학습과 관계 지어진다. 학습은 학생들에게 개념을 가르치는 것뿐만 아니라 이러한 학습경험을 한 후 학생들이 세상에 접근하는 방식을 변화시키는 것이다(Dewey, 1933).

경험은 학습에 통합되는 것으로서, 모든 학습의 기초가 되지만 실제적인 학습은 효과적인 성찰로부터 이루어진다. 성찰을 통해 우리는 자신을 더 잘 이해할 수 있고 학습을 더 촉진시킨다. 성찰은 학습경험을 연결하여 새로운 관점을 형성하고 새로운 관점을 미래학습에 적용하게 하는 것이다.

메지로우(Mezirow)는 듀이의 성찰개념과 구분되는 성찰개념을 제시하였다. 성찰은 지식습득과 관련된 경험적 학습개념을 넘어 세계를 보는 방식과 연결된다. 성찰의 핵심은 자신이 획득한 믿음이 여전히 기능하는지 여부를 되돌아보는 것이다. 경험이 항상 합리적이고 사려 깊은 결과로 나타나지 않으며 오히려 많은 잘못된 가치관의 진정한 원천이 될 수도 있다. 과거, 관습 및 일상에 의해 지배되는 경험은 합리적이고 사려 깊은 것과 반대될 수가 있다.

메지로우가 제시한 비판적 성찰은 우리가 세계를 보는 방식에 대해 성찰하는 것이다. 비판적 성찰은 '우리의 신념은 타당한 것인가? 지속적으로 변화하는 세계에서 가치란 무엇인가?에 대하여 학습자가 가진 가치와 의미가 정당한 것인지를 되돌아보는 것이다. 비판적 성찰은 알고, 믿고, 느끼고, 행동하는 데 대한 우리 자신의 방향을 재평가하는 것이다. 비판적 성찰은 방법에 관한 것이 아니라 우리가 하는 일의 이유와 결과에 관한 것이다.

비판적 성찰은 학습자의 가치관이나 세계관과 같은 근본적인 변화를 추구한다. 비판적 성찰은 우리의 믿음이 세워진 전제에 대한 비판이며 이를 통해 우리는 믿음의 왜곡과 문제해결의 오류를 수정하는 것이다. 전환학습 이론은 이러한 비판적 성찰을 기초로 학습자의 관점과 생각의 틀을 전환하는 것이다. 학습은 당연하게 여겨지는 지식과 문화에 도전하고 지배적인 합의에 대한 도전을 통해 자신의 삶에 대한 통제력을 제한하는 힘과 요소들로부터 자유로워지는 것이다(Meizirow, 1991).

전환학습에서의 성찰은 기존 학습개념과 다른 것은 각자가 세계에 대한 이해의 방향을 정하는 기준 또는 세계관 등 근본적인 문제에 대한 성찰이다. 전환학습은 세상에 대한 지식의 기저를 이루는 전제를 검토하고 기존 세계관을 재구성하는 것이다. 전환학습은 학습자가 어떤 현상에 대해 바라보거나 생각하는 방식에 있어서 질적 전환(qualitative shift)으로서의 학습이라 할 수 있다.

> 전환학습은 우리의 행동을 정당화하고 진실입증을 위한 견해와 신념을 생성하기 위해 당연시된 준거의 틀(의미관점, 생각, 습관, 태도)을 더 포괄적이고 분별력 있고 개방적, 정서적으로 변화하게 하고 성찰할 수 있게 하는 과정이다(Mezirow, 2000: 7-8).

전환학습은 문제가 있는 고정된 가정과 마음의 습관, 관점, 사고방식을 더 포괄적이고, 분별력 있고, 개방적이고, 반영적이고, 정서적으로 변화할 수 있도록 변환하는 학습이다(Mezirow, 2003). 학습은 사고의 습관과 관점의 의미를 포함하는 준거의 틀을 포함하고, 관점의 전환으로 이어진다. 전환학습 개념에 크게 영향 미친 개념은 쿤(Kuhn)의 패러다임, 프레이리의 의식화(conscientiation), 하버마스(Habermas)의 비판이론(critical theory)이다(Kitchenham, 2008).

쿤은 '과학혁명의 구조(The Structure of Scientific Revolutions)'에서 과학의 발전을 설명하기 위해 패러다임이라는 개념을 도입하였다. 쿤(1996)은 패러다임 개념을 과학적 탐구의 수행에 영향을 미치는 '보는 방법, 탐구 방법, 신념, 아이디어, 가치 및 태도의 집합체'로 제시하였다. 쿤은 '패러다임'을 차원을 달리하는 두 개의 사유 틀로 보았다. 하나는 '사회의 구성원들에 의해 공유되는 신념, 가치, 기술 등을 망라한 총체적 집합'을 가리킨다. 다른 하나는 '그런 집합에서 한 유형의 구성요소를 가리키는 것으로서 명시적인 규칙을 대체할 수 있는 모델과 범례(example)로써 사용될 수 있는 구체적인 문제 해결'을 지칭하였다.

메지로우의 전환학습은 사고의 습관과 준거 틀의 변화를 제시한다는 점에서 쿤의 패러다임 개념과 유사한 프레임을 가지고 있다. 메지로우의 프레임은 사회적 상황의 맥락과 사회적 상호작용을 조직하고 지배하는 상황이나 공유된 세계관을 지칭한다. 우리의 세계관은 우리 자신, 우리의 역할 및 관계를 이해하는 데 도움이 되도록 주변 문화와의 상호작용에서 배우고 구성된다. 많은 면에서 우리는 자신의 세계관을 인식하지 못할 수도 있다. 우리는 세상을 보는 방식에 따라 삶을 탐색하고 기대와 관점을 강화하기 위해 자신과 상호작용하고 있다.

메지로우의 전환학습 연구에 가장 영향을 끼친 학자는 하버마스다. 하버마스는 기술(the technical), 실용(the practical), 해방(the emancipatory)이라는 학습의 세 가지 영역을 제안했다. 기술적 학습은 기계적이고 특정 작업에 한정되며 규칙에 의해 명확하게 통제되는 학습이다. 실용적 학습에는 사회적 규범과 사회시스템이 포함된다. 해방적 학습은 자신뿐만 아니라 자신과 관계되는 것을 비판적으로 인식하는 것이다(Habermas, 1971). 메지로우는 이를 기초로 학습을 도구적 학습영역(instrumental learning domain), 의사소통적 학습영역(communicative learning domain), 해방적 학습영역(emancipatory learning domain)으로 구분하여 설명하였다. 도구적 학습은 환경을 조성하고 조작하기 위한 학습으로 실험적 지식에 기초, 기술적 법칙에 의존한다. 도구적 학습에서의 성찰은 성과향상을 위한 과제나 문제를 해결할 때 활용된다.

도구적 학습은 사실에 기초한 지식 습득에 있으며 원인과 결과의 관계와 과업지향적인 것으로 문제를 해결해 나가게 된다. 의사소통 학습은 사회의 문화와 언어적 기호, 규범적 가치, 도덕적 이슈, 정치 및 철학 등을 이해하는 것이다. 예술, TV, 글, 강연 등을 통해 타인의 생각을 공유하고 의미를 이해하는 과정을 거치며 다른 사람들과의 의사소통을 통해 감정, 의도, 가치 도덕적 이슈를 이해하게 된다. 이러한 의사소통 행위는 민주주의 사회를 구축하는 요소가 되며 이성적 담론을 통해 정확한 정보를 얻고 권력에서 자유롭고, 객관적 평가를 하게 된다.

도구적 학습과 의사소통 학습은 합리성과 신념에 대한 검증 기준이 다르다. 도구적 학습은 기술적 성공과 같은 관찰 가능한 사건에 대한 예측으로 옳고 그름이 증명된다. 반면 의사소통 학습은 다른 사람이 의미하는 바를 이해하고 내가 의미하는 바를 이해시키기 위한 것으로 가치, 윤리적 문제, 다양한 개념들과 감정 등에 대해 주관적으로 타당성을 판단하게 된다.

해방적 학습은 성찰을 통해 왜곡된 의미와 시각을 수정하는 것이다. 비판적 성찰을 통해 현실 및 실제를 더 포괄적이고 명백하게 이해하고 심리학적, 문화적 가정에 기초하여 자기 자신을 이해하게 되고 사회를 변화시키는 것이다. 해방적 학습은 프레이리의 의식화(conscientization) 개념과 유사하다. 프레이리는 전통적인 교육을 '은행저금식' 학습에 비유했다. 그는 이러한 형태 교육의 주요 문제는 학생들이 지식에 대해 교사에게 의존하고 스스로 생각하는 법을 배우지 않는다고 주장했다.

> 학생들은 예금을 저장하는 데 더 많이 노력할수록 그들은 그 세계를 변화시킬 비판적 의식이 줄어들게 된다(Freire, 1970: 60).

프레이리(1970)는 의존적이고 자유로운 사고의 결여에 대한 해독제로써 현실을 변화시킬 수 있는 의식을 계발하는 것을 강조했다. 그는 의식화를 "개인이 현실의 억압적인 요소에 대해 행동을 취할 수 있도록 사회적, 정치적, 경제적 모순을 인식하는 법을 배우는 것, 즉 비판적 인식을 개발하는 것"이라고 정의했다. 프레이리의 의식화는 사회적, 정치적, 경제적 모순들을 인식하는 법을 배우고, 현실의 억압적 요소들에 맞서 행동(praxis)하는 것이다.

메지로우가 제시한 비판적 성찰은 이데올로기 비판과도 관련이 있다. 이데올로기 비판은 권력에 대한 고려가 얼마나 많은 성인교육 과정과 상호작용을 뒷받침하고 프레임을 만들고 왜곡하는지 이해하는 것이다. 다시 말하면, 이데올로기 비판은 사람들이 어떻게 무비판적으로 받아들여지고 부당한 지배이데올로기가 일상적인 상황과 관행에 내재되어 있는지를 인식하는 것이다(Brookfield, 2000).

프레이리와 같은 비판적 교육학자들은 변화에 영향을 미치기 위한 집단적·사회적 행동을 계획하고 변화시키는 데 필요한 특정 정치적 또는 사회적 행동에 적극적으로 참여할 것을 제시한다. 전환학습에서의 학습의 의미는 상황 및 환경에 대한 인식에 그치지 않고 학습자의 변화와 그들의 상황 및 환경을 지배하는 조건들을 변화시키는 것이다.

2 전환학습의 개념적 특성

우리의 경험은 우리의 의미관점이나 마음의 습관을 통해 걸러지며 왜곡, 편견, 고정 관념, 검토되지 않은 신념이 포함된다. 전환학습을 통해 무비판적으로 동화된 지식, 믿음, 감정 방식이 전환되는 것이며, 이 새로운 관점이 학습자에게 사태를 해석하는 새로운 원칙을 제공한다(Mezirow, 2000).

성인학습은 단순한 지식 습득을 넘어 비판적 성찰과 검증된 의미를 통해 변환된다. 우리는 각자가 세계에 대한 이해의 방향을 정하는 기준 또는 세계관을 가지고 있다. 우리의 세계관은 우리 자신과 우리의 역할 및 관계를 이해하는 데 도움이 되도록 주변과의 상호작용을 통해 구성된다. 전환학습은 성인이 그들의 경험으로부터 어떻게 의미를 만들고 추구해 가는지에 초점을 두고 있다.

전환학습은 자기 성찰에 기초하여 기본 생각, 감정 및 행동의 구조적 변화를 촉발하는 것이다.

> 어떤 사람들에게는 권위 있는 인물에 의해 무비판적으로 동화된 설명이면 충분할 것이지만 현대 사회에서 우리는 다른 사람의 목적, 신념, 판단, 감정에 따라 행동하기보다 스스로 해석하는 법을 배워야 한다. 그러한 이해를 촉진하는 것이 성인교육의 기본 목표이다(Mezirow, 1997: 5).

전환학습은 학습자가 자신과 세계를 보는 방식을 근본적으로 변화시키는 과정에 주목한다. 전환학습은 성인이 그들의 경험으로부터 어떻게 의미를 만들고 추구해 가는지에 초점을 두고 세계관의 변화를 일으키는 과정에 주목한다. 어린 시절부터 교육과 사회화 과정을 통해 형성된 세계관은 쉽게 전환되지 않는다.

우리의 세계관은 인지적 요소와 감정적 요소로 구성되어 있으며 학습을 통해 우리 자신의 준거 틀은 바뀔 수 있다. 하지만 우리는 자신의 세계관을 인식하지 못할 수도 있다. 전환학습을 위한 최고의 환경은 기존 지식과 새로운 경험 사이에 단절과 혼란이 있는 환경이며 자신과 다른 관점에 대한 노출이다. 메지로우는 환경과의 불일치를 하나의 극적인 사건, 즉 혼란스러운 딜레마(disorienting dilemma)로 제시했다. '혼란스러운 딜레마'는 기존 자신의 가정과 새로운 경험 사이의 차이에 노출되어 단절과 혼란을 겪는 상태이다.

혼란스러운 딜레마를 통해 학습은 발생하고, 변화된 관점 및 시각으로 세상과 학습자 자신을 바라보게 될 때 비로소 성찰능력과 비판적인 사고능력을 갖추게 된다. 메지로우는 혼란스러운 딜레마가 이혼이나 실직 등 하나의 극단적인 사건의 형태로서 방향 혼란스러운 딜레마가 시작되는 것으로 보았지만 이후에 이것은 점진적인 누적 과정에서 나타날 수도 있는 것으로 수정하였다(Taylor, 2000).

메지로우는 고등학교 졸업 후 학업이나 장기간의 휴가 후 직장으로 복귀하는 미국 여성에 대한 연구에서 재진입 여성을 특성적으로 방해하거나 촉진하는 요인을 식별하기 위해 정성적 연구를 수행했다. 이 연구의 목표는 자기 삶을 효과적으로 전환하도록 돕는 것에 있었다. 이 연구에서 참가자의 기대, 목적, 문제의 명확성이 관점 변화에 영향을 주었다는 것을 밝히고 성인교육이 지향해야 할 발달 영역은 지식이나 기술이 아닌 관점이라는 것을 제시하였다. 메지로우(2000)는 개인적 변화를 겪은 그들의 경험을 10단계로 구분하였다.

1. 혼란스러운 딜레마
2. 죄책감이나 수치스러움에 대한 자기점검(self-examination)
3. 인지적, 사회문화적, 심리적 가정에 대한 비판적 평가
4. 전환의 과정이 공유되고 다른 사람들의 유사한 경험을 인정
5. 새로운 역할, 관계, 행동에 대한 탐색
6. 행동 진행을 위한 계획 수립
7. 자기 계획을 실천할 수 있는 지식과 기술의 습득
8. 새로운 역할에 대한 시험 적용
9. 새로운 역할과 관계에 대한 자신감과 역량 배양
10. 자신의 인생을 새로운 관점에 기반하여 재통합

첫 번째 혼란스러운 딜레마는 기존 자신의 가정과 새로운 경험 사이의 차이에 노출되어 단절과 혼란을 겪는 단계이다. 인간은 환경에 적응하면서 습관을 형성하고 인간의 습관이 작동하지 않을 때 불확실성, 위기가 나타나고 이것은 환경과의 균형 상태가 깨어진 것을 의미한다. 듀이(1934)는 이러한 환경과의 불일치를 극복하기 위하여 인간은 사고하고 성찰하게 된다고 하였다.

성찰의 필수 조건은 어떤 종류의 장애물이나 저항이 정상적인 행동의 흐름을 어렵게 만드는 상황이다. 전환학습을 위한 최고의 환경은 기존 지식과 새로운 경험 사이에 단절과 혼란이 있는 환경이며 자신과 다른 관점에 대한 노출이다. 혼란스러운 딜레마는 현재의 이해와 준거 틀(frame of reference)을 문제화하는 경험을 의미한다.

두 번째와 세 번째는 자기점검 단계이다. 자기점검 단계는 무비판적으로 동화되고 의식하지 못했던 의식 밑바탕에 존재하는 죄책감이나 수치스러움에 대한 인식이다. 메지로우가 제시한 자기점검 단계는 콜브의 성찰적 관찰(reflective observation)과 유사하다. 성찰적 관찰은 학습자가 자신의 수행을 비판적으로 반성하고 문제에 내포된 의미를 해석하는 것이다. 자

기점검 단계에서 학습자는 스스로에게 나는 무엇을 하려고 했는가? 내가 뭘 했는가? 내가 왜 그렇게 하였을까?에 대해 질문을 던진다.

네 번째와 다섯 번째는 비판적인 자기성찰의 단계이다. 자신의 가정에 대해 비판적으로 평가하고 전환의 과정을 다른 학습자들과 공유하면서 타인의 유사한 경험을 인식하는 단계이다.

여섯 번째와 일곱 번째 단계는 대안적인 관점에 대해 마음을 열고 새로운 역할과 행동에 대해 탐색하는 단계이다. 새로운 행동 과정을 계획하고 대안적인 관점을 탐색하는 단계라고 할 수 있다.

전환학습에서 학습은 학습자의 자유의지를 통해서 이루어지지만 다른 사람들과 무엇을 공유하고 어떤 관점을 공유하는가에 따라 크게 영향을 받는다. 전환학습은 진공 상태에서 발생하지 않으며 학습자가 이전 경험의 가정을 어떻게 그리고 어떻게 반영하는지는 다른 사람들과의 관계에 의해 영향을 받는다.

여덟 번째 단계부터 마지막 단계는 새로운 관점을 실행하기 위한 지식과 기술을 획득하고 새로운 역할에 대한 시험 적용을 통해 더 개방적이고 정의로운 가정과 관점을 갖게 되는 단계이다. 새로운 역할과 관계에 대한 역량과 자신감을 구축하는 과정이다. 새로운 관점을 삶에 재통합하여 전환된 가정과 관점에 따라 사고하고 말하고 행동하는 단계이다. 변화된 관점 및 시각으로 세상과 학습자 자신을 바라보게 되면서 성인은 경험에 대한 성찰능력과 비판적인 사고 능력을 갖추게 된다.

전환학습 과정은 기존의 관점에 대한 혼란과 성찰로 시작하여 새로운 관점을 형성하고 다시 균형감을 회복하는 것으로 마무리된다. 전환학습은 학습자의 사고를 결정하던 고정관념을 이성적으로 검증하고 학습자가 세계를 해석하는 새로운 원칙을 갖게 하는 것이다(Mezirow, 1990).

키치너와 킹(Kitchener & King, 1990)은 학습자들이 논리적으로 상호 연관되어 있는 단서들을 고려하여 예측 가능한 방식으로 변화하는 일련의 가정들을 제시하였다. 이 주장은 사람들은 각기 성찰적 판단 단계에 따라 일관된 추론을 하며 연령대와 관계된 발달상의 한계가 있다는 것, 인식론적 가정은 순차적으로 변화한다는 것을 전제로 하였다.

- 1단계: 지식은 절대적이고 확고하다고 가정하는 단계이다. 관찰된 것 자체가 진실이자 정당화될 필요도 없다(어린아이들에게서 발견).
- 2단계: 진리는 궁극적으로 접근 가능하지만 모든 진리를 즉각적으로 알 수 없기에 어떤 이는 올바른 어떤 이는 잘못된 신념을 갖게 된다고 가정한다. 교사, 신부, 의사와 같은 권위 있는 사람들을 통해서 진리의 근거를 찾을 수 있다는 이원론에 입각한다.
- 3단계: 어떤 분야의 진리는 권위자들조차 도달할 수 없음을 인정하지만 절대적 진리는 언젠가 드러날 것이라는 신념을 가진다(고등학생이나 대학교 1학년).
- 4단계: 불확실성을 지식의 본질적 특성으로 받아들이는 단계이다. 이 단계는 권위자에 대한 의심과 회의를 품고 권위자의 도움도 받으려하지 않지만 자신의 견해를 잃을 수 있다(대학생들에게서 일반적으로 발견).
- 5단계: 지식이 맥락 안에 존재한다고 믿는 단계이다. 정의는 특정 관점과 근거에 대한 해석을 포함하는 것으로 사람의 통찰력에 기반한 해석에서 비롯된다고 생각한다.
- 6단계: 지식은 그것이 파생된 맥락과의 연관성 속에서 평가되어야 한다고 믿는 단계이다. 어떤 관점과 주장은 다른 것보다 더 나은 평가를 받을 수 있다고 생각한다(대학원생들에게서 발견).
- 7단계: 안다는 것은 불확실하고 해석의 대상이라고 생각하지만 지식은 비판적 연구, 근거의 종합, 더 나은 평가를 통해 정당화될 수 있다고 생각한다(Kitchener & King, 1990).

이들의 주장의 핵심은 성찰적 판단 단계는 지식은 절대적이고 확고하다는 가정에서 불확실성을 받아들이는 단계로 변화된다는 것이다. 성찰적 판단 단계가 높아질수록 지식은 불확실하고 해석의 대상일 뿐이며 평가를 통해 정당화된다는 것으로 변화한다.

비판적 성찰은 무엇이 옳고 어떤 것이 그렇지 않은지를 되돌아보는 것이다. 전환학습은 비판적 성찰로 새로운 관점을 형성하고 이러한 새로운 관점을 미래학습에 적용하는 것이다. 하나의 진리는 존재하지 않지만 더 많은 해석이나 관점을 살펴볼수록 더 낫거나 더 신뢰할 수 있는 해석을 발견할 가능성은 더 커진다(Mezirow, 2009). 전환학습에서 학습은 학습자가 사람, 상황, 아이디어, 경험, 사건 또는 다른 흥미 있는 현상에 대해 바라보거나 생각하는 방식에 있어서의 질적 전환(qualitative shift)으로서의 학습이다.

전환학습은 학습자의 기본적인 세계관과 자아의 특정 능력의 변형을 통한 의식의 확장이자 지속적인 정신적 과정이다. 전환학습은 경험에 대한 비판적 사고, 성찰, 반추 등을 통해 학습자가 관점이나 의식을 재형성하는 학습이론이다. 전환학습은 당연하게 여기는 의미의 관점, 마인드 습관 등의 틀을 전환하여 그것들을 식별할 수 있고 성찰적인 것으로 만들어 주는 과정이다.

전환학습은 의미구조의 본질, 의미를 만드는 과정, 성찰, 합리적 담론 및 해방적 행동을 통해 전환되는 방법에 관심을 가진다(Mezirow, 1995). 전환학습에서는 얼마나 많이 학습되었는지(How much is learned)보다는 무엇이 학습 되었는지(What is learned)가 중심이 된다. 전환학습의 조건은 본질적으로 학습자 중심적, 참여적, 상호작용적이어야 한다는 것, 개방적이고 자발적인 담론에 학습자가 참여할 기회가 포함되어야 한다는 것, 마지막으로 비판적으로 성찰할 수 있는 기회를 가지는 것이다.

성인교육의 목적은 학습자가 자신과 타인의 문제 속 가정을 인식하고, 자유롭게 담론에 참여하여 사회적으로 책임을 갖는 학습자로서 잠재력을 실현하는 것이다(Mezirow, 200). 전환학습의 궁극적 목표는 성찰을 통해 이해되고 발전되고 학습을 통해 기존의 의미구조, 즉 신념, 가치, 태도, 감정으로부터 자유로워지는 해방에 있다.

메지로우는 성인학습을 자신의 행동에 대해 책임을 져야 할 만큼 충분히 나이가 많은 학습자가 이해, 기술 및 성향을 획득하거나 향상시키도록 돕기 위한 조직적인 노력이라고 설명한다(Mezirow, 2012). 전환학습은 무의식의 상징적 내용에 접근하고 수용하고 기본 전제를 비판적으로 분석하는 과정을 통해 촉진된다. 전환학습에서의 비판적 성찰은 당연하게 여겨지는 지식과 문화에 도전하고 사람들과의 사회적 프로세스에 참여하는 것이 포함된다. 전환학습은 우리의 기준 틀을 형성하고 왜곡할 수 있는 관념, 강박 및 콤플렉스에서 우리를 해방시킨다(Dirkx, 1997).

3 전환학습의 요소

1) 의미구조

전환학습 이론의 중심은 의미를 형성하는 것에서 출발한다. 전환학습은 의미가 어떻게 만들어지는지, 어떤 어려움을 겪게 되는지, 어떻게 타당화되는지, 전환되는지를 설명한다. 경험의 의미를 이해하는 것은 인간이 되는 조건이지만 현재 또는 이전 경험에 대한 관점은 우리가 세상을 해석하고 의미와 의미를 이해하는 렌즈에 의해 조건화되고 형성된다(Mezirow, 2012; Taylor & Laros, 2014).

의미형성은 첫째, 경험이 갖는 의미에 대해 새롭고 수정된 해석을 위해서는 사전 해석이 이용된다. 둘째, 우리의 감성과 반응은 의미의 고안, 발견, 해석, 전환에 참여한다. 셋째, 사회적 관습은 역사적 지식과 권력 네트워크에 의해 활성화되기도 하고 제한되기도 한다.

피아제는 인지구조는 물리적 · 사회적 환경과 상호작용할 때 만들어지고 동화와 조절이라는 두 가지 과정을 통해 발달한다고 보았다. 기존 경험에 새로운 정보를 통합되는 과정을 동화라고 한다. 새로운 정보가 이미 존재하는 경험과 통합되지 않을 때 동화와 조절 과정을 거쳐 새로운 인지구조가 현실에 적응하게 된다. 피아제는 이러한 인지구조를 스키마(schema)라고 하였다. 스키마는 세상을 이해하고 지식을 구성하기 위한 기본적인 인지구조라고 할 수 있다.

메지로우의 의미구조는 피아제의 스키마 개념과 유사하다. 메지로우는 새로운 정보를 재해석하여 경험에 새로운 의미를 부여하는 것을 의미구조로 정의했다. 피아제가 스키마의 형성에 초점을 두었다면 메지로우의 의미구조는 변환에 맞춰져 있다는 점에서 차이가 있다. 전환전환학습은 의미구조(신념, 태도)의 전환이 있을 때, 또는 전체적인 관점의 전환이 있을 때 발생한다.

전환학습은 의미구조를 이해하는 데 초점을 두며 학습은 이러한 의미구조의 변화가 이루어지는 과정으로 바라본다. 메지로우(2000)는 의미관점(meaning perspectives)을 인식적, 사회 언어학적, 심리적인, 도덕적·윤리적, 철학적, 미적 마음의 습관으로 구분하여 제시하였다. 마음의 습관(habits of mind)은 우리의 배경, 경험, 문화, 성격에 따라 세상을 보는 방식, 즉 고정된 가정과 기대의 집합이다.

① 인식적 마음의 습관은 지식 및 지식을 획득하고 사용하는 방식과 관련된 것이다. 인식적 습관은 우리가 배우는 방식, 즉 학습 스타일과 선호도에 관한 것이다.

② 사회 언어학적 마음의 습관은 사회적 규범, 문화적 기대치, 언어 사용 방식에 기반으로 한다. 예를 들어 전쟁과 폭력에 대한 미디어 이미지는 폭력에 대한 우리의 인식을 형성한다.

③ 마음의 심리적 습관은 사람들이 자신을 보는 방식, 즉 자아개념, 욕구, 억제, 불안, 두려움과 관련이 있다. 어린 시절 사랑받지 못한다는 느낌은 어른이 되어서도 가치가 없다는 느낌으로 이어질 수 있다.

④ 도덕적·윤리적 마음 습관에는 양심과 도덕이 포함된다. 사람들이 선과 악을 결정하는 방법, 선에 대한 자신의 견해에 따라 행동하는 방법, 세상에서 정의를 옹호하는 데 자신이 책임이 있다고 생각하는 정도는 세상에서 의미를 만드는 관점을 만든다.

⑤ 마음의 철학적 습관은 초월적 세계관, 철학 또는 종교적 교리를 기반한다. 대부분의 종교 체계에는 가치, 신념, 행동 지침, 생활 규칙이 복잡하게 얽혀 있다. 특히 의식적으로 선택하든 가족과 동화되든 특정 종교 체계를 받아들이는 것은 강력한 의미의 관점을 만들어낸다.

⑥ 마음의 미적 습관에는 아름다움에 대한 우리의 가치, 태도, 취향, 판단, 기준이 포함된다. 마음의 미학적 습관은 대부분 마음의 사회언어적 습관이다. 미학적 습관은 예술, 음악, 소설의 경험이며 사람들이 일상 세계에서 자신을 분리하고 근본적으로 다른 관점을 보도록 하는 잠재력이 있다.

이렇게 형성된 관점은 우리가 세상을 바라보는 렌즈를 만들고 세상에서 우리 행동의 기초를 형성하는 서로 얽힌 신념, 가치, 감정 및 가정을 구성한다.

의미구조는 의미관점(meaning perspective)과 의미도식(meaning scheme)으로 구성된다. 의미도식(meaning scheme)은 일상 경험을 이해하고 해석하는 데 사용되는 기대습관(habitual expectation)이다(Mezirow, 1990). 의미도식은 우리가 무엇을 보는지, 어떻게 보는지를 전적으로 결정하며, 비판적 반성이 일어나지 않더라도 자동적으로 따르게 되는 행동선(行動線)이다. 의미관점이 경험의 지각과 인지과정을 규율하는 체계라고 한다면, 의미도식이란 경험의 지각, 인지과정인 해석에 투입, 사용되는 구체적인 지식, 신념, 판단준거이다(Mezirow, 1991).

의미도식의 변화나 의미관점의 변화 모두를 전환학습에서 기대하는 '전환'의 범위에 포함된다. 전환적 변화는 더 이상 기존의 의미관점으로는 의미도식의 다양한 양상을 해명할 수 없는 지경에 도달했을 때 이루어진다(Mezirow, 1990). 따라서 전환학습은 기존의 관점에 대한 그 어떤 도전에서 시작된다. 관점 전환은 죽음, 병, 이별 등과 같은 상황을 통해 초래된 일련의 딜레마를 통해 일어날 수 있다. 또한 책, 시, 그림 혹은 다른 문화를 이해하려는 노력을 통해 일어날 수도 있다. 전환학습은 학습자가 자신과 세계를 보는 방식을 근본적, 극적으로 변화시키는 과정에 대한 이론으로 궁극적으로 자신이 가지고 있는 전제에 대한 전환이 이루어질 때 완성된다.

2) 비판적 성찰

메지로우(1998)는 비판적 성찰을 자신의 확립된 준거 틀에 영향을 미칠 가능성이 있는 성인학습의 독특한 형태로 정의하였다. 비판적 성찰은 전환학습의 촉매이다. 성찰의 의미가 본질적으로 비판적이지만 메지로우는 성찰과 비판적 성찰을 구분하였다. 성찰은 개인 경험 및 대인관계에 대한 사려 깊은 고려이자 일상생활과 실천에 대한 이해를 심화시키는 내부 탐구이다. 반면에 비판적 성찰은 개인의 가치관이나 신념을 검토하는 것이다. 비판적 성찰은 학습자의 사고를 결정하던 고정관념을 이성적으로 검증하여 궁극적으로는 학습자가 세계를 해석하는 새로운 원칙을 갖는 것으로 해석하였다.

비판적 성찰은 애초에 문제가 제기되거나 정의된 바로 그 전제에 대한 정당화 문제를 다룬다. 우리는 문제를 해결하기 위해 올바르게 진행했는지 확인하기 위해 이전 학습을 매우 일반적으로 확인한다. 우리 자신의 전제를 비판적으로 인식하는 것은 우리의 기존 및 습관적 기대 패턴에 도전하는 것이다. 의미관점은 부모, 교사, 다른 멘토와의 관계 속에서 무비판적으로 사회화 과정을 통해 획득된다. 비판적 성찰은 개인의 가치관이나 신념을 검토하는 것이며 전환적인 변화는 비판적 성찰을 통해 일어난다(Brookfield, 2011). 비판적인 성찰이 이루어지지 않으면 전환이 일어날 수 없다. 비판적 성찰은 관련 개념에 논쟁의 여지가 있고 가장 적게 연구된 용어임에도 불구하고 전환학습 이론의 중심이며 핵심으로 간주된다(Brookfield, 2000).

비판적 성찰은 또한 기득권과 지배집단의 합의에 도전하고 대안적 관점을 제시하는 것이다. 이러한 도전을 통해 자신의 신념과 가치를 배우고 이해할 수 있다. 여기에는 '이데올로기 비판'이 포함된다. 이데올로기는 도덕적으로 바람직한 가치, 신념, 설명 및 정당화의 집합으로 사회적, 정치적, 경제적 체계에 대한 우리의 신념이다. 이데올로기 비판은 권력이 얼마나 많은 성인교육 과정과 상호작용을 뒷받침하고 프레임을 만들고 왜곡하는지 이해하는 것이다.

이데올로기 비판은 사람들이 어떻게 무비판적으로 받아들여지고 부당한 지배이데올로기가 일상적인 상황과 관행에 내재되어 있는지를 인식하는 것이다(Brookfield, 2000).

전환학습은 비판적 성찰을 통한 능동적 통제력과 이해 그리고 실천을 통하여 우리의 선택권과 우리의 삶에 대한 통제력을 제한하는 언어, 인식, 제도, 환경적인 힘으로부터의 자유, 그리고 우리 삶을 제한하는 요소들로부터 해방되는 것이다. 해방은 비판적 성찰을 통해 보다 포괄적이고 통합적인 관점을 획득하는 것이라고 할 수 있다.

전환학습의 궁극적 목표는 성찰을 통해 이해되고 발전되고 학습을 통해 기존의 의미구조, 즉 신념, 가치, 태도, 감정으로부터 자유로워지는 해방(emancipatory)에 있다.

프랑크푸르트학파와 같은 비판적 교육학자들은 변화에 영향을 미치기 위한 집단적·사회적 행동을 계획하고 변화시키는 데 필요한 사회적 행동에 적극적으로 참여할 것을 제시한다. 반면에 전환학습은 관점을 뒷받침하는 가정에 대해 비판적으로 생각하고 신념, 가치, 감정 및 자아 개념에 관한 성찰을 주장하지만 정치적 측면에서의 해방을 다루는 것은 아니다. 비판적 성찰은 이상적으로는 합리성과 담론에 대한 보편적 기준의 가정에 기초한 일관되고 공정한 것으로 바라본다(Mezirow, 1998).

기존 세계관의 재구성에 저항하는 것은 무의식적인 인간 본성이다. 사람들은 지능화 또는 부정과 같은 방어 메커니즘을 사용하여 기존의 생각을 바꾸려는 것에 저항한다. 전환학습의 핵심은 비판적 성찰이다. 신더(Synder, 2008)는 전환학습의 성공은 비판적 성찰과정의 발생에 달려 있다고 말하기까지 한다.

3) 담론

성찰의 결과는 자신의 주관적 판단에 의존하는 것이며 시기에 따라 그 기준이 변화될 수도 있고 오히려 잘못된 가치관의 진정한 원천이 될 수도 있다. 전환학습은 비판적 성찰과 더불어 의식과 무의식 사이에서 발생하는 대화를 기반으로 한다. 우리의 생각이나 경험을 다른 사람들의 생생한 경험과 비교함으로써 그러한 편견을 밝히거나 객관성을 확신시킬 수 있다(Fullerton, 2010). 비판적 성찰이 주관적 판단에 의존하지 않고 객관적이고 합리적인가에 대한 확인을 위한 수단으로 담론(discourse)이 제시된다.

담론은 개인의 새로 발견되거나 수정된 가정을 위한 안전망이자 자신의 객관성을 확신하고 비판적 성찰을 행동으로 옮길 수 있는 매개체이다. 메지로우는 담론을 믿음, 감정, 가치의 평가와 관련된 대화로 정의하였다(Mezirow, 2003). 담론은 개인의 새로 발견되거나 수정된 가정을 위한 안전망이자 자신의 객관성을 확신하고 비판적 성찰을 행동으로 옮길 수 있는 매개체가 된다(Taylor, 1998). 담론을 통해 우리는 내면의 자아와 그것을 세상에 투영하는 방법을 더 잘 이해하거나 자각할 수 있다(Kucukaydin & Cranton, 2012).

메지로우는 대안적 관점이 더 잘 제시될 수 있는 유일한 방법은 전달되는 내용을 검증하기 위해 담론에 참여하는 것이라고 말한다. 하나의 진리는 존재하지 않지만 변증법적으로 더 많은 해석이나 관점을 살펴봐야 할수록, 세계관이나 준거 틀로 유지될 수 있는 신뢰할 수 있는 해석을 발견할 가능성은 더 커진다(Mezirow, 2009). 담론은 개인의 해석, 신념에 대해 합의를 이끌어 신념의 타당성을 확립할 수 있다. 비판적 성찰로 우리 삶을 더 잘 이해할 수 있지만 핵심은 담론에 참여하는 것이다.

메지로우는 하버마스의 의사소통 행위이론에서 담론의 사회 언어학적 정당성을 찾았다. 우리의 생각이나 경험을 대화에 노출시키고 다른 사람들의 경험과 비교함으로써 편견을 밝히고 객관성을 확신시킬 수 있다(Fullerton, 2010). 하버마스의 의사소통행위 이론은 현대의 과학과 기술에 내재된 도구적 목적의 합리성을 넘어서 인간에게 진정한 자유와 해방을 실현할 수 있는 능력으로서의 의사소통적 합리성을 제시하였다. 하버마스(1984)에 따르면 어떤 조건에서 문장의 의미를 이해하고 그 타당성이 확립되면 진정한 의사소통 행위가 일어날 수 있다고 하였다.

합리적 담론의 조건은 첫째, 진실성이다. 정확하고 완벽한 정보에 기초하여야 한다. 옳고 진실한 정보를 공유하여 대화에 참여해야 한다. 둘째, 진리성이다. 강압과 자기기만, 왜곡으로부터의 자유이다. 진리는 인간들 사이에 강제 없는 자유로운 토론에 의한 합의의 결과이다. 셋째, 정당성이다. 이것은 타인의 생각과 느낌에 대한 공감과 다른 관점에 대한 개방성에 기초한다. 누구나 강요가 없는 상태에서 자신의 견해를 자유롭게 주장할 수 있어야 한다. 넷째, 이해 가능성이다. 이것은 증거와 논증을 객관적으로 평가하는 능력을 포함한다. 생각의 맥락에 대한 인식과 가정에 대한 비판적 성찰을 기초로 한다. 상대방의 의견을 존중하고 이해하려는 대화와 진정한 합의를 통한 해결 방안을 모색해야 한다.

메지로우의 담론은 일반적 담론이나 자기중심적 담론이 아닌 성찰적 담론이다. 성찰적 담론은 자신의 가정을 비판적으로 평가하며, 집단적 경험을 통해 잠정적 최선의 판단에 도달하고, 명확한 이해를 유도하는 것이다.

우리는 모두 의미관점에 갇혀 있고 그 틀에 얽매이기 때문에 편견에서 벗어나 개인 경험을 해석할 수 없다. 성찰적 담론은 자기중심적 담론에서 건설적 담론으로 이동하는 것이다. 성찰적 담론은 자신의 객관성을 확신하고 비판적 성찰을 행동으로 옮길 수 있는 매개가 된다. 내부 또는 외부 대화에서 비판적으로 성찰하는 것은 개인의 변화에 필수 구성 요소이며 잠재력을 촉진하는 유용한 방법이다(Taylor & Laros, 2014).

우리의 교육 시스템은 우리의 미래를 위협하는 차별과 배제 그리고 지속가능하지 않은 생활 방식을 재생산하고 영속화함으로써, 진정한 변혁적 가능성을 제한하고 있다(UNESCO, 2021). 교육은 집단적 노력을 중심으로 지속 가능한 미래를 형성하는 데 필요한 지식, 과학 및 혁신을 제공하는 것은 물론 환경적·기술적·사회적 변화에 대비하는 동시에 과거의 불의를 바로잡아야 한다. 전환학습 이론은 우리의 의미 체계를 정제함으로써 궁극적으로는 우리 자신은 물론 우리가 처한 환경을 변화시키는 것이다.

Part 04

평생교육방법

일반적으로 교육방법이란 교육상황에서 특정 교육목적을 달성하는데 필요한 내용을 어떻게 가르칠 것인가 하는 것이다. 평생교육에서의 교육방법 역시 평생교육의 목적을 달성하는 데 필요한 교육내용을 전달하는 방법이라고 할 수 있다. 그런데 어떻게 가르칠 것인가 하는 것은 대상에 따라 그 방법에 많은 차이가 있을 수 있다. 여기에서는 전통적인 교수-학습 방법 개념을 넘어 성인학습 방법과 최신 교수학습 방법에 대해 다루었다. 특히, 교수설계 개념과 평생교육프로그램 개발의 개념도 다룸으로써 교육방법의 이해의 폭을 더 넓히고자 하였다. 성인학습방법에서는 다수를 대상으로 하는 교육방법, 소규모 집단에서의 교육방법, 공동의 문제를 해결하고 학습을 촉진하는 교육방법, 학습자의 주체적·능동적 학습에 기초한 학습방법, 학습자의 인식 전환과 사회적 변화를 추구하는 학습에 대해 살펴보았다. 최신 교수학습 방법에서는 교육환경의 변화에 따라 다양하게 적용할 수 있는 학습 방법으로 플립러닝(flipped learning), 간격학습(spaced learning), 하이브리드 학습(hybrid learning), VAK 수업모형(VAK teaching), 디자인 씽킹(design thinking), 게이미피케이션(gamification, 게임화)에 대하여 다루었다.

Chapter 09

평생교육프로그램 개발

1 교수설계 개념

교수설계(instructional Design)는 학습이론을 바탕으로 하여 효과적인 교수설계를 위해 인적, 물적 자원을 혼합하여 구체적인 목표에 의거하여 학습과 교수의 모든 과정을 설계, 실행, 평가하는 체계적 방법으로 정의한다. 일반적인 기업에서는 교수설계를 교육의 효율성과 효과성을 높이고 동기가 부여되는 질 높은 프로그램 개발을 목적으로 한다.

교수설계는 '교수의 분석, 설계, 개발, 실행, 그리고 평가의 단계가 포함된 조직적인 절차'이다. 교수설계는 ① 수업과 관련되어 있는 인간학습에 관해 알고 있는 것이 무엇인가? ② 그러한 지식체계는 교수설계자들이 적용할 수 있도록 어떻게 조직될 수 있는가? ③ 인간학습에 관한 지식을 교수설계에 적용하는 데에 어떠한 절차들을 따라야 하는가를 다룬다.

교수설계는 인간의 학습과 수행에 초점을 두기 때문에 기술의 발전과 지식의 발전에 의해 변화되며 상위체제인 사회, 학교 및 직장의 변화에 의해 영향을 받게 된다. 전형적인 교수설계 과정의 주요 단계는 분석(analysis), 설계(design), 개발(development), 실행(implementation), 평가(evaluation)의 다섯 단계로 구성된다. 이 모형의 명칭은 그 단계의 두음을 따서 ADDIE 모형이라고 한다. 이 다섯 가지 요소들은 어떤 교수설계 모형에서도 발견되는 핵심적인 활동이며 기초개념으로 받아들여진다. ADDIE 교수설계 과정을 보면 다음 〈표 9-1〉과 같다.

〈표 9-1〉 ADDIE 교수설계 과정

분 석 (analysis)	요구 분석	• 인간의 학습 및 수행에 관련하여 교육이 필요한 일을 선정하는 한편, 학습자과 교수조건, 가용한 자원에 대한 분석과 프로그램 일정을 수립
	학습자 분석	• 출발점 능력: 학습자들이 이전까지 습득한 지식이나 기능의 수준 • 일반적 특성: 나이, 성별, 사회적 지위, 지능, 동기수준 등 • 학습양식: 개별 학습자들이 선호하는 학습방법
	환경 분석	• 새로운 내용을 습득하는 학습환경의 특성 분석 • 습득한 지식, 기능, 태도를 활용하는 직무환경 분석
	직무 및 과제 분석	• 요구분석에서 나타난 직무와 과제의 영역을 세부적으로 분석하고 나누는 단계
설 계 (design)	수행목표 명세화	• 실제 수업 상황에서 학습자들이 성취해야 할 수행목표를 명시적으로 나누고 세부적으로 진술함
	평가도구 개발	• 수행목표의 달성 여부를 판단하기 위한 수단으로서 평가도구 개발 • 평가의 준거는 수행목표
	계열화	• 수행목표를 달성하기 위하여 학습내용과 학습활동이 제시되고 수행되는 순서를 계열화
	교수전략 및 매체선정	• 수행목표를 가장 효과적으로 성취할 수 있는 교수전략과 교수매체 선정
개 발 (development)	교수자료 개발	• 구체적인 교육목표 및 내용을 추출하고, 이를 가장 잘 달성할 수 있는 최적의 교수-학습방법 및 교수전략, 그리고 교수 전달매체를 선정
	형성평가 및 수정	• 분석에서 교수자료개발 단계까지 이루어진 후 수정보완을 목적으로 하는 형성평가 실시
	제작	• 형성평가 후 개발된 교수자료를 수정한 후 실제 수업 또는 수업자료, 프로그램 제작
실 행 (implementation)	사용 및 설치	• 설계되고 개발된 교육훈련프로그램을 실제의 현장에 사용하고 이를 교육과정(curriculum)에 설치하며 계속적으로 유지하고 변화 관리하는 활동
	유지 및 관리	• 프로그램의 지속적인 유지 및 관리
평 가 (evaluation)	총괄평가	• 평가과정에서는 교육훈련프로그램의 가치를 판단하는 총괄평가가 이뤄짐.

교수과정은 학습이 일어나도록 하는 것을 목적으로 하는 하나의 교수체제로서 교사, 학생, 자료 및 학습환경 등의 제 요소로 구성되며 이들 제 요소는 목적이 성취되도록 서로 상호작용하게 된다. 교수설계는 보다 과학적이고 체계적인 의미로 교수체제설계(instructional system design: ISD)와 같은 의미로 쓰이고 있다. 딕과 커레이(Dick & Carey)는 교수설계모형에서 제시되는 각각의 단계들을 ADDIE 모형의 단계보다 세분화하여 교수설계 및 개발 과정에서 관련된 모든 요소들의 주요역할을 구체적으로 제시하였다. 딕과 커레이의 교수설계 모형은 총 10단계로 구성되어 있으며, 내용은 다음 [그림 9-1]과 같다.

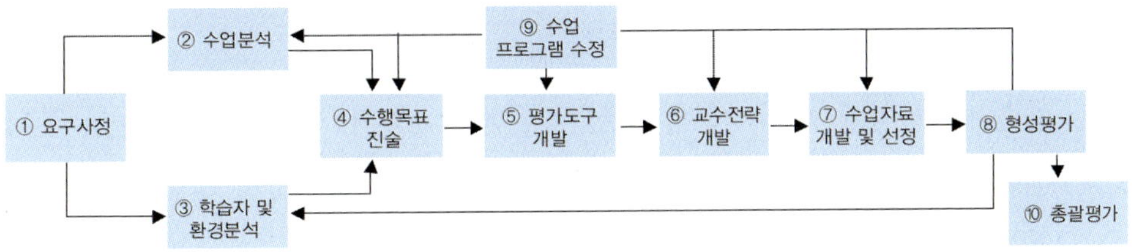

[그림 9-1] Dick & Carey 교수설계모형

출처: 최수영 외(2006).

(1) 교수목적의 설정

해결해야 할 문제를 찾아내어 분석하고 구체적 교수방법을 모색하기 위해서는 요구분석을 통한 문제 모색과 이를 기반으로 한 교수 목적이 설정한다. 요구분석을 통하여 설정된 교수목표는 분석된 문제에 따라 우선순위가 결정되며 과제의 특성 및 학습자의 특성에 따라 특정 교수프로그램에서 강조되어야 부분이 정하여진다. 요구분석 방법으로는 시험, 면담, 설문, 관찰, 기록검토 등이 있다.

(2) 과제분석

과제분석(task analysis)은 특정 과제의 학습에 필요한 하위 과제의 구성 및 관련 선수 지식이나 기능을 모색하는 작업이다. 이를 통하여 특정 교수과정에서 다루어야 할 과제의 수준과 순서를 계획하는 작업을 할 수 있다. 과제분석 방법은 정보처리분석, 절차적 분석, 위계적 분석, 개념분석, 정의적 분석, 군집분석, 매트릭스 분석 등이 있다.

(3) 학습자 분석

학습자의 특성에 맞추어 교수내용 및 방법이 대상을 정할 필요가 있다. 학습자의 특성은 일반적 특성(학습능력, 연령, 성별, 사회적 · 경제적 경험 및 배경 등)뿐만 아니라 학습 관련 지식 또는 기능, 태도 등에 대한 분석이다. 학습동기, 수업에 대한 기대, 자신감, 두려움 등이 포함된다. 학습자 분석 방법은 일반자료 분석 외에도 면담, 관찰, 기록 검토 등을 통한 자료의 사용이 필요하다.

(4) 교수목표 설정

교수목표는 특정 프로그램을 통한 학습을 끝마쳤을 때 학생이 무엇을 할 수 있는지를 설정하는 것이다. 교수목표는 명확히 기술되어야만 목표 기술의 기본 의도인 목표와 교수, 평가의 일치성을 가져와 그 교수 · 학습의 효과를 높일 수 있다. 교수목표는 학습자가 구체적으로 수행되어야 할 행동과 행동의 수행을 평가하는 준거가 함께 제시되어야 한다. 교수목표는 또한 목표의 영역(인지적 · 정의적 · 신체적 영역)을 구분하고, 각각의 영역에 있어서도 그 특정 목표의 특성과 수준을 고려하여 기술되어야 한다.

(5) 평가문항 개발

교수목표가 설정되고 나면 각각의 목표에 해당하는 평가문항들을 개발한다. 평가는 설정된 각각의 교수목표에 대한 학생들의 성취 정도뿐만 아니라 교수방법의 효과를 검토할 수 있다. 평가문항은 설정된 목표의 성취도를 구체적으로 측정할 수 있는 것이어야 하며 평가와 교수목표는 일관성을 유지해야 한다.

(6) 교수전략 선택 및 개발

교수목표와 분석된 과제 및 학습자 특성을 고려하여 최적의 교수전략을 선택, 개발하는 것이다. 교수전략은 교수설계의 기본 틀을 바탕으로 하지만 과제의 특성, 학습내용의 특성, 학습자의 특성에 따라 다양하다.

(7) 수업자료의 선택 및 개발

개발된 자료와 정보들을 기반으로 교수·학습 활동에서 실제로 사용될 자료를 선택하거나 개발한다. 이미 개발된 자료는 학습자용 지침서, 교수자료, 평가문항, 교사용 지침서 등을 활용한다. 이미 개발되어 선택 가능한 자료가 없다면, 보충 자료를 개발하거나 있는 자료를 수정하여 사용할 수 있다. 새로운 자료를 개발할 때는 대상 학습 유형, 이미 개발된 자료의 사용 가능성, 개발을 위한 자원의 이용 가능성 등을 고려하여 결정한다.

(8) 형성평가 설계 및 실시

형성평가의 기본목적은 내용의 정확성, 제시방법의 효과성, 프로그램의 효율성 등을 검토하는 데 있다. 일반적으로 세 가지 형태의 기본적인 평가방법이 사용되는데, 1대1, 소집단, 현장 적용 평가 방법이 있다. 이들 방법은 단계적으로 이루어지며 각 방법은 교수 설계자에게 다른 종류의 정보를 제공하여 주어 교수 자료의 질을 향상시킨다.

(9) 수정

형성평가의 결과를 토대로 교수목표를 성취하는 데 있어서 학습자가 경험한 어려움을 확인하여 이를 교수전략을 수정한다. 교수전략의 수정은 교수 자체의 단순한 수정이 수집된 검토 사항들에 근거하여 교수목표 및 평가문항, 교수전략 등 모든 사항들을 통합하여 수정하여야 한다.

(10) 총괄평가 설계 및 실시

총괄평가는 프로그램이 완료된 후에 프로그램과 교수의 효과를 검증하고 최대화하기 위해 실시한다. 총괄평가는 다루어진 내용, 목표진술, 평가와 목표와의 관계 등을 분석하는 것이다. 총괄평가는 개발된 교수-학습자료가 학습자와 학습환경에 적합한지 그 가치를 결정하는 것이 포함된다.

2 평생교육프로그램 개발의 개념

평생교육프로그램 개발이란 평생교육을 효과적으로 실행하기 위해 프로그램을 기획(planning), 시행(implementation), 평가(evaluation)하는 일련의 과정을 의미한다. 이 과정은 집단성원의 교육욕구를 파악하고 평가 및 분석하며, 교육욕구를 충족시키기 위한 프로그램을 설계 및 실행하며, 프로그램이 사람들의 교육욕구를 어느 정도 충족시켰는지에 대한 증거를 수집 및 보고하는 것 모두를 포함한다.

프로그램개발이란 학습자와 프로그래머가 함께 참여하여 만들어 가는 일련의 활동과 결정으로서 다음과 같은 내용을 고려해야 한다(Boyle, 1981).

① 변화시키거나 개선해야 할 문제점이나 상황에 대하여 분석하고 나아가 의사결정을 위한 조직적인 구조를 개발해야 한다.

② 학습에 필요한 자원과 학습자 그리고 지역사회에 대한 분석결과를 효과적으로 이용해야 한다.
③ 바람직한 변화가 학습활동계획에 포함되기 위해 확인되어야 할 문제점과 상황의 우선순위를 결정해야 한다.
④ 주민과 지역사회가 함께하는 프로그램을 통하여 획득될 수 있는 장점을 확인해야 한다.
⑤ 프로그램의 효과적인 홍보와 수행을 위해 동원 가능한 자원을 확인해야 한다.
⑥ 적절한 학습경험을 다양한 참여 학습자에게 제공할 수 있도록 교수계획을 설계해야 한다.
⑦ 학술대회, 워크숍, 개별적 참고자료, 인터넷 매체 등을 통해 적절한 학습기회를 제공하도록 고안해야 한다.
⑧ 프로그램의 가치에 대한 효과적인 판단하기 위하여 적절한 접근법을 개발해야 한다.
⑨ 의사결정자, 참여자, 기타 관심을 가진 개인과 집단에게 프로그램의 가치를 홍보해야 한다.

이러한 요소를 종합해서 평생교육프로그램개발의 의미를 정의해 보면, 평생교육프로그램개발이란 학습자와 그가 살고 있는 환경의 바람직한 변화를 촉진시키기 위해 평생교육기관, 변화주체, 프로그래머 그리고 학습자 자신의 계획적이고 협력적인 노력을 총망라하는 종합적이고 체계적인 과정이라고 하겠다. 그러므로 프로그램개발과정 속에는 집단성원들의 학습에 대한 요구를 파악하고 평가 및 분석하며, 이를 충족시키기 위한 프로그램을 설계 및 실시하는 과정과, 이 프로그램이 주민들의 교육요구를 얼마나 충족시켜 주었는지를 평가하는 일련의 과정이 모두 포함된다.

평생교육프로그램개발은 학교교육과정개발과는 다른 특성을 지닌다. 즉, 그것은 실천지향적이고 경영관리적 성격을 포함한다. 또한 그 개발과정에서 협동적 성격과 교육기관의 성격 등이 부각되는 다원적인 성격(pluralistic characteristics)을 지니고 있다(Boone, 1985). 학교에서의 교육과정개발과 평생교육프로그램개발의 차이는 다음과 같다(Coombs, 1980).

① 평생교육프로그램의 개발주체는 학교가 아니라 다양한 평생교육기관이다. 프로그램개발은 각 평생교육기관 및 조직체를 기본단위로 하여 독립적으로 개발된다.

② 학교교육의 교육과정은 학생들의 기본적인 인지발달과 능력향상을 위해 주로 학문 중심적으로 개발되나 평생교육프로그램은 성인들의 삶과 직접적인 관련이 있는 실생활을 중심으로 개발된다.

③ 평생교육프로그램개발에서는 교육자의 역할이 학교교육에 비해 매우 크다. 학교교육에서 교사의 역할은 국가에서 이미 결정한 교육과정을 원만히 전달하는 기능을 수행하는 데 반해, 평생교육에서의 교육자는 교육내용의 결정은 물론 교육내용의 조직 등 상당한 결정권을 가진다.

④ 학교교육과정은 한번 결정되면 장기간에 걸쳐 사용되나, 평생교육프로그램은 비교적 단기적으로 사용되며 주어진 환경이나 상황에 따라 융통성 있게 변화시킬 수 있다는 특징이 있다.

3 평생교육프로그램 개발과정

평생교육프로그램 개발은 동적이고 지속적인 과정으로 프로그램의 기획, 요구분석, 프로그램의 설계, 프로그램의 실행 및 운영, 프로그램의 평가가 포함된다.

1) 평생교육프로그램의 기획

프로그램기획(program planning)이란 평생교육프로그램개발의 필요성을 확인하고, 프로그램개발의 기본방향을 설정하는 것이다. 기획이란 무엇을 할 것인가와 관련하여 프로그램 개발의 기본방향을 설정하는 것이며, 계획이란 구체적으로 어떻게 구성할 것인가에 초점을 둔다. 그러므로 프로그램기획 단계에는 프로그램을 개발하기 위한 사전적인 준비과정과 평생교육기관 및 조직 상황분석, 프로그램개발의 기본방향 설정, 프로그램개발 모델 설정, 잠재적 학습자에 대한 파악, 교육요구 및 필요분석, 확인된 요구 및 필요의 목표로의 전환 등이 포함된다.

평생교육프로그램의 질은 얼마나 철저하게 프로그램의 기획을 하였는가에 따라 결정된다고 해도 과언이 아니다. 기획은 프로그램개발이 체계적이고 논리적이며 객관적으로 이루어질 수 있는 토대가 된다. 프로그램을 기획할 때 고려해야 하는 기본적 원리는 다음과 같다(Boone, 1985).

① 계획된 변화(planned change): 학습자에게 의도하는 변화가 포함되어 있어야 한다.

② 연계성(linkage): 성인교육과 그 기관의 다른 요소들, 평생교육기관과 그를 둘러싼 환경, 그리고 개인학습자와 기관 사이의 관련성을 고려해야 한다.

③ 민주주의(democracy): 기획은 반드시 관련된 모든 요소들이 서로 협동적이고 참여적인 분위기에서 민주적으로 이루어져야 한다.

④ 전환(translation): 프로그램기획에서는 그것의 목적이 학습자의 사회문화적 환경이나 개인적 가치나 지식 등에 맞추어 전환될 수 있어야 하며 환경적, 조직체적, 개인적 요구도 목적으로 전환할 수 있어야 한다.

평생교육프로그램을 기획하기 위해 여러 모형들이 제안되어 왔다. 대표적으로 단계적 및 선형적 모델(linear model)과 체제모델(system model)로 구분할 수 있다. 단계적 및 선형적 모델(linear model)은 평생교육현장에서 주로 사용하는 전통적인 기법으로 기획의 전 과정을 단계별로 나타내 준다. 이 모형은 각 단계에서 필요한 과업을 비교적 명확하고 단순하게 보여 주고 있어 선호되는 방법이기도 하다

체제모델(system model)은 프로그램에 영향을 미치는 다양한 요소를 종합적으로 고려하는 방식으로 통합적 접근법(integrated approaches)이라고도 한다. 이는 접근방법이 총체적이고 분석적이기 때문에 기획과정이 다소 복잡하며 기획자들의 전문적인 능력을 필요로 한다. 하지만 기획의 오차를 최소화할 수 있다는 장점을 지닌다.

2) 요구분석

평생교육자는 프로그램개발에 앞서 잠재적 학습자들이 어떠한 교육요구를 가지고 있는지를 반드시 분석해 볼 필요가 있다. 이러한 분석에 기초하여 프로그램을 개발할 때 비로소 효과적인 프로그램이 될 수 있기 때문이다.

요구란 현재의 상태와 바라는 기준과의 차이를 지칭한다. 이러한 목적과 현재 상태 또는 이상과 실제 간의 차이를 구명하고 비교하는 연구를 요구분석(need assessment)이라고 한다. 교육요구란 현재의 교육수준과 개인적 또는 사회적으로 기대되는 바람직한 교육 사이에 존재하는 격차를 뜻한다. 즉 교육적 요구란 현재의 부족한 능력수준이나 상태에서 그 부족함을 학습, 충족시키고자 할 때 발생되는 상태나 조건을 의미한다. 따라서 평생교육에 있어 요구분석은 학습자의 교육요구를 여러 가지 방법을 통해서 조사하고 분석하는 과정이라고 정의할 수 있다.

이것은 교육자가 교육프로그램이나 활동을 학습자나 사회의 요구에 부

응하게 하고 프로그램을 개발할 때 기초자료로 활용된다. 특히 평생교육의 경우는 이미 정해진 교과를 학습하는 학교교육과는 달리 다양한 요구를 가진 성인들을 대상으로 하기 때문에 자칫 이들의 교육요구를 무시한 채 교육과정을 개발하고 운영할 경우 비효과적인 교육이 되기 쉽다. 그러므로 평생교육과정을 개발할 때에는 반드시 잠재적 성인학습자가 가지고 있는 요구를 먼저 파악해야 한다.

평생교육에 있어 교육요구의 분석결과는 성인학습자의 교육적 요구를 다양한 방법을 통해 조사하고 분석하여 실제로 프로그램을 개발할 때 기초자료로 사용된다. 다양한 요구분석 기법 중 흔히 사용되는 몇 가지 대표적인 방법은 다음과 같다.

(1) 조사연구(survey)

조사연구는 요구분석을 하는 데 가장 널리 사용되는 기법으로 대규모집단의 특성을 기술하는 데 유용하다. 일반적으로 질문지를 작성하여 많은 사람들의 의견을 수렴하므로 다른 방법에 비해 조사결과를 일반화할 가능성이 높고, 비교적 짧은 시간에 많은 변수를 다룰 수 있고, 비용도 저렴하게 든다는 장점이 있으나 조사대상을 피상적으로 관찰할 수밖에 없다는 단점이 있다.

(2) 면접법(interview)

면접은 서로 얼굴을 맞대고 직접 자료를 수집 및 평가하는 방법이다. 특히 행동특성의 개인적 성격을 밝힐 때 매우 효과적이다. 면접법은 심도 있는 대답을 끌어낼 수 있고, 자료의 진실성 여부를 쉽게 가릴 수 있으며 자유로운 의견표현의 기회를 제공한다는 장점을 지닌다. 그러나 면접자 선정, 시간이나 경비 등이 질문지법에 비해 과다한 경우가 많고, 주관적 해석이나 편견이 작용할 우려가 있다.

(3) 델파이기법(Delphi technique)

델파이기법은 다수의 대중보다 여러 명의 전문가에 의존하는 것이 정보의 양이나 신뢰성면에서 훨씬 유리하다는 전제하에 전문가집단의 의견을 수렴하는 방법이다. 이 역시 일련의 질문지를 통해 합의점을 창출해 내는 집단과정의 한 형태이다. 우선 한두 개의 포괄적인 질문으로 구성된 질문지가 응답자에게 보내진다. 질문지를 회수한 후 그들의 응답이 분석되고, 이것을 기초로 두 번째 질문지가 개발된다. 보다 구체화하기 위해 응답자들은 세부적인 질문에 답하도록 요구된다. 그들의 응답이 다시 분석되고, 그것을 기초로 해서 추가적인 정보를 얻기 위해 세 번째 질문지가 보내진다. 보통 3~5회에 걸쳐 이러한 과정을 반복한다.

요구분석의 작업절차는 우선 일정한 기준에 의거하여 요구조사를 실시하여 자료를 수집한다. 그리고 그것을 정리 및 분석하여 이미 설정된 목표와 비교 및 분석을 한다. 이미 설정한 목표와 현재 산출된 요구분석 결과 사이에 어느 정도의 차이가 발생하는가를 측정한다는 점에서 요구분석은 평가와 비슷하다. 그러나 요구분석은 프로그램을 개발하기에 앞서 실시하여 이를 계획과 내용선정의 과정에 반영하고자 하는 것이며, 평가는 프로그램의 실행결과에 초점을 둔다는 점에서 차이가 있다.

요구분석과정을 통해 확인된 요구는 학습자 상황에 따라 다를 수 있기 때문에 평생교육프로그램에 모두 반영할 수는 없다. 그러므로 평생교육자는 주어진 여건, 가용자원, 시간 등을 고려하여 확인된 요구를 수렴하고, 그것을 교육목표나 운영내용에 포함하게 된다.

3) 프로그램의 설계

프로그램에 대한 기획이 끝나면 다음 단계는 그것을 토대로 하여 구체적으로 프로그램 설계(program design)를 하는 것이다. 이때 개발자가 가장 염두에 두어야 할 근본적인 문제는 해당 기관이나 단체가 추구하는 교육목표는 무엇인가, 그 교육목표를 추구하기 위하여 제공될 수 있는 교육적 경험은 무엇인가, 이 교육적 경험들은 어떻게 효과적으로 조직될 수 있는가, 교육목표의 달성여부는 어떻게 평가될 수 있는가 등이다.

이와 같은 질문에 따라 교육프로그램을 설계하게 된다. 즉, 우선 해당 기관이나 단체가 추구하는 교육이념에 맞추어 구체적인 교과의 교육목표를 설정하고, 다음으로는 그것을 실행하기 위한 교육내용을 선정한다. 그리고 이를 효과적으로 전달할 수 있는 교수방법을 선택하여 실제로 수업안을 구성하는 것이다. 그런데 이때 가장 중요한 것은 학습자의 변화를 초래할 수 있게 해야 한다는 점이다. 따라서 우선 그 수업을 듣게 될 학습자에 대한 분석이 선행되어야 한다.

(1) 학습자분석

학습자들의 다양한 측면을 파악하는 것을 학습자분석(learner analysis)이라고 한다. 교수자들은 자신이 담당하게 될 학습자를 철저하게 파악하고 이것에 기초하여 교수내용과 방법 등을 선정해야 한다. 학습자분석 시 고려해야 할 사항은 다음과 같다.

① **생물학적 특성**: 생물학적 특성에는 학습자의 연령이나 성별 등이 포함된다. 연령은 한 개인의 외모나 경험을 나타내는 지표이며 성별 역시 학습자의 특성을 이해하는 중요한 요소이다. 생물학적 특성에 따른 주된 용어나 필요, 그리고 특유의 문화를 고려하여 수업을 계획한다면 더 효과적인 교육이 될 수 있다.

② **교육적 배경**: 교육적 배경이란 학습자의 교육수준이나 선행지식, 선행경험 등을 의미한다. 교수자는 이를 통해 학습자의 선행지식, 기술, 읽기수준, 학습 수준 등을 파악할 수 있다.

③ **정의적 특성**: 정의적 특성이란 학습자의 태도, 가치, 견해, 신념, 흥미

및 선호도 등을 의미하는 것으로 학습에 대한 동기, 불안감, 학습유형 등과 관련된다. 실제로 이러한 특성은 지적 특성보다 학습에 더 큰 영향을 미친다.

④ 지각 및 운동적 특성: 지각 및 운동적 특성은 시각 및 청각 등의 지각 능력과 신체적 반응에 대한 것이다. 그러므로 수업방법이나 자료, 활동을 수용하는 특성에 따라 학습자를 특별히 배려하는 기술이 요구된다.

(2) 교육목표의 설정

교육목표는 교육자원을 선택하고 교육내용을 선정하고 교수(teaching) 및 평가를 위한 절차를 개발하는 기준이 된다. 이것은 일정한 기간 동안에 성취 또는 달성해야 할 구체적인 과업으로서 보통 항목별로 제시되며 어떤 내용에 대하여 어떤 행동의 변화를 가져와야 할 것인가를 포함하는 개념이다. 교육목표 수립 시 고려해야 할 사항은 크게 개인적 요구, 교육기관의 요구, 사회적 요구 등이다.

① 개인적 요구의 반영: 모든 평생교육의 목표는 교육대상자들의 요구나 필요를 충족시킬 수 있어야 한다.

② 교육기관의 요구 고려: 평생교육기관이나 시설에 따라 그들 고유의 교육목적이 있다. 그러므로 프로그램 구성 시에도 이들의 목적이 교과 교육목적에 반영되어야 한다.

③ 사회적 요구의 적절한 반영: 평생교육은 특히 사회변화를 위한 일종의 사회운동적 성격을 지니기 때문에 개인 및 기관의 욕구 못지않게 사회와 국가발전을 위한 요구사항이 반영되어야 한다.

(3) 프로그램 내용의 선정과 조직

학습자분석이 끝나면 그것을 기초로 하여 교육목표를 수행하기 위한 구체적인 교육내용을 선정하게 된다. 기본적으로 평생교육프로그램의 내용은 학습자, 기관, 사회의 요구분석을 기초로 선정된다. 프로그램내용 선정 기준은 다음과 같다(정지웅, 김지자, 1990).

① 합목적성 및 목표와의 일관성: 교육목표에 반영된 개인적 요구와 사회적 요구 및 철학적 이념이 구현될 수 있는 것이어야 한다.
② 능력수준과 흥미에의 적합성: 피교육자의 능력수준이나 흥미를 고려하여 주제의 내용이 친밀감 있는 것으로 선정되어야 한다.
③ 실용성: 사회적 요구에 적합하여 사회에서 적용될 수 있는 내용 및 활동이어야 하며 우리의 삶과 관련된 것이어야 한다.
④ 일목적 다경험 및 일경험 다목적의 원리: 한 가지 목적을 달성하기 위해 꼭 한 가지 경험이 선정되는 것이 아니라 몇 가지 내용과 연관될 수도 있을 것이며, 또 반대로 한 가지 내용이 두 개 이상의 목표와 관련되어 동시학습이 이루어질 수 있도록 선정한다.
⑤ 교육 및 학습지도 가능성: 학습지도가 가능한 내용을 최종적으로 선택해야 한다. 선정된 내용이 아무리 좋고 필요한 것일지라도 어떤 기관이나 단체가 가진 인력이나 시설 및 재정, 여건에 맞지 않는다면 실행할 수 없다.
⑥ 지역성 고려: 동일한 평생교육 내용이라 하더라도 그 교육을 실시하는 지역의 특성을 고려하면 교육적 효과는 물론 지역적 문화전통의 계승이라는 점에서 더 좋을 것이다.

교육내용이 선정되고 나면 선정된 내용을 어떻게 조직하고 편성할 것인가의 문제가 대두된다. 교육내용을 조직함에 있어서는 계열성, 통합성, 계속성의 원리를 중시하여야 한다.

계열성이란 선정된 교육내용을 위계성과 상황 관련성에 따라 조직하는 원리를 말한다. 즉 먼저 교육해야 할 내용, 뒤에 교육해야 할 내용을 이론적 순서와 심리적 인지과정에 따라 조직하는 것이다. 예를 들면, 구체적인 것에서 추상적인 내용으로, 쉬운 내용에서 어려운 내용으로, 단순한 내용에서 복잡한 내용으로 교육이 이루어지도록 조직하여 학습의 깊이와 넓이를 더해 가는 것을 의미한다.

통합성은 교육내용이 학습자의 경험 속에 의미 있게 통합되도록 조직하는 것을 말한다. 평생교육프로그램을 개발하는 데 있어서 가장 중요한 것은 프로그램의 목적을 위해 모든 교육내용이 통합되도록 조직하는 일이다. 학습경험들이 상호 연결되고 통합됨으로써 보다 효과적인 학습과 성장을 촉진할 수 있어야 한다.

계속성은 동일한 교육내용에 대한 반복적 학습을 의미한다. 어떤 형태의 교육이든 간에 학습자에게 내면화기 위해서는 일정기간 이상의 반복이 필요하다. 학습경험은 같은 내용을 반복해야 학습효과가 나타난다는 원리에 따라 평생교육프로그램을 조직할 때 이를 반영하도록 한다.

(4) 학습방법의 선정

교육내용이 선정되면 다음으로는 이를 가장 효과적으로 전달할 수 있는 방법을 고려해야 한다. 교육방법이란 교육목적을 달성하기 위하여 교육내용을 구체적으로 실천하는 방안으로써 어떻게 가르칠 것인가에 해당된다. 평생교육방법은 그 교육대상이 매우 다양하기 때문에 명확하게 정리할 수는 없다. 게다가 평생교육은 민주성, 자율성, 융통성, 자발성 등의 기본이념을 실현하려는 교육이기 때문에 평생교육의 방법 또한 다양하게 논의되고 있다. 이것은 앞장에서 살펴본 구체적인 교육방법들을 참고할 수 있을 것이다.

(5) 수업지도안 구성

교육목표, 내용, 방법이 모두 선정 및 조직되면 이를 기초로 구체적인 수업계획을 작성해야 하는데, 이를 수업지도안(lesson plan)이라고 한다. 구체적인 학습지도안을 작성함으로써 효율적인 수업 실천이 가능하다. 수업지도안에 포함되어야 할 요소들은 수업의 성격, 유형, 교수자의 전문성 등에 달라질 수 있으나, 일반적으로 다음의 요소들이 포함된다. 도입, 학습목표, 학습내용, 수업방법, 평가방법 등이다.

수업지도안을 작성함에 있어 유의해야 할 사항은 다음과 같다(권두승, 2000).

첫째, 학습활동의 목표, 내용, 방법, 지도자, 참가자의 모집 등이 확정되면 가능한 빠른 시일 내에 구체적인 실천안을 마련해 놓고 전개 직전까지 상황의 변화에 유연하게 대처할 수 있도록 대안을 검토해야 한다.

둘째, 지도안을 작성할 때 참가자의 자주성을 존중하여 그들의 의견을 반영할 수 있도록 해야 한다.

셋째, 수업의 실시과정에 있어서 지나친 긴장을 조성하거나 조밀한 시간 편성은 좋지 못하다. 다소 여유로운 분위기를 형성하기 위하여 레크리에이션 시간 등을 포함하는 것도 좋다.

넷째, 수업지도안 작성 시, 무엇을 지향하고 있는지 등 기본적인 문제의식이나 전제 사항을 꾸준히 검토함으로써 일관성 있고 타당성 있는 수업안이 도출될 수 있다.

(6) 프로그램의 실행

프로그램 수업안과 방법이 결정된 후 그것을 실천에 옮기는 단계이다. 교육자들의 역량이 구체적으로 발휘되는 단계로서, 실행단계에서 유의해야 할 점은 다음과 같다(남정걸, 권이종, 1995).

① 래포(rapport) 형성: 소집단활동, 자기소개 시간 등을 통해 먼저 지도자와 학습자 간에 그리고 학습자 상호 간에 친밀한 분위기를 조성한다.
② 과정중심 전개: 활동프로그램은 무엇보다도 과정 자체에 중점을 두어야 한다. 전개과정 그 자체가 의미를 갖도록 진행해야 하며, 성과중심으로 치우쳐서는 안 된다.
③ 비지시적인 교육: 지도자와 참여자의 의견을 존중하고 그들이 제안하는 여러 건의사항을 수용적 태도로 받아들이고 참여자들이 주체적으로 문제를 해결하도록 돕는다.

평생교육은 일반적으로 성인들을 대상으로 하는 교육이기 때문에 학습자와 교수자를 엄격히 구별하는 경직된 실행으로서는 교육적 효과를 거둘 수 없다. 따라서 평생교육은 학습자와 교수자 간의 상호신뢰와 존경을 바탕으로 프로그램이 진행되어야 하며, 특히 교수자는 가르치는 사람이 아니라 지원자, 촉진자로서의 역할을 수행해야 한다.

4 프로그램개발 실제 사례

평생교육프로그램 개발의 절차 및 모형은 앞서 살펴본 바와 같이 일반적으로 제시할 수 있지만, 개별 프로그램에 개발하는 것은 교육목적이나 교육내용, 기관의 여건에 따라 차별화될 수밖에 없다. 그러나 실제 개발된 사례를 참고하는 것은 큰 도움이 된다. 여기에 평생교육프로그램의 실제 사례를 예시하였다. 예시한 프로그램은 퍼실리테이터로서 평생교육자가 역할을 원만하게 수행하기 위해 기획한 프로그램을 일부 축약한 것이다.

〈표 9-2〉 1회기: 관계형성 및 기초 개념이해

<table>
<tr><th colspan="4">1회기 : 관계형성 및 기초 개념이해</th></tr>
<tr><td>활동목표</td><td colspan="3">• 학습자 간 그리고 교수자와 학습자 간의 상호 친밀감을 형성한다.
• 협의과정을 통해 학습과정에 대한 일반적인 규칙을 마련한다.
• 학습자의 학습동기, 목적 등을 바탕으로 프로그램에 대한 요구를 파악한다.
• 퍼실리테이터의 개념과 역할에 대해 공유한다.</td></tr>
<tr><td>진행방식</td><td>모둠 구성 및 상호 협의</td><td>소요시간</td><td>110분</td></tr>
<tr><td>과정</td><td>활동 내용</td><td>시간
(분)</td><td>수업도구/
시설</td></tr>
<tr><td>도입</td><td>• 각종 수업에 활용되는 기자재 및 시스템을 소개한다.
• 수업 참여가 각자에게 어울리는 긍정의 형용사를 상호 부여한다.
• 부여받은 형용사 중에 자신이 가장 마음에 드는 형용사를 선택하여 별칭으로 한다.
• 프로그램의 참여 동기 및 기대하는 것 등을 바탕으로 자기소개를 한다.</td><td>20분</td><td>프레젠테이션 시스템</td></tr>
<tr><td>전개</td><td>• 토의 · 토론과정에서 지켜야 할 규칙을 정한다.
• 자신에게 기대하는 사항, 상대방에게 기대하는 사항, 자신이 도움을 줄 수 있는 사항 등을 발표한다.
• 자신의 역할(퍼실리테이터)의 개념과 필요한 역량은 무엇인지에 대해 상호 협의한다.
• 퍼실리테이터로 역할을 할 때, 학습대상별 특징에 대해 알아야 할 사항을 분석한다.
- 연령별(유아, 초등, 청소년, 성인, 노인)
- 소득별(저소득, 서민층, 중산층)
- 문화별(단일문화, 다문화)</td><td>80분</td><td>강의실</td></tr>
<tr><td>마무리</td><td>• 이번 시간을 통해 새로 알게 된 점, 프로그램이 종료될 때 변화되었을 자신의 모습에 대해 발표한다.</td><td>10분</td><td>활동
포트폴리오</td></tr>
<tr><td>차시예고</td><td colspan="3">피드백 수업에 대한 안내</td></tr>
</table>

〈표 9-3〉 2회기: 피드백하기

2회기 : 피드백하기			
활동목표	• 발문의 적절한 활용과 학습자의 성찰을 지원하는 방법을 이해한다. • 학습자의 행동, 발언, 수행결과 등을 주의 깊게 관찰하고 공감하여 긍정적인 피드백을 할 수 있다.		
진행방식	모둠 구성 및 상호 협의	소요시간	110분
과정	활동 내용	시간(분)	수업도구/시설
도입	• 수업의 목표와 진행방법에 대해 설명한다.	20분	
전개	• 폐쇄형 질문과 개방형 질문의 예를 들어 발표한다. • 폐쇄형 질문과 개방형 질문의 장단점을 분석하고, 어떤 상황에서 사용하면 좋을지 협의한다. • 퍼실리테이터로서 학습자의 발언에 경청하고, 비언어적 메시지에도 주목해야 하는 이유에 대해 논의한다. • 비언어적 메시지에는 무엇이 있고 그것이 의미하는 것은 무엇인지 다양한 사례를 바탕으로 협의한다. • 학습자에게 전달할 수 있는 긍정적인 피드백은 무엇인지 논의하고 발표한다. - 발표에 대한 피드백 - 수업참여에 대한 피드백 - 수행과업에 대한 피드백 - 평가결과에 대한 피드백	80분	협의 활동지
마무리	• 이번 시간을 통해 새로 알게 된 점, 퍼실리테이터로 역할 할 때 적용할 점 등에 대해 발표한다.	10분	활동 포트폴리오
차시예고	시간관리 및 학습전략		

〈표 9-4〉 3회기: 시간관리 및 학습전략

3회기 : 시간관리 및 학습전략			
활동목표	• 학습자의 특성 및 요구를 바탕으로 학습시간을 관리하고 조절할 수 있도록 한다. • 선행조직자를 활용하여 학습내용의 전반적인 이해를 높인다.		
진행방식	애플리케이션을 활용, 개별 실습	소요시간	110분
과정	활동 내용	시간 (분)	수업도구/ 시설
도입	• 평생교육 강사로서 퍼실리테이터의 역할을 이해한다. • 자신의 학습전략을 소개한다.	10분	교재
전개	• 본인이 경험했던 효과적인 시간 조절방법과 학습전략을 사례를 바탕으로 공유한다. • 시간관리 기법인 시각적으로 시간 공지, 타임키퍼 선정, 평균진도 확인, 남은 시간 확인, 파레토 법칙 알기 등 시간 조절기법에 대해 안내한다. • 학습자가 학습한 내용을 구조화하고, 명료하게 요약하는 기법에 대해 안내하고 실습한다. • 실제 비주얼 씽킹 프로그램을 활용하여 학습한 내용을 이전 학습내용과 연계하여 모형화해 본다. • 선행조직자를 활용하여 학습내용을 정리할 때 특징과 주의할 점에 대해 토의한다. • 마인드맵 프로그램을 활용하여 학습내용에 대하여 핵심내용을 중심으로 구조화하여 요약·정리하는 기법을 익힌다.	90분	비주얼 씽킹/ 마인드맵 프로그램
마무리	• 이번 시간을 통해 새로 알게 된 점, 퍼실리테이터로 역할 할 때 적용할 점 등에 대해 발표한다.	10분	활동 포트폴리오

Chapter 10

성인학습방법

1 강의(강연)법

강의법은 평생교육 교수방법 중에서 가장 오래되고 전통적인 방식이자 가장 보편적으로 활용되는 방법이다. 강의법은 지식이나 기술을 강사(교수자)가 다중의 학습자에게 전달하고 이해시키는 학습방법이다. 평생교육 시설에서 행해지는 강좌는 기간이나 규모가 정형화되지는 않지만 대체로 50명 이내의 학습자를 수용하여 3~5회 내외로 진행하는 것이 통상적이다.

강좌는 단기 형태도 있지만 통상적으로 일정 정도의 커리큘럼을 가지고 수회에 걸쳐 진행된다. 강의법은 주로 어떤 것을 설명하거나 전달하는 이러한 강좌에서 활용된다. 반면에 강연은 특정 주제에 대하여 단기적으로 짧은 시간에 발표하는 형태로 그 규모도 100명 이상으로 크다. 강의는 내용면에서 학술적이고 실용적인 영역을 다루는 반면 강연은 자신의 생각과 견해를 발표하는 형식이다.

강연은 단시간에 마무리되기 때문에 강사는 보다 자신의 생각과 견해를 청중들을 좀 더 강하게 자극하고 고무시키는 것이 일반적이다. 강의와 강연은 그 형식과 내용에 있어 다소 차이가 있지만 일정 규모의 학습자를 대상으로 설명하거나 발표하는 형태라는 면에서 교수방법에서는 크게 차이가 없다. 여기서는 강의법과 강연법을 구분하지 않고 혼용하여 설명하였다.

강의법의 장점으로는 ① 지식이나 정보를 제공하는 효과적인 방법이다. ② 강의는 많은 청중에게 사실적인 정보를 전달하는 효율적인 수단이 될 수 있다. ③ 전달되는 지식이나 정보를 설명하고 제공하는 데 유용하다. ④ 주요 개념 간의 유사점과 차이점을 강조할 수 있는 유용한 방법이다.

강의법의 단점으로는 ① 강의를 통해 효과적인 학습이 이루어진다는 보장이 없고 학습자의 계속적인 주의 집중이 어려울 수도 있다. ② 강의는 기본적으로 수동적인 활동으로 학습자의 능동적 참여유도가 어려울 수 있다. ③ 강의는 학습자들의 다양한 능력에 대처할 수 없고 학습자들의 개인적 욕구 충족에의 한계가 있다. ④ 강의는 학습자의 아이디어를 분석하고 종합하는 데 도움이 되지 않고 개별 학습자에게 피드백을 제공하기 어렵다.

좋은 강사의 일반적인 특징은 최신 정보를 가지고 학습자들의 수준에 맞게 수업 구조화하고 적절한 도구와 방법을 활용하여 강의목표를 달성하는 것이다.

- 학습자가 명확하게 듣고 이해할 수 있게 한다.
- 자료를 명확하고 논리적으로 제시한다.
- 자료를 이해하기 쉽게 의미 있게 만든다.
- 일반적으로 쉽게 접근할 수 없는 자료가 포함되어 있다.
- 자신의 주제에 대한 전문 지식을 보여준다.
- 강의가 간결하고 적절한 속도로 강의한다.
- 주제 이론의 실제 적용을 보여준다.
- 강좌 전체가 강좌 목표와 일관성을 갖고 논리적 구조로 구성되어 있다.
- 학습자가 학습 주제와 관련한 기본 원리를 이해할 수 있도록 한다.
- 강의는 이전 학습을 지원하고 구축한다.

평생교육은 정규학교교육이 아닌 문화센터, 공공평생학습관, 민간평생교육원 등 비형식교육 기관에서 주로 행해진다. 비형식교육에 참여하는 성인학습자들은 일정 정도 참여에 자격이 주어지는 정규학교교육의 학습자와 차이가 있다. 비형식교육에 참여하는 성인학습자는 학교교육에 참여하는 학습자보다 문화적, 사회적, 경제적 배경이 다양할 뿐만 아니라 학습에 참여하는 동기와 목적 또한 다양하다.

평생교육 강사는 학습자에게 학습내용을 전달하는 것 못지않게 고려되어야 하는 것은 평생교육에 참여하는 학습자에 대한 이해이다. 학습자에 대한 이해는 학습자와의 긍정적 상호작용과 신뢰 관계 구축에 매우 중요하다. 첫째, 학습에 참여하는 성인들은 대체적으로 자발적 능동적이며 학습에 참여하는 동기가 명확하다는 것이다. 그들은 기꺼이 배우고 싶은 주제에 관심을 가지고 있다. 대체적으로 자신의 삶에 가장 도움이 되는 실용적 강의에 흥미를 가진다.

둘째, 평생교육에 참여하는 학습자들은 자신이 존중받고 있다는 느낌을 받기를 원하며 자신의 생각이나 의견이 인정받기를 원한다는 것이다. 강사가 유의해야 할 것은 성인학습자에 대한 이해와 존중이다.

셋째, 참여하는 학습자의 문화, 사회적 배경이 다양하다는 것이다. 다양한 형태의 학습자는 경험을 서로 공유함으로써 수업을 더 풍성하고 다양하게 만들 수 있는 장점이 있다. 반면에 수업의 목표 설정을 어렵게 할 수도 있고 수업이 산만하게 흐를 수 있다.

평생교육 강사가 유의해야 할 것은 학습자가 필요로 하고 바라는 것에 대해 잘 경청하는 것이 중요하다. 학습 내용뿐만 아니라 학습 분위기, 학습 문화, 과정 운영 정책 및 수강 절차 등 수업 이외의 내용에서도 학습자의 요구를 충족하는지 확인할 필요가 있다.

1) 강의 전 단계

앤더슨(Anderson, 2016)은 강연의 목적이 자기 홍보가 아니라 아이디어를 선물하는 것임을 기억하라고 말한다. 강사가 제공하는 정보는 새로운 것이어야 하며 청중이 시간을 들여 그 강연을 들을 만한 가치가 있어야 한다. 강사는 강의를 준비할 때 수강하는 학습자들의 직업, 나이, 학력, 경력 등을 파악하고 학습자들이 기대하는 것은 무엇인지, 사전지식이 얼마나 있는지, 무엇에 관심이 있는지를 파악하는 것이 좋다.

강연을 준비할 때도 강연을 듣는 청중에 대해 최대한 많이 알아내는 것이 중요하다. 청중의 연령, 직업, 직위 등 청중이 누구인가를 파악하는 것이 좋다. 효과적인 강연을 하려면 다룰 주제와 범위, 예시나 이야기를 하나의 연결된 구조로 만드는 것이 중요하다.

강사는 주어진 시간에 주제를 필요한 예와 함께 진정으로 설명할 수 있어야 한다. 강사는 강의의 목적, 목표 진술, 학습 결과 정의 등 준비된 커리큘럼 설계를 참조하여 강의 안을 구상할 필요가 있다. 강사는 강의 전에 자신의 강의를 축약하는 단어는 무엇이며 그 단어가 내 강의를 듣고 싶어 하는 사람을 설득할 수 있는가에 대해 생각하는 것이 중요하다.

강의는 논리적 순서를 따르는 것이 중요하다. 초보 강사나 처음으로 하는 과목이나 주제를 강의할 때는 강의순서를 생각하면서 그날 사용할 강의 자료에 자신의 아이디어, 최신 정보나 예시, 심지어 농담까지 적어두는 것이 좋다.

강사는 강의실에 일찍 도착하여 강의 전에 일부 학생들과 이야기를 나누거나 오디오, 비디오, 마이크 등 시청각 자료가 잘 작동되는지를 확인하는 것은 강의 전에 반드시 필요하다. 교실 PPT 화면에 감미로운 음악과 함께 그날의 학습 주제를 띄우면 수업 전 썰렁할지도 모를 교실 분위기를 바꿀 수 있다. 강의 시작 전에 학습자들과 학습자들의 관심이나 일상에 대하여 몇 가지 질문을 하는 것도 강의를 부드럽게 시작할 수 있게 하는 방법이다.

2) 강의 시작 단계

강의 시작 단계에서는 강사와 학습자 간은 물론 학습자 간에 친밀감과 유대감을 진작시키는 것이 좋다. 학습자와 강사, 학습자와 학습자 사이의 벽을 허물기 위해서 간단한 자기소개의 시간을 가지는 것도 한 방법이다. 자기소개는 자신이 수업에 참여하게 된 동기, 목적, 자신이 하고 있는 일을 중심으로 1분 내외로 하는 것이 좋다. 학습자 간의 관심과 가치, 성격과 태도를 파악하기 위하여 공통분모 찾기, 학습과 관련한 간단한 퀴즈

맞히기 등이 벽을 허무는 방법이 될 수 있다. 학습자와의 벽허물기는 지루하지 않게 창의적인 방법으로 진행하여야 한다.

강연에서 시작 단계는 일반적인 강의에서 보다 중요하다. 강연에서는 시작 단계에서부터 사람들을 사로잡는 오프닝이 필요하다. 강연 시작단계에서는 드라마의 첫 장면이 시청률을 좌우하듯 강의를 시작하는 첫 마디가 중요하다.

청중을 궁금하게 만드는 것도 필요하다. 호기심은 청중을 끌어당기는 자석이다. 임팩트가 있거나 흥미로운 사진이나 영상을 보여주는 것도 청중의 흥미를 끄는 최고의 오프닝이 될 수 있다(Anderson, 2016). 강연자는 연단에 설 때 항상 청중을 끄는 자기만의 팁을 가지고 있어야 한다.

강사는 학습자와의 친밀감과 학습자에 대한 관심과 존중이 필요하지만 동시에 학습자가 강의에 적극적으로 참여하도록 학습자를 통제하는 것도 중요하다. 이를 위해 강사는 경청하기, 휴대폰을 끄기, 다른 사람에 대한 존중과 같은 수업에서 반드시 지켜야 할 간단한 규칙을 정하는 것이 좋다. 또한 적극적인 학습 참여자에게 강사가 제공할 여러 형태의 서비스 이용권을 미리 설명하는 것도 학습자들의 동기부여에 도움이 될 수 있다. 이러한 강의 초반의 활동은 이후 수업의 분위기와 상호작용을 활발하게 이끌 수 있다.

3) 강의 중 단계

강사는 강의할 내용을 설명할 때 시청각 자료를 사용하여 흥미를 더하고 중요한 요점을 강조하는 것이 중요하다. 강의 속도는 너무 처지지 않게 속도감 있게 진행하는 것이 좋다. 강사의 음성과 표정, 자세는 강사의 열정과 자신감을 나타내며 학습자에게 신뢰를 준다. 강사의 적당한 톤의 음성과 명확한 발음, 품격 있는 언어 구사는 학습자에게 신뢰감을 주고 강의에 집중하게 한다.

강의 중 강사에게 필요로 하는 기술은 ① 명확성, ② 관심 끌기, ③ 논리성, ④ 학습자와의 관련성, ⑤ 중요 포인트 강조, ⑥ 적절한 예시 들기, ⑦ 다이어그램이나 일러스트레이션 제시하기, ⑧ 적절한 어휘 사용하기, ⑨ 학습자 질문에 응답하기 등이다.

강사의 시선은 한곳에서만 머물지 않고 일정 범위 내에서 자연스럽게 움직이되 너무 산만하게 보이지 않는 것이 좋다. 강사는 아래, 천장, 밖, 시계 등에 시선을 두면 안 되며 한곳에 시선이 오래 머물기보다는 공간을 가운데, 좌, 우로 시선을 분산하는 것이 좋다. 또한 강사는 강의 중간에 중요한 요점을 강조하는 것이 중요하다. 요점을 정리할 때에 자료를 읽는 방식은 피해야 한다.

앤더슨(2016)이 제시한 강연을 잘하기 위한 팁은 다음과 같다.

- 처음부터 청중과 눈을 마주치라. 청중이 판단을 내리기 위해 사용하는 단서는 종종 놀라울 정도로 가볍다.
- 자신의 취약점을 드러내라. 청중을 무장해제하는 가장 좋은 방법 중 하나는 먼저 자신의 취약성을 드러내는 것이다.
- 청중을 웃게 만들어라. 유머는 청중을 당신과 함께할 수 있는 훌륭한 방법이다. 특히 돌발 상황을 대비해 재미있는 발언을 준비하는 것이 좋다.
- 스토리텔링을 활용하라. 스토리텔링은 연설의 맥락을 훌륭하게 설정하고 사람들이 주제에 관심을 갖도록 만들 수 있다.
- 강사가 정치적, 종교적 견해를 들어내면 강연의 목적은 무시되고 사람들은 다른 방식을 택할 수도 있다.

강사는 학습자들의 이해 정도와 학습하려는 동기에 민감해야 하며 비유를 사용하여 학습자에게 친숙한 것으로 새로운 개념을 설명하는 것이 좋다. 학습자의 특성에 따라 차이가 있지만 다양한 학습 활동을 사용하여 참여를 유도하고 활동 없이 계속 강의하는 것은 지양할 필요가 있다. 강의 중에 학습자에게 열정과 상상력을 보여주고 학습자가 배우도록 영감을 주고 동기를 부여하도록 하는 것이 중요하다. 강연자는 엉뚱한 발언이나 모욕적인 말은 삼가야 한다. 또한 폭력과 굶주림 등 끔찍하고 무거운 주제를 다룰 경우에는 청중이 불편함을 감수하고 기꺼이 들을 준비가 있는지를 먼저 파악하는 것이 좋다.

4) 강의 마무리 단계

강의의 마무리는 강의 시작만큼 중요하다. 강의 마무리 단계에서는 강의 목표를 명확히 하고 참가자들에게 이미 다룬 내용을 상기시키고 요점을 끌어낸다. 학습자에게 핵심 요점을 말하게 몇 분 정도 허용할 수 있다. 앤더슨(2016)이 제시한 강연을 마무리할 때 고려할 점은 다음과 같다.

- 강의가 특정 부분을 설명하는 데 할애되었다면 마지막에는 영감을 줄 수 있는 더 크고 넓은 것을 보여주면서 마무리하는 게 좋다.
- 청중에게 강력한 아이디어를 주었다면 그에 따라 행동하도록 유도하는 것으로 끝내는 것이 좋다.
- 자신의 강의에 대한 요점을 설명하고 제시한 사례를 간략하게 재구성하는 것이 좋다.
- 영감을 주거나 희망적인 비전을 주는 것이 좋다.
- 마음의 문제를 깊숙이 두드리는 시적인 언어로 끝맺는 것이 좋다.

강의가 끝날 때 주제에 대해 학습자들에게 간단한 테스트는 학습자들이 학습을 유지하는 데 도움이 된다. 학습자에게 새로운 자료와 상호작용할 수 있는 기회를 제공하기 위하여 다음 차시 강의를 소개한다. 강사가 마지막으로 한 말은 학습자들이 수업 가운데 가장 오래 기억하기 때문에 마무리 말은 잘 준비해야 한다.

2 조직(팀)학습

기존의 학습개념이 개인적 수준의 적응과 변화에 주의를 기울였음에 반해, 조직학습은 학습의 단위로서 조직을 상정한다. 조직은 지능을 가지고 환경에 적응해 가는 유기체이며, 유기체로서 조직은 학습을 통해 진화한다. 지식은 조직이라는 사회단위의 사회적 구성물이며 개인은 조직이라는 사회적 맥락에서 학습한다. 조직학습에서 지식은 학습주체 외부에 고정된 객체로서 존재하는 것이 아니라, 조직 구성원들이 집단 학습을 통해서 창출하고 공유하는 과정에서 유기체처럼 성장하고 소멸하는 것으로 상정된다.

조직학습의 출발은 1980년대부터 기업을 중심으로 조직적인 성과, 경쟁력 및 성공을 증대시키는데 있어 학습의 잠재력을 인식하기 시작하면서부터 시작되었다. 1990년대 글로벌 경쟁에서 살아남기 위한 기업의 창조와 혁신의 한 형태로 학습조직이 활성화되었고 관련한 연구도 활발하게 진행되었다.

조직학습은 지식과 아이디어를 다른 사람들과 공유해야 한다는 것을 의미하며 학습조직 개념에서 출발한다. '학습조직(learning organization)'에 대한 개념은 1978년 하버드대 아지리스(Argyris)와 MIT대 숀(Schön)에 의해서 시작되어 센게(Senge)에 의해 정립되었다. 센게(Senge, 1990)는 학습조직과 관련해서 제시한 유명한 제5의 원칙(five disciplines)을 제시하였다. 제5 경영이라고 번역된 이 책에서 그는 학습조직의 특성을 시스템적 사고에 입각하여 체계적 접근을 시도하였다. 그는 학습조직을 실천하기 위해 ① 시스템 사고, ② 개인적 숙련, ③ 정신모델, ④ 공유비전, ⑤ 팀 학습을 조화롭게 발전시키는 것을 다음 [그림 11-1]과 같이 제시하였다.

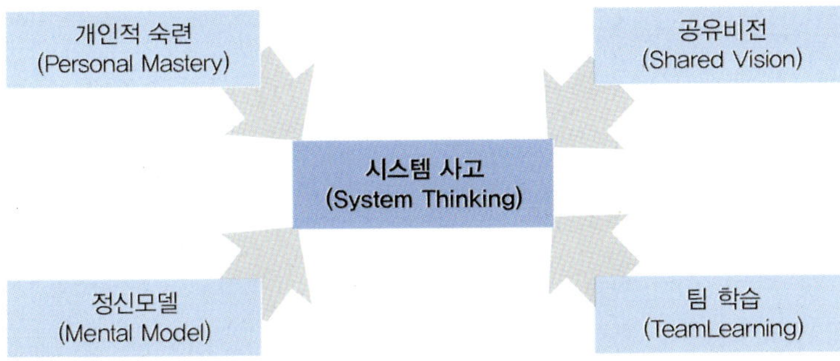

[그림 10-1] 학습조직의 다섯 가지 원리

출처: Senge(1990).

첫째, 시스템 사고(systems thinking): 시스템 사고는 사물의 복잡성과 상호관련성을 이해하는 종합적, 통합적 사고를 통해 문제를 진단하고 처방한다는 것을 의미한다. 부분적인 현상보다 전체와 전체에 포함된 부분들 사이의 역동적 관계를 이해하는 데 초점을 둔다.

둘째, 개인적 숙련(personal mastery): 개인적 숙련이란 개인의 비전을 수립하고 그것을 심화, 확장하기 위해 지속적으로 학습하는 과정에서 추구되는 것이다. 학습의 주체는 조직이 아니라 개인이므로 조직은 학습하는 개인들을 통해서만 배울 수 있다.

셋째, 사고모델(mental model): 사고모델이란 우리가 세상을 이해하고 우리의 행동을 취하는 방법에 영향을 미치는 생각이나 개념이다. 조직 내에서 훌륭한 아이디어들이 실행에 옮겨지지 않는 이유는 개개인의 머릿속에 내재된 사고방식과 대치되기 때문이다. 사고모델은 개인수준에서도, 혹은 조직수준에서도 존재하는 데 이 양자를 일치시키는 것이 중요하다.

넷째, 비전의 공유(shared vision): 조직 전체에 걸쳐 공감대가 형성된 목표와 가치가 없다면 지속적인 성과를 달성하기 어려움. 비전이 명확할 때 사람들은 누가 지시하지 않아도 스스로 성과를 내고 배우고자 노력하게 된다. 비전은 조직 구성원들 간에 공유되어야 할 학습의 가치이자 헌신(commitment)이다. 조직의 비전은 개인 비전의 지속적인 발현 과정에서 적극적으로 결합되는 것으로 구성된다.

다섯째, 팀학습(team learning): 팀 학습은 성장과 성취를 위한 특별한 장치이자 전략이다. 팀 학습은 어떤 한 개인의 지적능력보다도 팀의 가치를 생산해 내기 위해 개인의 가치를 연계시키며 모두가 원하는 결과를 달성하기 위해 팀의 능력을 개발시킴에 의해서 성취된다. 팀 학습이 이루어지기 위해서는 대화가 자연스럽게 이루어져야 한다. 대화는 팀 내 복잡한 주제를 각기 다른 관점에서 접근할 수 있도록 해주고, 보다 큰 목표를 이루기 위해 서로를 연결시키는 역할을 한다.

조직학습은 위계적 조직운영이 아니라, 모든 구성원들의 학습의욕과 능력을 증대할 수 있는 방법을 모색하는 것이다. 조직학습은 구성원이 조직 전체를 변화시키는 중심이며 현재에 대한 대처뿐만 아니라 미래에 대한 대처까지 이끄는 것이다. 조직학습의 장점은 다른 사람들의 지식과 아이디어를 교환함으로써 자신의 인식을 확장할 수 있다. 또한 집단으로 작업할 때 집단 구성원의 다양한 강점을 활용하고 자신의 역량을 확대시킴으로써 혼자서 완료할 수 있는 것보다 더 광범위하고 고품질의 성과를 생성할 수 있다. 학습조직은 형성단계-규범화 단계-결합단계-수행단계를 거친다.

첫째, 형성단계는 조직을 형성하는 단계로 집단의 크기는 5명에서 10명 이내로 하는 것이 일반적이지만 어느 규모가 효율적인지는 집단의 성격에 따라 다룰 수 있다. 집단의 크기는 특히 구성원 간의 상호작용에 영향을 미친다. 형성단계에서는 아이디어, 생각 및 신념을 공유하고 조직의 과제를 생성한다. 리더는 집단의 명확한 목표를 세우고 구성원들이 함께 목표를 공유할 수 있도록 노력해야 한다. 이때 조직의 목표는 단순히 개인 목표의 합이 아니며 조직의 구성원 모두에게 바람직한 상태를 의미한다.

둘째, 규범화 단계는 집단의 공유 규범(집단 규칙)을 개발하는 것이다. 규범(norms)은 조직 체계를 유지하기 위해 어떻게 행동해야 하는가에 대해 규정하는 것이다. 조직 규범은 구성원 각자가 어떻게 행동해야 하는지, 자신을 어떻게 통제해야 하는지를 규정하는 것뿐만 아니라 의견 차이를 해결하기 위한 방법 등을 규정하는 것도 포함될 수 있다. 규범은 확고하게 고정된 것이 아니라 학습과정에서 리뷰되고 평가됨으로써 변화되거나 새롭게 형성될 수 있다.

셋째, 결합단계는 구성원 간의 갈등을 극복하고 목적을 향해 능동적으로 움직이게 하는 것이다. 집단학습은 다양한 문화적 지향을 가진 사람과 업무 습관을 가진 사람들이 함께하는 경우가 대부분이다. 학습자들이 이러한 문화적 다양성을 수용하고 학습자 간의 차이를 이해하고 극복하는 것이 중요하다. 구성원 간의 결합에서 집단 정서는 매우 중요하다. 집단 정서는 집단 구성원들 사이에서 느끼는 구성원들의 감정 집합을 말한다. 다른 사람들의 존재 속에서 함께 느끼는 공포, 사랑, 분노, 좌절, 즐거움, 만족 등은 집단정서를 구성하는 요소들이다.

넷째, 수행단계는 정해진 작업을 수행하기 위해 팀으로 함께 작업하는 단계이다. 집단학습의 성공 여부는 대부분 구성원 간의 상호작용, 그중에서도 의사소통에 달려 있다고 할 수 있을 만큼 의사소통이 중요하다. 집단 내에서는 자신의 의견을 표명하는 것이 편안하다고 느끼고, 자신의 의견이 경청될 것이라고 느끼는 것이 중요하다. 마찬가지로 자신도 누군가의 견해를 존중하고 다른 사람들의 말에 귀를 기울여야 한다.

조직에서 지식은 공동화, 표출화, 연결화, 내면화 등의 상호전환 과정을 통해 개인적 지식에서 집단적 지식으로, 그리고 역으로 집단적 지식에서 개인적 지식으로 순환하면서 발전하는 과정을 거친다(Nonaka & Konno, 1998). 조직학습의 성공 요인은 ① 구성원들이 집단의 문제해결 관심 가짐, ② 상호 간에 더 자유롭게 의사소통 함, ③ 자주 서로에게 친근한 감정표현 함, ④ 기능분배를 통해 활동을 조직화하는 데 있다. 반면에 악화 요인은 집단 구성원들이 그룹 과제에 무관심하고 구성원 간 불만족 및 갈등이 발생할 때이다.

조직학습에서 대인 관계 기술과 효과적인 의사소통은 매우 중요하다. 의사소통에 중요한 것은 분위기이다. 협력적이고 포용적 분위기는 소속감, 의무감, 긍지, 신뢰 정서적 안정을 준다. 반면에 폐쇄적이고 부정적 분위기는 소외, 남 탓, 사기저하, 처벌, 뒷담화, 분열이 나타나게 된다. 팀원들에게 생각과 느낌을 자유롭게 표현할 수 있는 환경, 상호신뢰와 존중의 분위기는 심리적 안전감(safety)을 느끼게 된다. 팀 리더는 비판적 의견 수용하고 편향성이 없는 동등한 정보의 흐름을 유지하는 것이 좋다.

팀의 리더는 집단 구성원의 다양한 형태에 적절하게 대응해야 집단이 악화되는 것을 막고 집단의 목표를 달성할 수 있다. 팀 학습(team learning)에서 가장 중요한 것은 대화와 토론이다. 대화를 통해 서로의 사고 속에 있는 불일치를 드러내도록 돕고, 서로의 사고는 더욱더 일치하게(coherence) 된다. 대화의 핵심은 몇몇 추상적인 일치의 이상을 추구하는 것이 아니라 모든 참여자가 모든 가능한 불일치의 형태에 민감해지도록 함께하는 것이다.

팀의 리더가 해야 할 커뮤니케이션 활동은 질문하기, 적극적 경청, 건설적인 피드백 주기, 감정 다루기가 있다. 질문하기에서 팀 리더는 팀 전체에게 질문하며 찬반 양론에 관한 토론 유도한다. 이럴 때 질문에 대답할 시간 주는 것이 필요하다. 적극적 경청은 단지 듣는 것이 아니라 메시지를 보내는 사람에게 피드백 전하는 것이 포함된다. 이때 커뮤니케이션의 최대의 장애는 평가하는 것이다. 미래에 초점을 두고 건설적인 피드백이 중요하다. 구체적인 행동, 학습과 문제해결에 초점을 맞추는 것이 좋다. 감정 다루기는 팀 내 감정 처리하는 것이다. 중립 지키며 팀원들의 감정을 이해하는 것이다.

팀의 리더가 처할 수 있는 커뮤니케이션 상황에 대한 대처법은 다음과 같다.

① 모든 것을 알고 있다고 생각하고 자신의 경험을 다른 사람들이 알려주려 한다. 이 경우에는 모든 사람이 경험과 지식을 공유하면 더 많이 배우게 될 것이라고 의견을 표시한다.

② 다른 사람을 비난하고 다른 사람에게서 잘못을 찾는다. 이런 사람에게는 구성원들이 문제에 대해 구체적으로 이야기하도록 하고 집단

이 긍정적인 해결책을 생각하도록 제안한다.

③ 토론 중에 농담하거나 짜증 나는 말을 하여 조롱한다. 이런 사람에게는 집단은 작업을 완료하기 위해 계속 전진해야 한다고 말하고 진지함을 요청한다.

④ 공격적이고 적대적으로 문제를 제기한다. 그가 지적한 문제를 강하게 느끼고 있음을 인정하고 의견을 듣기 위해 초대하지만 최후의 수단으로 집단에서 나가도록 요청한다.

조직학습에서 학습은 개인적 차원이 완성된 다음, 조직적 차원으로 넘어가는 순차적인 것이 아니라 그 시작부터 구성원 간의 상호작용에서 출발하는 것이다. 개인의 능력은 집단 내 다른 구성원의 학습 결과를 내면화하는 것에서부터 출발하여 참여자들 간의 서로 다른 관점을 매개한다.

3 퍼실리테이션

퍼실리테이션(facilitation)은 일반적으로 사람들이 함께 일을 함에 있어 일반적인 문제들을 최소화하고 그들의 업무를 돕도록 구조화되고 프로세스화 되어 있는 디자인(설계)과 관리방법으로 정의된다(Haskell, 2011). 퍼실리테이션은 조직 내에서 효과적인 성과창출을 위해 업무를 진행하는 기본단위가 팀으로 이루어지면서 이러한 소집단을 구성하는 다양한 구성원들 간의 협업을 통해 과제의 목적을 달성하고 조직의 성과를 창출하기 위한 방법으로 주목받았다(Rogers, 2002). 퍼실리테이션은 조직학습에서 집단이 문제를 해결하도록 조력하고 그들의 학습을 촉진하기 위한 교육방법이라고 할 수 있다.

퍼실리테이션은 대부분 사람들과 함께하는 학습에서 이루어진다. 퍼실리테이터는 팀이 그들의 목적을 효과적으로 달성할 수 있도록 능숙하게 촉진하고 지원하는 전문가이다. 따라서 퍼실리테이터의 역할은 사람과의 관계나 상호작용에 관한 것이 중요하게 부각된다. 퍼실리테이터의 자세를 영문의 약어인 SALT로 요약하면 다음과 같다(Campbell, 1999).

첫째, S: strength focussed(강점 중심)

퍼실리테이터는 사람들이 스스로 역량과 자원을 발견하고 표현하고 활용할 수 있도록 돕는 것이다. 퍼실리테이터는 사람은 힘이나 능력을 가지고 있다는 믿음을 가져야 한다. 퍼실리테이터는 사람들의 강점이 도전이나 문제를 해결하는 데 어떻게 사용될 수 있는지 초점을 맞추어야 한다.

둘째, A: accompanying(동행)

퍼실리테이터는 구성원들과 함께해야 한다. 누군가와 동행한다는 것은 그들과 여정, 과정 또는 전환을 공유하는 것이다. 이것은 위계질서나 전문성 수준이 아니라 상호 신뢰와 배우고자 하는 욕구에 기반한다.

셋째, L: learning(학습)

퍼실리테이션은 서로에 대해 배우고 함께하는 사람들로부터 배우고 함께 변화하는 것이다. 퍼실리테이터는 희망적인 변화를 자극하고 다른 사람의 학습을 촉진하면서 서로에 대해 배우고 자신에 대해서도 알게 된다.

넷째, T: transformation(전환)

퍼실리테이터는 학습자가 스스로 변화할 수 있도록 유도하고 변환의 경험은 다른 사람들과 공유되고 조정되도록 한다.

퍼실리테이션은 단순한 하나의 문제나 사건이 아니라 관계의 전체 과정이라고 할 수 있다. 퍼실리테이션에서 중요한 것은 팀원들과의 커뮤니케이션이다. 훌륭한 퍼실리테이터는 감정이 풍부하고 중립적이고 인격적이고 진실하여야 한다. 특히 지역사회의 문제에 관여하는 퍼실리테이터는 그 내용에 대해 중립적이어야 하며 자신의 의제나 관점을 강요하지 않아야 한다. 그렇지 않을 경우 퍼실리테이터의 자세나 시각에 따라 문제해결보다는 그 집단에 존재하는 근본적인 사회적, 관계적 및 철학적 문제를 악화시킬 수도 있다.

워데일(Wardale, 2008)은 퍼실리테이터가 가져야 할 특성을 다음과 같이 정리하였다.

첫째, **겸손**(humility): 퍼실리테이터는 자신이나 자신의 신념을 그룹에 투사하지 않는 것을 포함한다. 겸손은 고객이나 학습자 등(client)과 긍정적 관계를 형성하고 유지할 수 있는 역량이다.

둘째, **유연성**(flexibility): 유연성은 다른 사람의 프로세스 접근 방식을 시도하고, 퍼실리테이터는 멘토와 리더 또는 콘텐츠 전문가 역할까지 포함된다. 유연성은 참여적 분위기를 조성할 수 있는 역량이다.

셋째, **성실성**(sincerity): 성실함은 퍼실리테이터가 진정으로 행동하는 것과 관련이 있다. 진정성, 현실성, 공감으로 제시되기도 한다. 집단의 창의성을 촉진할 수 있는 역량이다.

넷째, **전문성**(professionalism): 퍼실리테이터의 전문성은 사전 지식뿐만 아니라 학습자(고객) 사이에서 발생하는 다양한 감정을 다룰 준비가 되어 있어야 한다.

다섯째, **자각**(awareness): 자각은 퍼실리테이터의의 가치와 신념이 토론이 진행되는 방식에 차이를 만든다는 것을 비판적으로 인식하는 것과 관련이 있다. 집단의 효과적인 결과를 도출할 수 있는 역량이다.

캠벨(Campbell, 2000)은 Facilitator(촉진자)와 Trainer(훈련사)의 차이를 다음 〈표 10-1〉과 같이 제시하였다.

〈표 10-1〉 촉진자와 훈련사의 차이점

Facilitator (촉진자)	Trainer (훈련사)
• 전략적 질문을 사용하여 정보 탐색 • 작업 방식을 배우고 적응함. • 참여자의 지식을 도출하고 종합하는 작업	• 정보 전달 • 지식 부족을 채움.
• 참여자와 함께함 • 참여자와의 동등한 관계 • 모두의 완전한 참여 보장	• 참가자와 트레이너 간의 차이점을 강조 • '트레이너-학습자' 관계 유지 • 모든 정보가 전달되도록 함.
• 의사결정을 함께 공유 • 모두 함께 성공을 측정	• 트레이너가 결정을 내림 • 트레이너에 의해 성공을 측정
• 대화가 자유롭게 흐르는 편안하고 비공식적인 환경을 만듦. • 퍼실리테이터가 모든 답을 가지고 있지 않다는 것을 인정	• 사람들을 특정 사고방식으로 인도 • 참여를 위한 공식적인 환경을 만듦 • 트레이너는 모든 질문에 대답할 수 있다고 믿음.
• 인적 역량개발의 공통 기반 형성 • 촉진 과정에서 예상치 못한 결과가 나타날 것을 고려함.	• 작업할 일련의 의제를 개발 • 정해진 성과를 위한 노력과 콘텐츠 확산
• 참가자들 사이에 공동체 의식과 소속감을 조성 • 대화와 더 넓은 학습 네트워크 내에서 사람들 간의 연결을 구축	• 참가자를 자율적인 사람으로 봄. • 훈련 과정과 학습자를 별도로 생각

퍼실리테이션은 공식적인 교육환경에서의 보다 다양한 형태의 교육이 증가하는 현실에서 그 필요성이 점증하고 있다. 퍼실리테이터의 역량은 조직의 성과창출에 영향을 미친다. 좋은 퍼실리테이터는 평생교육현장이나 지역사회에서 학습자의 학습을 촉진한다. 퍼실리테이션 개념은 지식을 가르치는 것에서 학습을 촉진하는 활동이며 이는 성인학습개념과 맥을 같이 한다.

성인학습은 일방적인 지식 전달이 아니라 학습자의 요구와 동기를 촉진하고 학습환경과 분위기를 조성하여 학습자들이 스스로 그들의 성장을 이끌게 하는 것이다. 평생학습에서의 퍼실리테이터는 지시하거나 관리하거나 학습자가 무엇을 배우게 되는가에 관한 생각을 억지로 강요하지 않고, 학습자가 하고 싶은 것에 도움을 주는 사람이다.

평생교육 담당자는 각종 기관에서 다양한 형태로 평생교육에 참여하는 학습자들을 학습목표에 도달할 수 있도록 안내하는 퍼실리테이터로서의 역할을 요구받는다(백수정, 2013). 퍼실리테이터는 사람들의 관심사를 찾고 자원을 찾고 활용할 수 있도록 돕는 것이다. 퍼실리테이션은 희망적인 변화를 자극하는 것이며 서로에 대해 배우면서 함께 변화하는 것이다. 퍼실리테이션 역량은 집단의 의제나 문제해결을 위해, 평생학습자의 학습자의 학습 촉진하기 위해 평생교육 담당자뿐만 아니라 집단의 리더가 갖추어야 할 역량이다.

4 자기주도학습 방법

자기주도학습은 '학습 활동의 전반에 대한 지속적인 반성과 점검을 수행하는 학습', '학습의 결과에 대해 스스로 평가하고 의미를 찾는 학습'이 될 수 있도록 하는 일련의 활동이다. 자기주도학습을 할 때 학습자는 스스로 ① 내가 원하는 것은 무엇인가? ② 내가 학습을 함으로써 얻을 결과는 어떤 모습인가? ③ 학습을 위해 내가 필요로 하는 것은 무엇인가? ④ 내가 사용할 수 있는 자원은 무엇인가? ⑤ 내가 고려해야 할 제약은 무엇인가? ⑥ 내가 할 수 있는 것은 무엇인가? ⑥ 그렇다면 내가 어떤 방식으로 시작할 것인가?를 질문한다(Candy, 1991).

놀즈(1975)는 자기주도학습 과정을 6단계로 제시하였다. 그는 학습자가 주도적으로 자신의 학습요구를 진단하고, 학습 목표를 설정하고, 학습을 위한 인적 및 물적 자원을 확인하고, 적절한 학습을 선택하고 실행하는 과정을 설명하였다. 그의 자기주도학습 모델은 ① 학습 분위기 조성, ② 학습 욕구 진단, ③ 학습목표 형성, ④ 학습을 위한 인적, 물적 자원 설정, ⑤ 적절한 학습 전략 선택과 실행, ⑥ 학습 결과물 평가로 이루어져 있다.

첫째, 학습 분위기 조성은 무조건적 긍정적 관심, 정직하고 개방적인 피드백, 타인의 생각과 의견존중을 들 수 있다. 이것은 인간과 인간 사이에 존재하는 상호성과 비공식성의 조건이 결합되기 위한 지원을 의미한다.

둘째, 학습욕구를 진단한다는 것은 학습자 스스로 어떤 것을 배워야 하는가를 진단하는 것이다. 교사가 학습자의 결핍과 욕구를 진단하고 그에 대한 처방을 내리는 하향적 접근이 아니라 학습자가 스스로 자율적으로 진단하는 것이다.

셋째, 학습목표 형성은 학습의 시작단계에서 무엇을 학습할 것인가의 설정하는 것이다. 학습자는 교사에 의존하기보다는 자율적으로 진단한 욕구를 구체적인 학습목표를 설정하는 것이다.

넷째, 학습을 위한 인적, 물적 자원을 설정하는 것이다. 학습목표를 달성하기 위해 요구되는 학습 활동과 학습 경험에 필요한 학습 자료를 확보하고 조직, 계획하는 것이다.

다섯째, 적절한 학습 전략 선택과 실행이다. 학습자가 계획한 학습을 실천에 옮기는 것이다.

여섯째, 학습 결과물을 평가하는 것이다.

자기주도학습은 다른 사람의 도움이 있든 없든 개인이 주도적으로 학습요구를 진단하고 학습 목표를 설정하며 학습, 선택 및 학습을 위한 인적 및 물적 자원을 식별하고 적절한 학습 전략을 실행과 학습결과를 평가하는 것이다. 자기주도학습이 학습자가 목표를 정하는 일에서부터 평가에 이르는 일련의 학습과정이라고 할지라도 교수자의 역할이 축소되는 것은 아니다.

교사는 학습을 촉진해야 하며 학습 과정에 학습자를 적극적으로 참여시켜야 한다. 교수자는 개별학습자의 상황을 잘 이해하여야 하며 학습가가 필요로 하고 바라는 것에 대해 더 잘 경청해야 한다. 또한 교수자는 학습을 촉진하는 요인과 학습상황에서의 맥락에 대하여 잘 이해하는 통찰력 있는 능력이 더 요구된다. 자기주도학습에서 공통적으로 제시되는 교수학습의 기본 원리를 정리하면 다음과 같다.

첫째, 학습자에게 자유와 함께 책임감 부여하는 것이다. 교수자는 학습자 상황에 맞는 방향 설정과 선택을 할 수 있도록 한다. 자신의 욕구를 자율적으로 진단할 수 있도록 하고 학습목표를 설정할 때부터 학습자를 참여시킨다.

둘째, 학습내용은 강요된 요구가 아닌 스스로의 요구에 의해서 정하는 것이다. 학습의 내용과 수준이 교수자의 기대에 미치지 못하더라도 학습자의 선택을 존중하여야 한다. 교육방식도 규격화된 방식이 아니라 학습자 개인의 지적 탐구심과 열정에 기초한 다양한 방식이 채택되어야 한다.

셋째, 교수-학습과정은 민주적 원리가 적용되어야 한다. 민주적 원리는 개방적이고 수용적인 학습 분위기, 상호 존중과 상호 격려하는 풍토, 타인들로부터의 존중과 관심이 학습 과정 속에 자연스럽게 형성되어 있어야 한다는 것을 의미한다.

여기에서는 자기주도학습을 학습자가 자기주도적으로 되기 위한 교수자의 역할을 중심으로 자기주도학습의 학습목표 설정 단계→학습과제 설정 단계→학습수행 단계→학습평가 단계로 구분하여 제시하고자 한다.

1) 학습목표 설정 단계

자기주도학습의 출발은 학습목표를 설정하고 학습에 필요한 요소를 찾는 것이다. 학교교육과 같은 체계적이고 구조화된 학습에서도 자기주도학습 방법은 적용될 수 있다. 자기주도학습 능력은 성인교육의 핵심적 교육원리로 제기되어왔고 1995년 5 · 31 교육개혁에서 자기주도학습 능력 향상이 강조된 것처럼 우리나라의 초 · 중등 교육개혁에서 빠지지 않고 등장하는 개념이다.

성인학습에서는 구조화되지 않거나 제도적으로 통제되지 않은 교육에서 발생하는 경우가 많기 때문에 학습목표 설정 단계에서는 학습자의 학습 동기가 무엇보다도 중요하다. 성인의 동기는 목표 설정, 특정 활동 전반에 걸친 주의 유지, 목표 달성을 위한 노력과 인내로 귀결된다. 성인학습자들이 배우도록 동기를 부여하는 것은 무엇인가? 성인학습자는 왜 배워야 하는지(학습의 이유)와 무엇을 배워야 하는지(직장과 실생활에서의 적용 가능성)가 동기 형성에 있어서 중요하다.

학습주제가 관심 분야를 충족하면 학습에 관심을 가지게 되고 배우고자 하는 의욕이 높아진다(Kendall, et al., 2012). 다른 한편으로 교육과정이나 주제에 대한 의미 없이 일상의 변화에만 몰두하는 사람들도 존재한다. 일상에서 벗어나 다른 일상의 사람들의 삶에 대한 관심을 가지는 것도 학습동기의 하나가 될 수 있다. 사람들을 만나고 접촉을 쌓고 우정을 쌓으려는 사회적 관계가 성인이 교육에 참여하도록 하는 동기가 되기도 한다. 교수자는 성인들에게 수업이 목표 달성에 어떻게 도움이 되며 직장이나 실생활에 어떻게 유용할 것인지를 제시해 주어야 한다(Knowles, 1980).

2) 학습과제 설정단계

자기주도학습 단계의 두 번째는 학습목표 도달을 위해 학습자에게 부과되는 학습과제를 선정하는 것이다. 학습과제 선정은 학습과정을 규제하는 것이 아니라, 자신이 처하고 있는 상황과 환경에 따라 융통성 있게 학습활동을 조정해나가는 것이다. 학습자가 본인의 상황에 맞는 방향설정 및 선택으로 학습과정에서 학습동기가 증가될 수도 있다. 교수자는 학습자들에게 학습이 일어나는 여건들을 마련하고, 새로운 자원을 이용할 수 있도록 하는 등 새로운 학습욕구를 불러일으킬 수 있는 환경을 마련해 주는 것이 중요하다.

학습과제는 학습자 스스로 설정하는 것이 가장 이상적이지만 그렇지 않은 경우에도 학습자의 수준에 맞게 설정되어야 한다. 과제 선정의 수준이 다른 사람들에게 수용되지 않은 낮은 수준이라 할지라도 과제가 수용되고 목표가 달성되는 과정에서 더 높은 도전에 대한 자신감을 갖게 한다. 특히 교수자는 학습자가 따라야 할 기초적인 지침을 제공하고 학습자료를 찾거나 학습전략을 선택하는 데 도움을 제공함으로써 더 나은 자기주도적 학습자가 될 수 있도록 지원해야 한다.

무엇을 학습할 것인가는 학습의 시작단계에서는 불명확할 수 있으나 점차적으로 정교화과정을 거칠 수도 있으며 총체적인 학습목표의 재형성도 가능하다. 교수자는 학습자가 자신의 학습경험에 대한 만족감과 자신감을 가질 수 있도록 학습과제를 조정하고 학습자의 개인차에 기인하여 자원을 제공하며 적절한 자극을 통하여 학습동기가 지속되도록 해야 한다.

3) 학습수행 단계

학습수행 단계에서는 자기주도학습의 촉진을 위한 다양한 요소를 활용하는 것이다.

첫째, 학습자의 참여 풍토 조성이 중요하다. 학습 분위기를 민주적이고 학습자 각자의 개성을 존중하고 이해하는 학습 분위기 조성이 필요하다. 이를 위하여 서로를 이해하고 수용하는 풍토 조성을 위하여 상호 간의 마음을 여는 시간을 가질 필요가 있다. 학습자가 학습과정 중에 긍정적인 학습경험을 위하여 학습자의 자발적 반응을 격려하고 학습자의 다양한 형태의 사고를 수용하는 학습 분위기를 조성하여야 한다.

둘째, 학습자가 자신에게 약속하는 학습계약(learning contract)을 활용하라. 학습계약은 학습자 본인 상황에 맞는 학습목표를 설정하고 학습할 내용을 계획하는 것이다.

학습계약은 학습자가 자신의 학습욕구와 필요성과 어떤 식으로 학습을 할 것인가에 대한 분명한 이해를 기초로 한다. 학습계약은 교수자의 도움을 받아 할 수도 있고 학습자 스스로 할 수도 있다. 학습계약은 무엇을 학습할 것인가, 어떻게 학습할 것인가? 어떻게 평가할 것인가가 포함되어야 한다. 학습계약은 자신이 따라야 할 가이드가 된다. 학습계약은 학습자가 학습을 통제하고 자기주도성을 향상할 수 있도록 돕는 수단이 된다. 학습계약에서 학습목표 달성여부는 자신이 제시한 학습성취 준거와 타당성 검증 수단을 통하여 이루어진다. 학습계약은 학습동기 향상과 함께 학습에 대한 책임성을 높일 수 있다.

셋째, 학습집단을 적절히 조직하라. 학습집단의 조직은 집단 활동에 적극적인 참여와 활동을 통해 학습에 대한 책임성과 긍정적 상호의존성을 통하여 학습동기를 높일 수 있다. 학습에 대한 책임성은 학습자가 학습과 변화의 주체라는 인식을 갖게 하는 것이다.

학습수행단계에서 중요한 것은 학습자에게 학습에 대한 책임성을 부여하는 것이다. 학습에 대한 책임성을 높이는 방법으로는 학습자가 학습과정에서 지켜야 할 학습규칙을 집단 스스로 만드는 것이다. 학습집단이 자발적으로 만든 규율은 학습자에게 더 많은 자기통제와 책임을 부여하는 것이며 자기 학습에 대한 책임성을 높이는 방법이다. 교수자는 학습집단의 규율이 너무 엄격한 형태보다는 적절한 자극과 실천 가능한 범위로 설정하도록 안내하는 것이 좋다.

넷째, 동료와의 협력과 격려가 중요하다. 학습구성원들 사이의 소통과정은 타인을 이해하는 과정임과 동시에 학습자들의 학습에 적극적이고 긍정적으로 변화하는 과정이 된다. 상호격려하고 서로의 성취를 자극하고 어려운 과제를 극복하기 위한 노력은 능동적 학습 참여에 중요한 요소라 할 수 있다. 동료와의 협력, 구성원들 사이의 친밀한 인간관계, 긍정적 상호의존성과 같은 학습분위기를 조성하는 것은 학습에 흥미를 갖게 하고 학습자를 긍정적으로 변화시킬 수 있다.

4) 학습 평가단계

학습을 정의하는 가장 중요한 기준은 행동의 변화나 능력의 변화이다. 그 변화는 이전과는 다른 새로운 것일 수도 있고 존재하는 것을 수정하는 것도 포함된다. 자기주도적으로 학습할 수 있는 능력이 자기주도학습의 목표라면 학습의 결과는 정보습득이 아니라 학습과정에서 의미를 찾는 것이며 얼마나 배웠는지보다 무엇이 학습되었고 어떤 의미가 있는가가 더 중요하다.

자기주도학습에서는 자기 스스로 평가하는 자기평가가 있다. 자기평가는 학습자가 학습의 준비에서부터 학습 결과의 평가에 이르는 전 과정에 걸쳐 자신의 학습 상황이나 행동을 스스로 평가하는 것이다. 자기평가는 최종 학습결과에 대한 평가가 아니라 학습과정에서 바람직한 결과가 유지되고 발전될 수 있도록 학습방법을 개선하고 조정하는 자기모니터링이 중요하다.

자기모니터링은 학습자가 학습의 준비부터 학습결과의 평가에 이르는 전 과정을 스스로 평가하고 조정하는 일련의 과정이다. 자기모니터링은 자신의 학습을 되돌아볼 기회를 가진다는 의미로 메타인지(metacognition) 과정이 포함된다. 메타인지는 자신의 능력과 부족한 부분을 잘 이해하고 학습을 통해 그것을 개선하려는 기능이다. 고도로 자기주도적인 학습자는 학습에 적용하는 인지 과정을 인식하고 개인의 실패와 성공에 대해 성찰한다. 메타인지는 학습자가 문제해결에 참여할 때 문제해결 동안 전략을 평가하고 조정하게 된다(Long 2000). 메타인지의 활용 정도가 높을수록 자기주도적 학습능력이 향상되고 학습 동기, 학습몰입에 유의한 영향을 미치게 된다.

교수자는 학습자의 자기평가가 자신의 학습 경험을 단순히 회상하는 것에 머물지 않고 학습에 대한 자각과, 자신의 학습에 대한 진지한 평가로 발전되도록 도와주어야 한다. 한편 교수자는 학습자의 관심과 목표 추구와 같은 동기부여 등이 자기주도학습 설정에 반영되었는지, 학생들이 자신의 관심사를 이해하고 학습목표가 성공적으로 실현할 수 있도록 프레임워크를 제공하였는지, 학습과정에서 통찰력을 발휘하여 학생들이 작업을 수행하는 데 필요한 지원을 하였는지, 학습자의 자기 평가에 필요한 메타인지를 지원하였는지 등을 살펴야 한다.

OECD는 학습자들이 스스로가 자신의 학습에 능동적으로 참여하고 세계에 책임감을 가져야 함을 의미하는 것으로 학습자주체성(student agency)을 제시하였다(OECD, 2019). OECD의 학습자주체성 개념은 자기주도학습 개념과 맥을 같이 한다. 토샬리스와 나쿨라(Toshalis & Nakkula, 2012)는 학습자 주체성을 키우기 위하여 다음 사항을 중점을 두어야 한다고 하였다. 첫째, 학습자가 자기효능감을 이해하고 학습자가 학습자의 정체성이 강화될 할 수 있도록 지원하는 것이다. 둘째, 교사는 학생들과 협력하여 학습에 다양한 개인적 및 사회적 자원을 제공하는 것을 개발한다. 셋째, 학생의 관심사, 배경, 스토리 및 요구 사항에 주의한다. 넷째, 지역사회와 글로벌 맥락에서 학습자 주체성을 기르기 위한 기회와 가능성 만드는 것이다.

자기주도학습 역량은 점점 더 예측하기 힘든 변화를 겪고 있는 미래사회의 도전에 직면하여 적극적이고 책임감 있는 시민이 되기 위한 핵심역량이다. 자기주도학습에서의 정형화된 방법은 없으며 자기주도성을 증진시키는 주요 요인들도 서로 긴밀하게 뒤섞여 있다. 따라서 교수방법은 일반화된 것이 아니라 교수자가 학습상황에 따라 선택하고 적용되어야 하는 것이 중요하다.

5 전환학습 방법

교육은 종종 훈련과 기술로 제한되기도 하지만 교육은 사람들이 공동의 틀 안에서, 서로 함께 자신의 활동을 성찰하고 분석함으로써, 지속적인 시민적, 사회적, 정치적 행동을 위한 역량을 구축하는 것은 미래의 매우 중요한 능력으로 간주된다(UNESCO, 2021). 미래의 성공은 지속적인 성찰과 행동의 과정을 자극하는 능력에 달려 있다. '성찰'이란 상황에 직면하기 위한 형식이나 방법을 일상적으로 적용하는 능력만이 아니라, 변화를 다루고 경험으로부터 배우며 비판적 입장에서 사유하고 행동할 수 있는 능력을 의미한다(OECD, 2005). 성찰은 개인들이 특정 정신적 기능을 숙달하는 데만 관심을 두는 것이 아니라, 이러한 기능에 대해 사유해보고, 그것을 다른 경험과 관련시키는 과정을 수반하여, 이를 통해 그 기능에 적응하거나 이를 변화시키는 것을 가능하게 한다.

크랜튼(Cranton, 2016)은 성인학습의 교수-학습 상황에서 교육자의 세 가지 유형을 구별하였다. 기술적 지식에서의 성인교육자는 해당 주제영역에서의 전문가이며 권위자이다. 교수자는 학습 주제를 선택하고 최상의 단계로 학습내용을 배열하고 평가전략을 설계하는 것이다. 의사소통적 학습에서의 성인교육자의 역할은 촉진자로서 학습자를 도우며 지식을 구성해 나가는 사람이다. 학습자 간의 상호작용적 방법으로 협동학습, 대화, 그룹 활동을 실시한다. 해방적 지식으로의 성인교육자는 변화와 혁신의 교육자로 학습자를 보다 개방적이고 속박으로부터 자유롭게 한다. 비판적인 질문, 다양한 관점의 제시, 존재하는 사회적 규범에 대한 시험, 대안적이고 급진적인 관점 탐구를 실시한다.

성찰은 성과를 향상시키기 위한 원인-결과 관계의 효과적 통제와 실행에 초점을 두는 도구적 학습과 매일 부딪치는 상황에 대한 사회적 규범과 관련된 진실과 적절성을 의심하고 타당성을 확보하는 의사소통 학습으로 구성된다. 도구적 학습은 기능적 측면에서 성찰을 제시하는 것이다. 자신이 경험한 일을 숙고하여 성과를 향상시키는 것이다. 도구적 성찰은 문제에 내포된 의미를 해석하고 자신의 수행을 반성하는 것이다(Akella, 2010). 이전 행동과 경험을 개선하기 위해 생각하는 과정으로 학습자는 스스로에게 나는 무엇을 하려고 했는가? 내가 뭘 했는가? 내가 왜 그렇게 하였을까?에 대해 질문을 던진다. 이 개념은 주로 전문적 능력을 개발하고 교육하는 접근 방식으로 성찰이다.

의사소통 학습은 당연하게 여겨지는 지식과 문화에 도전하고 지배적인 합의에 대한 도전을 통해 자신의 관점과 가치를 이해하고 습득하는 것이다. 학습자는 스스로에게 내가 전재한 생각은 무엇이며 나는 그 가정을 어떻게 정당화했는가? 나의 관점은 타당하고 신뢰할 수 있는 것인가? 나는 왜 내 관점을 바꾸려고 하지 않았는가?에 대해 질문을 던진다. 비판적 성찰에는 인종 차별주의·성 차별주의 및 계급주의와 관련된 이념, 우리가 어떻게 살아야 하는지에 관한 문제, 교육과 종교 체계에서 이데올로기를 통해 권력이 어떻게 작용하는지에 대한 문제 등이 포함된다.

전환학습 방법은 기존의 경험이 투영된 믿음체계에 대한 판단기준을 성찰을 통해 변화시키는 과정에 관한 것이다. 전환학습은 우리의 생각을 좀 더 포괄적이고, 개방적이고, 정서적으로 변화시키는 것이다. 전환학습에서의 성찰은 지속적인 자기 물음을 통해 문제해결에 믿음의 왜곡과 문제해결의 오류를 바로잡기 위한 자기검증이다.

전환학습은 기존의 관점에 대한 혼란과 성찰로 시작하여 새로운 관점을 형성하고 다시 균형감을 회복하는 것으로 마무리된다. 관점의 전환을 가져오는 교수-학습의 밑바탕은 학습자에게 도전을 제공하는 환경을 제공하여 신념, 가정, 관점에 대해 도전함으로써 학습자가 스스로에게 질문을 할 수 있도록 하는 것이다. 전환학습의 교수전략은 관점의 학습자에게 도전을 제공하는 환경을 제공하여 신념, 가정, 관점에 대해 도전함으로써 학습자가 스스로에게 질문을 할 수 있도록 하는 것이다. 크랜튼(Cranton,

2002)은 메지로우의 전환학습의 양상을 토대로 전환학습이론의 실행을 위한 7단계 교수 전략으로 제시하였다(남미진, 2015 재인용). 전환학습단계와 교수전략을 요약하면 다음 〈표 10-2〉와 같다.

〈표 10-2〉 전환학습 단계와 교수전략

단계	전환학습 양상 (Mezirow)	전환학습 양상 (Cranton)	교수전략	핵심 요소
1	1단계: 혼란스러운 딜레마	자신의 가정과 실제 경험 사이의 차이를 노출하는 사건	전환을 위한 촉매를 야기하기 위해 학습자들을 자신들의 고유 관점과는 차이가 있을 수 있는 관점에 노출시킴. 영화, 다큐멘터리, 소설, 단편, 시는 극적이고 흥미로운 방법으로 특별한 관점을 반영할 수 있음.	자기 성찰 자기 점검
2	2단계: 죄책감이나 수치스러움에 대한 자기점검	무비판적으로 동화되고 대체로 의식하지 못했던, 의식 밑바탕에 존재하는 가정을 표현하기	학생들이 무엇을 믿고 어떻게 그것을 믿게 되었는지 묘사하도록 격려함. 학습자 개개인의 가정은 어린 시절, 공동체, 문화의 영향을 받으므로, 학습자가 자신의 삶의 역사를 써보게 하거나 토론 주제에 적합한 은유를 활용	
3	3단계: 인지적, 사회 문화적, 심리적 가정에 대한 비판적 평가 ---------- 4단계: 전환의 과정이 공유되고 다른 사람들의 유사한 경험을 인정	비판적 자기 성찰	학습자들이 자신의 가정에 질문을 던지고, 그들이 무엇을 생각하고 어떻게 그 가정에서 비롯된 결과를 느끼고 생각하는지를 점검할 수 있는 기회를 제공	
4	5단계: 새로운 역할, 관계, 행동에 대한 탐색	대안적인 관점에 마음 열기	대안을 열린 마음으로 수용할 수 있는 경험을 제공하는 것. 대안을 받아들이는 것에서는 어려움이 있을 수 있으므로 안전하고 유쾌하게 수용할 수 있는 방법 고안	이해 인지 공감
5	6단계: 행동 진행을 위한 계획 ------------- 7단계: 자기 계획을 실천할 수 있는 지식과 기술의 습득	대안적 관점을 탐색하고 새로운 지식을 구성하는 담론에 참여	담론이 가능하도록 교수-학습 환경을 제공. 담론은 정확하고 완성된 정보를 가지고, 증거에 기반을 두고 논쟁을 평가하며, 대안적 관점에 개방적이고, 비판적으로 전제를 성찰하며, 공평한 참여의 기회를 가지고, 정보에 기반한 합의를 유효한 지식으로 수용하는 토론	
6	8단계: 새로운 역할에 대한 시험적용 ----------- 9단계: 새로운 역할과 관계에 대한 자신감과 역량 배양	좀 더 개방적이고 정의로운 가정과 관점으로 개정	학습자들이 가정과 관점을 수정할 수 있는 무대를 만들고 기회를 제공	

단계	전환학습 양상 (Mezirow)	전환학습 양상 (Cranton)	교수전략	핵심 요소
7	10단계: 자신의 인생을 새로운 관점에 기반하여 재통합	전환된 가정과 관점에 맞게 사고하고 말하고 행동하기	전환된 가정과 관점에 따라 행동할 수 있도록 교수자가 상황을 준비. 프로젝트학습 경험을 통해 전환된 관점의 적용기회 제공	표현 행동

출처: 남미진(2015)의 내용을 종합하여 재구성.

전환학습은 개인의 경험에 대한 사려 깊은 생각이자 일상생활과 실천에 대한 이해를 심화시키는 내부 탐구이다. 크랜튼(Cranton, 2003)은 전환학습을 촉진하는 방법으로 스스로에게 질문하기, 의식적으로 새로운 관점으로 생각하기, 토론하기, 일기 · 자서전 쓰기, 예술을 통한 자신의 가치와 성찰하기를 제시하였다.

전환학습에서 교수자의 역할은 학생들이 자신이 생각하는 것과 생각하는 방식을 더 잘 인식하도록 도와서 학습자들이 새로운 관점, 결론 및 이해를 형성할 수 있도록 하는 것이다. 전환학습에서 교수자들은 성찰을 촉진하는 유용한 심리적 도구와 기법을 통해 학습자가 자신에 대해 이해하는 단계에서 자신을 둘러싼 환경을 이해하는 단계로 안내할 수 있다.

크랜튼이 제시한 방법은 ① 학습자의 삶의 중요 사건에 대해 암묵적인 가정에 대한 검증 ② 새로운 가정을 개발하고 그러한 가정이 문제를 해결하는 데 있어 어떻게 적용되는지 기술하기, ③ 인생 경험을 구성해 놓은 교육적 전기를 통해 그들의 지식, 가치, 의미에 관한 비판적 성찰, ④ 미디어의 영향 분석이나 문학작품 활용 ⑤ 개인적인 성장과 자기성찰의 도구로써 저널쓰기를 활용 등이다.

전환학습의 기본 프레임은 ① 전환을 위한 태도와 동기부여, ② 성찰 프로세스의 실행과 피드백, ③ 비판적 성찰을 통한 새로운 관점형성, ④ 새로운 관점을 사전 지식과 연결하는 것이다. 이와 같은 전환학습의 기본 프레임은 크게 진입, 활동, 새로운 관점 적용이라는 세 단계로 전환학습의 프로세스를 요약할 수 있다.

첫째, 진입 단계는 학습자가 자신의 기존 관점을 자세히 설명할 수 있는 것에서 출발한다. 학습자들에게 자신의 입장에 대해 혼란을 느꼈던 사건을 기술하여 학습자가 어떻게 서로 다른 준거 틀과 사고방식을 가지고 있는지를 알게 하는 것이다. 사람들의 자신의 세계를 깨트리기 위해 마음을 여는 것은 매우 중요하고 어려운 만큼 조심스러운 접근이 요구된다.

전환학습은 감정, 성격, 감각 등 인간 전체와 관련되어 있다. 학습을 시작할 때 학습을 위한 따뜻한 환경과 분위기 조성을 위해 노력해야 한다. 각자의 삶의 경험이 학습자의 성장과 성숙에 원천이 되도록 하는 것은 환대이다. 성찰과 관련된 주제는 학습자의 삶과 연결 짓는 것이 좋지만 교수자가 가이드라인을 제시할 수도 있다.

진입 단계가 시작되면 전환을 위한 촉매로 학습자들이 자신의 관점을 되돌아볼 수 있도록 기존 관점과 대비되는 다양한 관점을 제시하는 것도 필요하다. 이때 교수자는 학습자가 자신의 과거와 현재 삶에 대한 자신의 긍정적인 특성과 부정적인 특성을 모두 정확하게 인식하면서도 자신의 모습을 긍정적으로 인정하고 받아들이는 태도를 갖도록 유도하는 것이 중요하다.

둘째, 성찰활동 단계에서는 학습자들이 기존 가정에서 비롯된 결과를 느끼고 생각하는지를 점검하고 그 대안을 열린 마음으로 수용하는 것이다. 이 과정은 종종 모순되고 모호하며 고통스러운 현실로 들어가는 것일 수 있다. 이 과정은 개인적 경험과 사건에 대해 학습 동료와 의견을 말하고 타당성을 논평하고 서로의 공통점과 차이점을 찾고 의견을 교환하는 것이다. 성찰은 다른 사람과의 대화를 통해 자연스럽게 자신의 의미를 만들어 내고 숙고하게 된다. 성찰은 생각과 느낌, 말하기와 듣기, 리더십과 연대가 통합된 환경에서 발생한다. 교수자는 좋은 대화가 이루어질 수 있도록 학습자 간의 경험을 받아들이고, 표현하도록 노력하여야 한다.

성찰을 촉진하고 성찰하도록 훈련하는 방법 중 하나로 저널 쓰기가 있다. 저널쓰기는 세계와 우리가 그 안에서 어떻게 작동하는지 이해하기 위해, 그것으로부터 의미를 추출하기 위해 사건과 경험을 다루는 장치이다(Boud, 2001). 저널을 성찰적 학습 도구로 사용하는 것은 학생들에게 읽기와 쓰기를 연습할 수 있는 기회를 제공하는 동시에 초인지적으로 사고하고 새로운 정보와 사전 지식 사이의 관계를 생성하도록 훈련시킬 수 있다.

셋째, 새로운 관점 적용 단계는 새로운 통찰력과 관점을 적용하는 단계이다. 어떻게 행동해야 할지 구체적으로 디자인하고 새로운 관점으로 새로운 전환을 위해 조치하는 것이다. 다른 사람들이 앞에서 성찰한 내용을 토대로 실제 생활에서 어떻게 적용할지를 발표하기, 그림 그리기, 그래프로 나타낸다. 새로운 관점의 적용은 학습은 바람직한 결과나 목표가 아니라 결정과 행동에 대해 순차적으로 해석해내는 활동이다. 학습자들이 다른 학습자와의 차이를 인정하고 타인의 가치와 자신의 가치에 차이가 있음을 이해시키는 것이 중요하다.

UNESCO의 '교육의 미래에 관한 국제 위원회(International Commission on the Futures of Education)'의 보고서(2021)는 우리의 교육 시스템은 우리가 공유하는 미래를 위협하는 차별과 배제 또는 지속 불가능한 생활 방식을 재생산하고 영속화함으로써, 교육의 진정한 변혁적 가능성을 제한한다고 진단한다.

> 오늘날 높은 생활수준은 극심한 불평등과 함께 존재한다. 점점 더 많은 사람들이 공공의 생활에 참여하고 있지만, 시민 사회와 민주주의 구조는 전 세계 여러 곳에서 허물어지고 있다(UNESCO, 2021).

교육은 전체 공동체에 대한 헌신과 우리의 미래에 적합한 가치를 받아들이도록 돕는 것이다. 성찰의 과정은 잘못된 문제를 인식하고 자신과 다른 관점의 타당성을 생각하는 과정이다. 성찰의 최종 목적은 학습자의 사고를 결정하던 고정관념을 이성적으로 검증하고 학습자가 세계를 해석하는 새로운 원칙을 갖게 하는 것이다.

Chapter 11

최신 교수-학습방법

학습을 주요 내용을 암송하도록 하기보다는 새롭고 참신한 아이디어를 다양하게 활용하여 지적 능력을 향상시킬 수 있도록 가르치는 데 중점을 두는 교수법이 바로 최신 교수학습방법이다. 최신 교수학습방법이라고 부르는 새로운 접근은 보다 활동에 기반을 두고 있으며 학습자를 학습 과정에 전적으로 참여시키는 것에 중심에 둔다. 따라서 최신 교수학습방법에서는 학습자를 중심으로 교육과정 및 교수학습 계획을 수립한다. 이를 통해 학습자는 지식을 구성하고 기능을 연마하는 전체 과정에 적극적으로 참여한다. 이것은 현대사회가 새롭게 요구하는 역량이 상호 간의 경쟁을 줄이고 협력을 촉진하며 고무적인 학습환경을 조성하는 데 있기 때문이다.

최근 수년간 교육방식에 눈에 띄는 변화가 있었다. 암기나 설명 같은 방식으로 학습자를 가르치던 이전과는 달리 쌍방향 교수학습방법이 도입된 것이다. 이것은 모든 학습자를 동일한 수준이나 이해력을 전제하지 않기 때문에 혁신적이다. 또한 최신 교수학습방법은 교수자를 기반으로 하기보다는 질문, 시연, 설명, 실습, 협업에 더 중점을 둔 활동 기반의 접근을 한다.

그렇다면 왜 이러한 최신 교수학습방법이 주목을 받고 있을까? 최근 몇 년 동안 과학기술 분야의 지식이 비약적으로 증가했으며, 이러한 새로운 지식에 대한 인간의 적응 능력도 높아져야 한다. 따라서 다양한 분야의 미지의 영역을 탐구하기 위한 혁신적이고 창의적인 사고가 요구된다. 현대 사회문화와 지식 중심의 기술 시대에 대처하기 위해서는 이러한 학습방법으로 전환하는 것이 또 다른 성장의 필수적 요건으로 인식되고 있는 것이다.

학습자 개인은 물론, 사회의 발전을 위해 창의적이고 혁신적인 사고를 성장시키고, 자신과 타인을 위한 소통과 변화의 기회를 만들 수 있도록 최신 교수학습방법을 충분히 제공받아야 한다.

교육은 사회를 형성하고 유지하기 위한 시대의 필요이다. 교수자는 학습자에게 동기를 부여할 책임이 있다. 학습자는 이론적인 학습뿐만 아니라 실무 지식을 형성하고 기술을 연마하며 어떤 도전에도 대처할 수 있는 새로운 교육을 요구하고 있다. 다음은 최신 교수학습방법의 공통된 특징이다.

① 학습자 중심(learner-centered)

최신 교수학습방법의 본질적인 특징 중 하나는 학습자 중심적이라는 점이다. 강의실, 실험실 등에서 학습자는 중심이 된다. 교수자는 안내자 역할만 하며 모든 학습 과정에는 학습자가 참여한다. 학습자는 학습과정에서 주도성이 크게 나타난다.

② 과업 기반 또는 활동 기반(task-based or activity-based)

교수자는 활동이나 과업을 조직하고 학습자들이 이를 바탕으로 학습하도록 한다. 학습자는 과업 및 활동과의 상호작용을 통해 학습에 참여하도록 유도된다.

③ 자원 기반(resource-based)

교수자는 학습을 지원하기 위해서나 학습내용을 명확하게 이해시키기 위해 필요한 모든 학습 자료를 수집하여 학습자에게 제공해야 한다. 자원은 교육기관뿐만 아니라 사용 가능한 기타 장소에서 수집할 수 있다. 학습자 역시 학습자원을 스스로 가져올 수 있다.

④ 상호작용(interactive in nature)

최신 교수학습방법의 중요한 특징은 매우 상호작용적이라는 것이다. 교수자는 학습자들이 학습 과제를 수행하고 원하는 결과를 도출하도록 그룹을 구성하거나 개별적으로 작업하도록 요청한다. 이 과정에서 상호작용은 항상 강조된다. 학습자들은 함께 소통하는 방법과 협동을 배운다. 그것은 장차 외부에서 역할을 할 때에도 중요하게 작용할 것이다.

⑤ 통합(integrative in nature)

최신 교수학습방법의 또 다른 중요한 특징은 통합적이라는 것이다. 교수자는 직간접적으로 관계된 다양한 영역의 주제를 연결하여 확장적으로 다룬다. 이를 통해 학습자는 하나의 주제를 바탕으로 포괄적인 인식, 태도, 가치관 등을 형성할 수 있다.

⑥ 동료 협업(peer collaboration)

학습자들이 상호작용을 통해 자료를 수집하고 응답을 확인하고, 연구하고, 결과를 정리할 수 있게 함으로써 협력을 장려한다. 수업 활동을 통해 학습자들은 협력하는 방법을 배우고 경쟁적 상황에서도 긍정적인 태도를 형성한다.

⑦ 종합적 평가(comprehensive assessment)

최신 교수학습방법은 형성평가와 종합평가를 모두 포함한다. 형성평가의 결과는 학습 향상에 사용된다. 평가는 교육목표의 모든 영역(인지, 운동, 정서적 영역)의 모든 학습 결과를 포함한다. 각 영역에 대한 지식 습득, 기술 개발, 긍정적인 태도, 가치 평가가 포함된다.

1 플립러닝

플립(flipped)이라는 단어의 의미는 '뒤집힌'이라는 뜻으로 해석된다. 따라서 플립러닝(flipped learning)은 뒤집힌 학습이라는 뜻이며 거꾸로 교실, 역전학습, 반전학습이라는 용어로 우리에게 많이 알려져 있다(표창우, 2021). 플립러닝 개념은 미국에서 시작되었는데, 베이커(Baker)교수는 강의 자료를 미리 배포하고 수업 전에 학습해올 것을 지시하였고, 수업 전의 예습을 하는 과정이 교실 수업에서 학생들의 적극적인 수업참여를 유도하여 높은 질의응답을 이끌어낸다는 사실을 발견하였다. 이후 베이커는 역으로 진행하는 수업의 중요성을 주장하면서 플립러닝이라는 용어를 처음 사용했으며 점차 교육계에서 이 플립러닝 수업에 대해 관심을 가지기 시작하였다(장상군, 정선영, 2021).

플립러닝은 최근 교육계에서 가장 주목을 받고 있는 수업 방식 중 하나이다. 온라인과 오프라인을 결합한 수업방식으로 학습자들이 수업 전 학습할 내용을 미리 예습해옴으로써 수업 중 교수자와 학습자들 간의 상호작용을 활성화시킬 수 있는 교육방법이다. 이것은 기존에 수업 시간에 이루어졌던 것을 가정에서, 가정에서 과제로 하던 것을 교육기관에서 해결하거나 상호작용 활동을 하는 것으로 서로 거꾸로 배치된다(Bergmann & Sams, 2012). 학습자는 수업 전 교재 및 관련 학습 자료를 미리 예습해오고 수업시간에는 토론, 토의, 문제해결, 프로젝트 학습 등의 활동에 참여한다(Hamdan et al., 2013).

기존 수업 방식은 수업시간에 교수자가 강의를 하고 수업 후에 학습자에게 과제를 수행하게 하는 형태이지만, 플립러닝은 수업 전 온라인이나 동영상으로 수업내용을 교수자가 미리 소개하고, 본 수업에서는 수업 전에 미리 학습한 내용을 중심으로 학습자 중심의 활동 위주 수업을 진행하게 된다. 교수자는 수업을 진행하기에 앞서 학습자들에게 수업내용에 대한 배경지식을 습득할 수 있는 자료를 미리 제공한다. 이후 수업상황에서는 학습자들이 미리 학습한 내용을 기반으로 보다 깊이 있는 이해에 도달하기 위한 활동으로 진행된다.

수업 후에는 교수자는 수업 중에 학습자가 더 필요한 것을 분석하여 관련 자료와 추가 설명을 온라인이나 동영상으로 제공하고 학습자는 이를 토대로 학습한 내용을 현장에서 적용하게 된다. 기존의 강의식 수업과 플립러닝 수업을 비교하면 다음 〈표 12-1〉과 같다(한국U러닝연합회, 2014).

〈표 11-1〉 강의식 수업과 플립러닝 수업 비교

구분		일반 수업	플립러닝
수업전	교수자	강의를 준비함.	수업 계획에 따라 여러 가지 학습 내용을 준비함
	학습자	미리 학습할 내용을 배정함.	사전 제작된 자료로 학습내용을 이해하고, 수업 계획에 따라 학습을 하고 질문은 기록해 두거나 교수자에게 직접 질문함.
수업도입	교수자	학습자 모두에게 도움이 될 내용을 미리 예상하고 준비함.	학습자들이 필요로 하는 도움을 예상하고 준비함.
	학습자	본 수업에 대한 제한된 정보를 가지게 됨.	내용 습득과 관련된 구체적 질문을 함.
수업중	교수자	모든 학습자료를 사용하려고 노력함.	학습자의 연습과정을 유도하고 피드백을 제공함.
	학습자	교수자의 의도에 따라 수업에 참여함.	배워야 할 기능을 연습함.
수업후	교수자	지난 과제에 대해 평가함.	수업 중 관찰한 것을 바탕으로 추가 설명과 관련 자료를 제공함.
	학습자	보통 과제를 할 때 지연된 피드백을 받음.	교수자의 명확한 설명과 피드백에 따라 그들의 기술과 지식 적용을 계속함.
일과중	교수자	수업시간에 있었던 일을 종종 반복함.	학습자들의 깊이 있는 이해를 위해 지속적인 안내를 함.
	학습자	공부한 내용에 대한 확인을 원함.	어떤 부분에 구체적인 도움이 필요한지 인지함.

많은 학자들이 제시한 플립러닝의 공통적인 특성은 다음과 같다.

첫째, 학습자들은 강의식 수업에서 수동적이었지만 플립러닝 수업에서는 능동적 주체로 바뀐다. 학습자들이 자신의 학습에 대해 스스로 책임을 가지게 되며, 자기주도적인 학습 태도를 기를 수 있고 의사소통의 기회를 높인다.

둘째, 전통 수업에서 교수자는 학습자들을 통제하는 감독자 또는 지식 전달자였지만 플립러닝에서는 학습자들을 돕고 학습을 지원하는 촉진자로 역할이 바뀐다.

셋째, 다양한 공학 기술을 활용함으로써 수업이 촉진된다. 개별적으로 가정에서 진행하는 온라인 학습의 학습자 자신의 속도에 맞춰 개별화 학습을 가능하게 한다.

넷째, 수업에서 학습자들이 학습한 내용에 대해 지속적인 적용과 검토를 하는 기회를 제공한다. 자신이 이해하지 못한 내용을 학습자 스스로 파악하고 이해 정도에 따라 개별적으로 지도하거나 문제해결 활동을 통해 고차적 사고력을 기를 수 있다.

플립러닝에서 교수학습 자료는 학습자가 교수 내용을 학습할 수 있도록 교수자의 의도에 따라 선택되거나 개발되어 활용하는 자료이다. 플립러닝에서 교수학습 자료로 자주 쓰이는 동영상보다 더 중요한 것은 수업시간의 재발견이다. 따라서 동영상과 같은 교수학습 자료는 더 의미 있는 배움이 일어날 수 있게 하는 플립러닝의 출발점으로 활용해야 한다(Bergmann & Sams, 2016).

동영상 외의 기존 자료를 다시 사용하여 플립러닝 수업을 진행할 수도 있다. 교재의 일부분이나 학술논문과 같은 읽기 자료를 교수학습 자료로 제시할 수 있으며, 팟캐스트, 비디오, 온라인 강의 등의 콘텐츠도 활용할 수 있다. 이처럼 동영상뿐만 아니라 책이나 인쇄물도 사전 교수학습 자료로 활용할 수 있다. 최근에는 모바일을 활용한 학습자료도 많이 이용되고 있다.

한편, 플립러닝은 블렌디드러닝과 유사한 수업방식으로써 블렌디드러닝과 맥을 같이하는 것 같아 보이지만 온라인과 오프라인을 병행하는 블렌디드형 수업방식과는 차이가 있는데, 특히 교수학습에서 두드러지게 나타난다(김혜미, 김정렬, 2019). 블렌디드러닝은 교수자 중심의 학습으로 구성되어 있지만 플립러닝은 학습자중심의 수업으로 교수자는 수업의 가이드 역할만을 맡게 된다. 다시 말해 기존의 지식전달 위주의 수업에서는 교수자 혼자 모든 수업을 준비하고 실행하였다면 플립러닝 수업에서는 학습자의 수준에 따라 학습을 유도하는 역할로 변화하게 되었다는 것이다. 따라서 플립러닝은 학습자 중심의 수업으로도 많이 알려져 있다. 또한 블렌디드 러닝은 온라인과 오프라인 학습 내용이 서로 별개로 구성될 수 있지만 플립러닝에서 온라인 수업은 오프라인 수업에 대한 사전학습 차원에서 이루어진다. 따라서 학습자들에게 학습에 대한 많은 책임감이 요구되어 학습자들은 사전에 온라인 수업을 듣고 과제수행, 자료 검색 등 수업에 필요한 선행학습을 한 후 수업에 참여해야 한다는 특징이 있다.

2 간격학습

평생교육 학습자는 주로 직장생활, 가정생활, 육아 등으로 인해 일정 관리하는 것이 어려운 경우가 많다. 용기를 내어 평생교육과정에 참여하지만 시간이 지남에 따라 학습자는 배운 내용을 기억하지 못할 수 있다. 에빙하우스(Ebbinghaus)의 망각 곡선(forgetting curve)을 통해 잘 알려진 바와 같이, 이것은 정보를 유지하려고 하지 않을 때 시간이 지남에 따라 정보가 손실되기 때문이다. 망각의 비율에 관한 심리학 연구에 따르면, 대부분의 망각은 학습 후 1시간 내에 발생한다. 그리고 하루나 이틀 후에 우리는 일반적으로 배운 것의 약 75%를 잊어버린다. 그 이유는 인간의 뇌는 한 번 학습하는 것으로 정보를 유지하는 것을 어려워하기 때문이다. 인간이 망각하는 속도는 기억력, 내용에 대한 몰입 정도, 스트레스 등과 같은 여러 요인에 따라 다르다. 특히, 최근 보편화된 e-Learning 과정은 학습과 지식이 유지될 수 있도록 촉진해야 하는데, 학습자의 학습효율을 높이는 학습방법으로 간격학습이 제시되고 있다.

간격학습(spaced learning)은 필드(Fields, 2005)가 장기 기억을 생성하기 위한 시간 패턴 연구를 기반으로 한다. 여기에서는 학습활동을 수행하는 동안 10분간 두 번의 휴식을 하면서, 압축된 학습내용을 3회 반복하는 학습 방법으로 설명하였다.

간격학습은 긴 코스를 여러 세션으로 나누거나, 세션 사이에 휴식 시간을 넣어서 더 짧은 모듈로 구성하는 것이다. 이러한 접근 방식을 통해 학습자는 과정에서 배운 정보를 효과적으로 유지할 수 있다. 간격학습의 주요 특징은 개념의 반복이다. 반복은 장기적으로 학습한 내용을 기억하도록 지원한다. 주변에서 쉽게 볼 수 있는 예로 광고를 들 수 있다. 핵심 메시지를 짧게 반복하여 친숙함을 함양시키고 설득력 있는 학습 효과를 만든다. 연구에 따르면 간격을 두고 반복하는 방법을 통해 학습에 대한 기억이 약 200% 향상되는 것으로 나타났다. 산업체 교육, 언어 학습, 의학에 이르기까지 다양한 영역에서 효과적인 것으로 밝혀졌다(Caple, 1997; Castel, Logan, Haber, & Viehman, 2012; Grote, 1995; Kerfoot et al., 2007; Lambert, 2009; Landauer & Ross, 1977; Lehmann-Willenbrock & Kauffeld, 2010; Toppino & Cohen, 2010).

e-Learning에서 간격학습은 학습자에게 다음 세션으로 넘어가기 전에 지식을 습득하고 내재화할 수 있는 기회를 제공한다. 인지 과부하가 감소되기 때문에 학습자는 자신이 더 잘 학습하고 있다고 느끼고 스트레스 수준이 감소한다. 이것은 학습 경험을 즐겁게 할 뿐만 아니라 훨씬 더 효과적으로 만든다.

반복한다는 것은 단순히 이전에 제시된 것을 다시 제시하는 것도 되지만, 다른 방식으로 제시하는 것을 의미한다. 예를 들어, 다양한 미디어, 스토리텔링, 적용, 시뮬레이션 등의 방식을 사용하여 개념을 제시할 수 있다.

간격학습은 기존의 교육과정 운영 방식보다 느린 형태로 보일 수 있다. 그러나 간격학습이 원만히 구현되면 매우 효과적이다. 구체적인 이점을 살펴보면 다음과 같다.

1) 간격학습의 이점

① 쉬운 학습과 적은 부담이다. 사회생활과 학습을 병행하는 것은 쉽지 않다. 학습자가 사회생활에서 어려움을 겪거나 피로를 느낀다면 아무리 의미 있는 학습내용을 추가하더라도 전혀 도움이 되지 않을 것이다. 마음이 고갈되면 새로운 지식을 배우고 이해할 역량이 줄어든다. 이것이 간격학습이 휴식으로 구분되는 이유이다. 학습자의 마음이 다른 것에 대해 생각하거나 학습내용에 대해 정리할 수 있는 작은 휴식을 줌으로써 뇌는 더 적은 부하를 받는다. 학습자의 정신적 피로가 줄어들고 학습내용을 동화할 가능성이 더 커진다. 더불어 사회생활에서도 더 많은 정신적 에너지를 갖게 될 것이다. 따라서 평생교육 참여자를 위해서는 이러한 학습방법을 적극 고려하여 효과를 얻을 수 있다.

② 간격학습은 학습효과를 향상시킨다. 시간에 따른 간격 반복은 장기기억을 용이하게 한다. 평생교육 프로그램에 참여한 효과는 결과 학습효과로 증명되어야 하기 때문에 이러한 특징은 큰 강점이 된다.

③ 간격학습은 학습을 더 흥미롭게 만들고, 시간낭비를 줄여 효율적으로 학습하도록 한다. 또한 학습자는 원할 때 언제든지 학습 자료에 접근할 수 있다.

2) 간격학습 e-Learning 과정을 개발 시 고려사항

다음은 간격학습 e-Learning 과정을 개발할 때 고려해야 할 사항이다.

① 전체 교육 프로그램을 설계하면서 그 속에 간격 학습을 포함한다. 휴식 시간에는 학습 결과와 관련이 없는 다른 선택적 활동(distractor activities)이 학습자에 의해 수행된다. 여기에는 학습 자료와 관련된 비디오, 오디오를 활용한 대안적 학습 활동이 포함된다. 이 접근 방

식은 온라인 학습자가 지식을 흡수하고 다음 e-Learning 세션으로 이동할 수 있도록 지원하기 때문에, 복잡한 개념이나 주제에 적합하다.

② 간략하게 구성하여 e-Learning 시간이 10분 미만인지 확인한다. 평균적으로 인간의 두뇌가 한 번에 취할 수 있는 콘텐츠의 이상적인 시간은 3~5분이다. 많은 교육 자료를 다루어야 하는 경우 가장 좋은 대안은 학습 자료를 세분화된 학습으로 나누는 것이다. 학습자는 적은 학습량으로 스트레스 없이 정보를 흡수할 수 있다.

③ 다양한 맥락에서 정보를 계속 반복한다. 학습 자료를 세분화한 후에 스토리텔링, 시각 자료, 오디오, 시나리오, 사례 연구, 시뮬레이션 등과 같은 다양한 맥락에서 각 개념이 반복되도록 한다. 이는 지루함을 방지하는 데 도움이 될 뿐만 아니라 다양한 방식으로 학습을 강화한다. 간격 효과가 성공적으로 구현되도록 각 개념을 최소 2~3회 반복해야 한다.

④ 휴식을 제공한다. 휴식을 취하여 인지 과부하를 방지하고 학습자가 학습한 정보를 처리할 수 있도록 한다. 개념이 반복될수록 세션 사이의 휴식 시간이 길어져야 한다. 수 일 또는 수 주 후에 강의 자료를 다룰 수 있도록 한다. 교수자는 e-Learning 시스템을 이용하여 학습자가 특정 시간이 지난 이후에만 교육활동에 접근하도록 제한할 수 있다.

⑤ 퀴즈 등을 활용하여 학습자가 자신의 지식을 회상하고 적용해 본다. 이러한 적극적 회상(active recall) 원리를 적용하여 학습자는 새롭게 학습한 내용을 적용할 기회를 가져야 한다. 학습한 내용을 반복하는 소극적 복습(passive review)보다 스스로 평가, 적용 등을 하면서 학습하는 것이 훨씬 효과적이다. 퀴즈에는 진행 중인 수업 내용과 과거 수업에 대한 질문이 포함되어야 한다. 퀴즈를 통해 학습자가 콘텐츠에 참여할 뿐만 아니라 적극적인 학습을 촉진하고 유지율도 향상시킬 수 있다.

⑥ 기존 지식을 기반으로 학습내용을 구축한다. 이미 학습한 내용에 실제적으로 연결하는 것은 항상 효과적인 학습 전략이다. 새로운 개념을 사전 지식에 연결함으로써 학습자는 새로운 개념과 이미 실생활에서 적용하고 있는 지식을 연결할 수 있다.

⑦ 다감각적인 학습을 제공한다. 다양한 감각과 정서적 연결을 만드는 학습 경험은 오랫동안 기억에 남는다. 따라서 학습과정은 시청각 및 운동감각 등을 통합하는 방식으로 설계되어야 한다. 시뮬레이션, 게임 활동, 비디오, 애니메이션 등을 활용한 콘텐츠는 다중 감각적 경험을 제공할 수 있다.

필요한 지식을 습득하고 유지하는 것은 평생교육학습자들이 교육에 참여하는 핵심적인 이유가 된다. 간격 학습은 바로 이러한 요구에 충실히 대응할 수 있다. e-Learning 플랫폼은 간격 학습에 이상적인 양식과 콘텐츠 유형을 지원할 수 있다.

3 하이브리드 학습

하이브리드 학습(hybrid learning)은 일부 학생은 교수자가 현장에서 하는 수업에 직접 참석하고 일부 학생은 원하는 장소에서 가상으로 수업에 참여하는 교육모형이다. 교육자는 화상 수업을 할 수 있는 하드웨어 및 소프트웨어를 이용하여 원격 학생과 대면 학생을 동시에 가르친다.

경우에 따라서는 대면 수업 세션을 지원하기 위한 온라인 교육 등의 비동기식(asynchronous) 학습 요소가 포함된다. 잘 계획된 하이브리드 학습은 대면 학습과 온라인 학습의 장점을 결합하는 동시에 많은 학생들이 더 쉽게 교육을 받을 수 있도록 한다. 하이브리드 학습이 성공하려면 대면이든 온라인이든 학습 요소가 조정되어야 한다.

하이브리드 학습과 블렌디드 학습(blended learning)은 종종 헷갈릴 수 있는데, 둘 다 동일한 교육 요소를 많이 포함하기 때문이다. 그러나 두 가지는 별개의 학습 모델이다.

블렌디드 학습은 대면 교육과 비동기식 학습방법을 결합하여 학생들이 자신의 자유로운 시간에 온라인 학습이나 교육 동영상을 시청하고, 정해진 시간과 장소에서 대면교육을 실시한다. 하이브리드 학습은 교사가 직접 학생과 원격 학생을 동시에 가르치는 교수법이다. 하이브리드 학습 모델에서는 비동기식 교수법을 사용하여 동기식 대면 수업을 보완할 수 있다.

대면 학습과 온라인 학습 모두 장단점이 있다. 하이브리드 학습의 목표는 두 형식을 결합하여 약점이 없는 단일 학습경험을 만드는 것이다. 하이브리드 학습의 이점은 다음과 같다.

① 유연한 학습경험

많은 교육기관에서 유연성을 위해 하이브리드 학습으로 전환한다. 즉, 유연한 학습 일정, 교육 형식의 유연성, 학습자들이 학습 자료에 참여하는 방법의 유연성, 학습자와 교수자 간의 협업 및 의사소통의 유연성이 있다. 직접 수업에 참석할 수 없는 학생들은 하이브리드 학습 환경을 통해 가정에서 원격으로 학습할 수 있다.

② 동기식(synchronous) 소통 기회

대면 형태 토론의 즉시성과 친밀감을 대체할 수 있는 학습경험은 거의 없다. 하이브리드 학습의 대면 형태는 동료 간의 실시간 참여 기회를 통해 이러한 이점을 얻을 수 있다. 이것은 동시간대의 집단 과업, 질의응답이 있는 프레젠테이션, 깊은 토론 등에서 이점을 발휘한다. 의미 있는 학문적 관계를 형성하기 위해서 대면 시간을 활용하고, 다음 이러한 관계를 온라인으로 옮겨갈 수 있다.

③ 독립적인 학문적 탐구의 자유

온라인 학습에는 많은 자유가 따른다. 자기 관리와 독립적 학습에 탁월한 학생들은 선택한 위치에서 학습할 수 있는 자유, 원하는 속도로 몇 번이든 자료를 다시 볼 수 있는 자유, 심층 학습을 개발할 수 있는 자유, 동료와의 담론 등을 통해 더욱 발전할 수 있을 것이다.

④ 학습자원의 효율적 활용

모든 학습자들이 개별적으로 온라인 과업을 해야 하는 대면식 수업은 참가자들에게 답답함을 줄 수 있다. 수업계획을 할 때 어떤 수업이 온라인으로 진행되고 어떤 수업이 대면으로 진행될 때 적합한지 고려하여 계획할 수 있고, 각 수업에 필요한 자원을 고려하고 그에 따라 자원의 사용을 최적화한다.

하이브리드 학습을 구성할 때 자원과 학습활동을 충분히 고려하여야 한다. 하이브리드 수업의 초점은 엄격하게 분리된 대면 또는 온라인 수업과 달리 각 수업에 따른 과업과 자원을 가장 올바른 형식으로 수행되도록 하는 것이다. 성공적인 하이브리드 학습을 수행하기 위한 절차는 다음과 같다.

① 목표 설정

하이브리드 학습으로 무엇을 달성하고자 하는지 계획한다. 학습조직에 대한 장단기 목표를 설정하여 학습자들에게 주요 기대사항을 설명할 수 있다. 이러한 목표와 그에 상응하는 평가를 결정한 후 학습과정을 역으로 구성한다. 이를 통해 모든 과업과 자료가 학습과정에 직접적으로 관련되고 도움이 되도록 구성할 수 있다.

② 진행과정의 작성

학습과정의 목표와 학습자들이 평가되는 방식을 결정했으므로, 학습자들이 수업을 탐색하는 방법을 계획해야 한다. 차트, 표, 타임라인 등을 작성하여 학습과정 모듈과 해당 활동 및 자원 등을 시간순으로 간략하게 제시한다. 학습과정을 시각적으로 매핑(mapping)하면 학습과정의 결손이나 개발하지 않은 활동 등을 더 쉽게 찾을 수 있다.

③ 대면 활동 목표를 결정

학습 진행과정을 윤곽을 결정했으므로 이제 하이브리드 요소를 고려해야 한다. 대면 수업 시간은 다음과 같은 활동을 위해 구성해야 한다.

- 실시간 집단 브레인스토밍 세션
- 수업 규칙 및 학습자 개인의 책임에 대한 의사소통
- 협력적이고 신뢰 기반의 학습환경 구축
- 소통적 프레젠테이션
- 학습자에 대한 즉각적인 피드백

④ 온라인 학습활동 결정

대면 섹션에서 다루지 않은 하이브리드 학습의 주요 요소는 정보 전달이다. 대면 시간은 실시간의 집단 토론을 위해 계획되지만 개인이 수행해야 하는 대부분의 과업은 온라인으로 수행된다. 하이브리드 수업의 온라인 부분은 다음의 활동이 포함될 수 있다.

- 자기주도적(페이스 조절) 학습 활동
- 객관식, 퀴즈 등과 같은 자동 평가 프로그램
- 비실시간 집단 토론
- 비평문 작성 및 분석
- 비디오 또는 청각 콘텐츠

⑤ 학습 콘텐츠를 생성

학습과정 모듈을 매핑한 후에는 학습자들이 사용할 콘텐츠를 만들어야 한다. 과제를 만들고, 읽기 자료, 비디오 콘텐츠 등을 찾아서 강의 계획에 따른 구체적인 내용을 완성한다. 교육기관이 하이브리드 수업에 대한 경험이 있는 경우에 생성해 놓은 콘텐츠를 조정하고 수업 구조에 맞게 배치하는 것도 좋은 시작이 될 수 있다. 또한 주요 교육 웹사이트에서 자원을 찾을 수도 있다.

⑥ 학습 계획의 시범적 실행

실제 학습과정이 시작되기 전에 온라인 부분을 시험적으로 실행하는 것이 필요하다. 학습과정이 중간에 장애가 없는지, 유연하고 접근성이 높은지 등을 확인한다. 가능하면 동료 교직원이나 신뢰할 수 있는 학습자를 통해 과정을 테스트할 수 있다. 학습과정을 더 자세히 살펴보는 것은 항상 권장된다.

4 VAK 수업모형(VAK teaching)

최초의 VAK 개념은 1920년대부터 페르날드(Fernald), 켈러(Keller), 오튼(Orton), 질링햄(Gillingham), 스틸먼(Stillman), 몬테소리(Montessori) 등과 같은 심리학자 및 교육학자에 의해 처음 개발되었다. 일반적으로 VAK로 약칭되는 시각(visual)-청각(auditory)-감각(kinesthetic) 학습 모형은 자신과 다른 사람의 학습 스타일을 설명하고 이해하는 간단한 방법을 제공한다. 이 모형이 주는 가장 중요한 함의는 학습자들의 선호도에 맞는 학습 방법과 경험을 설계하는 데 도움이 된다는 것이다.

이것은 시각, 청각, 운동감각(움직임)의 세 가지 주요 감각 전달 요소를 사용하여 지배적인 학습 스타일을 결정하는데, 이것은 인간의 지각과 기억이 조합되어 구성되고 그것이 표현되는 양상(modalities)을 기반으로 한다.

우리는 정보를 받고, 처리하고, 전달하는 선호 방식이 있다. 누군가는 의미를 '보는' 것을 좋아하고(시각적 선호도, visual preference), 누군가는 어떤 아이디어를 '듣는' 것을 좋아하고(청각적 선호도, auditory preference), 누군가는 제시된 것을 '경험'하는 것을 좋아한다(운동감각, Kinesthetic). VAK 모형은 개개인이 사고하고 세상과 관계를 맺는 방식과 자신의 타고난 강점이 어디에 있는지에 대한 인식을 제공한다. 또한 개인이 선호하거나 지배적인 사고 및 학습 스타일을 이해하고 설명하기 위한 관점을 제공한다. 이것은 가드너(Gardner)의 이론과 중복되지 않는다. 다중지능이론은 사고방식(thinking styles)을 보는 한 가지 방법이다.

VAK 수업모형은 대부분의 학습자들이 세 가지 학습 스타일 중 선호하는 하나를 구분할 수 있다고 제안한다. 세 가지 스타일은 다음과 같다.

시각적 학습 스타일을 가진 사람은 그림, 다이어그램, 디스플레이, 유인물, 영화, 차트 등 눈으로 보거나 관찰된 것을 선호한다. 이러한 학습자는 지시된 내용을 먼저 읽거나 다른 사람이 먼저 수행하는 것을 본 후에 과업을 가장 잘 수행할 수 있다. 즉, 구체적으로 제시된 지시사항이나 안내에 따라서 과업에 원만히 참여할 수 있다.

- 교수자의 몸짓과 표정을 볼 수 있도록 함
- 다양한 색깔, 표시를 사용하여 텍스트의 핵심 표시
- 아이디어를 그림으로 표현하고 마인드맵, 차트, 그래프, 그리기 등 활용
- 컴퓨터나 비디오와 같은 멀티미디어 사용
- 자료를 기억해야 할 때 반복해서 쓰기
- 좋은 생각을 기록할 수 있도록 펜과 종이를 가까이에 두기
- 언어적인 방해가 없는 조용한 곳에서 학습

청각적 학습 스타일을 가진 사람은 듣기를 통한 정보 전달, 즉 자신이나 타인의 말, 소리 등을 선호한다. 이러한 학습자는 전문가의 지시를 경청할 때 새로운 과업을 가장 잘 수행할 수 있다. 이들은 전화 등으로 음성 안내를 받았을 때 만족하고, 청각적으로 들은 노래나 단어, 정보 등을 잘 기억할 수 있다.

- 큰 소리로 생각을 표현하고 자신에게 이야기하기
- 토론에 참여하거나 다른 사람과 구두로 소통함
- 표현하는 글이나 프레젠테이션 만들기
- 텍스트를 소리 내어 읽기
- 자료를 기억해야 할 때 징글(jingles)이나 니모닉(mnemonics) 만들기
- 음성 녹음기 사용
- 자료를 더 잘 암기하기 위해 정보를 반복해서 암송하기
- 시각적 자극이 적은 곳에서 학습

운동감각적 학습 스타일을 가진 사람은 만지기, 느끼기, 실행하기 등과 같은 실제적인 신체 경험을 선호한다. 이러한 학습자들은 계속 체험하고 시도하면서 새로운 과업을 가장 잘 학습할 수 있다. 실험과 실습을 좋아하고 지침이나 안내를 먼저 보지 않는 유형이다.

- 학습을 신체적 움직임이 포함되도록 구성(서서 과업을 할 수 있는 책상, 학습공간을 이동해가면서 읽기 등)
- 활동을 다양하게 하고 자주 학습 휴식을 취함
- 밝은 색깔로 읽을 자료에 강조 표시
- 다양한 색깔, 도구 등으로 학급 공간 꾸미기
- 메모를 녹음하고 운동하면서 듣기
- 읽을 때 먼저 전체 내용을 훑어본 후 세부 내용을 학습

- 마인드맵과 같은 공간적 메모 기술 활용
- 복잡한 프로젝트를 시각화하여 표현

VAK 수업모형에 따르면 대부분의 사람들은 지배적이거나 선호하는 학습 스타일을 가지고 있지만, 오직 한 형태만을 고집하지는 않고 세 가지 스타일이 혼합되거나 고르게 균형을 이루고 있는 경우도 있다. 인간은 보통 독점적으로 하나의 학습 스타일을 선호하지는 않는다. 이것은 개인의 전반적인 성향, 선호도, 강점을 이해하기 위한 하나의 도구적 접근임을 기억해야 한다. 선호하는 학습 스타일을 알면 학습자 자신에게 가장 적합한 학습 유형을 이해하게 되고 이러한 학습 유형을 선택할 수 있다. 옳고 그른 학습 스타일은 없으며, 단지 자신의 선호하는 학습 스타일에 맞는 학습 유형이 있다는 것이다.

선호하는 정보처리 방식을 파악하는 다양한 방법이 있지만, 간단한 방법 중 하나는 생각하거나 질문에 대답할 때 눈의 움직임을 관찰하는 것이다. 즉, 시각적 사고를 하는 사람들은 위를 바라보는 경향이 있다. 청각적 사고를 하는 사람은 앞을 똑바로 보는 경향이 있고, 운동감각적 사고를 하는 사람은 아래를 보는 경향이 있다. 그러나 실제로는 가상의 상황이나 회상 등을 할 때에 안구의 움직임이 변화하기 때문에 단순하게 판단할 수는 없다.

또 다른 방법은 사람들이 사용하는 단어 또는 메타언어(meta-language)를 확인하는 것이다. 이러한 어휘 단서는 선호하는 방식을 이해하는 데 도움이 될 수 있다. 예를 들면, 시각적 사고를 하는 사람들은 '나는 그림을 이해한다.' 또는 '나는 그것이 어떻게 움직이는지 본다.' 등의 용어를 많이 사용하는 경향이 있다. 청각적 사고를 하는 사람은 '잘 들었어.' 또는 'ㅇㅇ소리가 난다.'와 같은 용어를 많이 사용한다. 운동감각적 사고를 하는 사람은 '그것이 푹 빠졌어.', '느낌이 좋아.' 등과 같은 용어를 많이 사용하는 경향이 있다. 학습자가 선호하는 정보처리 양식을 이해하면 보다 효과적으로 의사소통할 수 있다. 그리고 그러한 학습 스타일을 사용할 때 더욱더 잘 학습할 수 있다.

따라서 시각적 학습자를 위해서는 다이어그램, 도표, 그림 등을 적극적으로 활용할 필요가 있다. 청각적 학습자를 위해서는 핵심 단어를 강조하고 이야기, 일화, 언어유희, 담화적 기록 등을 활용할 수 있고, 운동감각적 학습자를 위해서는 실습, 체험 등을 활용한다면 적극적인 참여를 유도할 수 있다.

VAK 수업모형은 학습자의 학습 스타일을 이해하는 데 유용하다. 이를 통해 보다 효과적으로 의사소통하고 성공적인 학습을 설계할 수 있다.

5 디자인 씽킹(design thinking)

디자인이란, 현재보다 더 나은 상태의 결과물을 만들어내기 위해서 아이디어, 제안, 계획 등을 직접 행동으로 실현하는 과정을 뜻한다. 디자인 씽킹은 디자이너의 사고방식을 활용하여 사회문제해결, 경영, 교육 등의 복잡한 문제를 창의적으로 해결하려는 마인드셋(mind set)이다.

20세기 초부터 1960년대까지 경영 환경은 과학적 관리법이 주를 이루었다. 1970년 이후 학자들은 세상을 둘러싼 문제들이 측정과 분석만으로 해결되지 않는다는 점을 인식하고 디자이너들의 독특한 문제해결방식에 주목했다. 디자이너들이 직면한 문제를 해결하는 방식은 기존의 분석적, 직관적 사고를 활용하는 방식과 달리 재빠르게 프로토타이핑과 테스트를 반복하면서 가능성을 높이는 사고방식을 발견하게 되었다. 최초로 디자인적 사고라는 개념을 언급한 것은 허버트 시몬(Herbert Simon)이다. 그는 디자인적 사고를 인간생활을 둘러싼 모든 문제들을 해결함에 있어서 다양한 분야의 통합, 학제적인 협력을 통해 종합적으로 문제를 해결하는 과정으로 정의했다. 현재 디자인 씽킹은 정의를 시도하는 학자들의 수만큼이나 다양하게 정의되고 있다. 그중에서도 디자인 씽킹의 가장 대표적인 정의는 브라운(Brown, 2008)의 정의이다. 그는 소비자가 가치 있게 평가하는 전략, 시장 기회를 활용하는 전략, 기술적으로 실현 가능한 경영 전략 요구를 충족하기 위해 디자이너가 가진 감성적 사고와 창조적 작업 방식을 활용하는 것이라고 정의하였다. 디자인 씽킹을 실행하는 구체적인 모형을 예시하면 다음과 같다(김혜영, 2022).

1) 3I 모형

3I 모델은 재빨리 핵심기능만을 구현하는 프로토타이핑 과정, 이를 바탕으로 테스트하고 피드백을 얻는 실행, 그리고 이 과정의 끊임없는 반복을 통해 문제를 해결해나가는 것을 강조한다. 즉, 3I 모델은 영감을 얻는 inspiration, 사고를 확산하고 수렴하는 ideation, 실행하는 implementation 등의 3단계로 구성된다. 영감(Inspiration) 단계는 대상에 대한 철저한 관찰과 이해를 바탕으로 요구를 파악하고 문제의 단서를 얻는다. 발상(Ideation) 단계는 수집한 자료를 분석하면서 해결책을 모색한다. 이때 브레인스토밍을 통해 아이디어를 최대한 많이 끌어모으는 데 집중하며, 다양한 분야의 전문가가 참여하기도 한다. 실행한 아이디어 중 문제를 해결할 가능성이 있는 아이디어의 핵심만 신속하게 구현하는 프로토타이핑 단계, 그리고 이를 테스트함으로써 문제 해결을 위한 실천 계획을 수립하는 단계로 구성된다. 실행 단계는 시험-반복-개선의 과정을 통해 아이디어를 발전시키는 것이 핵심이다.

2) HPI 모형

독일의 비영리 단체인 하소플래트너연구소(Hasso Plattner Institute: HPI)가 제시한 6단계 모델은 이해하기(understand), 관찰하기(observe), 관점 정리하기(point of view), 아이디어 만들기(ideate), 프로토타입(prototype), 테스트(test) 등의 절차를 제시하였다. 각 단계는 순서대로 진행하지 않아도 되고 임의로 이전 단계로 역행하거나 지난 단계를 반복적으로 실행할 수도 있다.

이해하기 단계는 문제와 관련된 모든 정보들을 수집함으로써 문제 상황을 이해하기 위해 인지적으로 노력하는 단계이다. 관찰하기 단계는 민속지학(ethnography) 접근으로 사용자의 맥락 안으로 들어가는 것이다. 대상을 심도 있게 관찰함으로써 문제의 맥락을 파악하고 숨겨진 욕구를 파악하는 데 중점을 둔다. 관점 정리하기 단계는 앞서 파악한 문제의 상황적 맥락과 숨겨진 욕구 등을 구성원에 공유하고 시각화함으로써 관점을 종합적으로 정리하는 단계이다. 아이디어 만들기(Ideate) 단계는 앞서 형성한 관점을 바탕으로 문제를 해결할 수 있는 다량의 아이디어를 확산한다. 아이디어를 그림, 글, 말 등으로 자유롭게 표출하여 아이디어를 확보한다. 프로토타입(prototype) 단계는 그렇게 모인 아이디어 중 문제해결의 가능성이 포착된 아이디어의 핵심기능만을 간단하게 구현해보는 단계이다. 테스트(test)는 이를 실제로 실행하여 피드백을 얻는 단계이다.

3) Double Diamond 모형

영국의 산업 디자인을 진흥하기 위한 정부기관인 영국디자인협의회(British Design Council)는 Double Diamond 모델을 제시하였는데, 발견(discover), 정의(define), 개발(develop), 전달(deliver) 등 4단계이다.

발견단계는 문제를 둘러싼 환경, 사용자와 관련된 정보를 토대로 현황을 파악하고 문제점과 숨은 욕구를 발견하는 단계이다. 이를 위해 인터뷰, 관찰, 민속지학 기법을 활용한다. 정의단계는 발견 단계에서 모은 정보를 바탕으로 핵심 문제를 파악하고 해결책을 고안하는 단계이다. 개발단계는 앞서 고안한 해결책을 발전시켜 핵심 아이디어를 빠르게 구현하고 실현하는 단계이다. 전달단계는 테스트와 피드백을 바탕으로 실제적인 최종 해결안을 가다듬어 제시하는 단계이다.

4) D. School 모형

가장 널리 알려진 모델로서 스탠퍼드대학의 D. School 모델이 있다. 이것은 5단계 순환적 구조로 이루어져 있는데, 첫 번째 단계는 공감하기(empathize)이다. 공감하기 단계는 대상의 맥락 안으로 들어가 보는 과정을 말한다. 실제 어떤 행위를 하는지, 어떤 과정을 거치는지 등을 관찰, 체험 등을 함으로써 아직 충족되지 않은 숨겨진 욕구를 파악하는 데 중점을 둔다. 두 번째는 문제 정의하기(define) 단계이다. 현재 상태와 미래를 정의하고, 이 둘의 차이를 문제로 인식하는 일반적인 문제의 정의라기보다는 숨겨진 이면의 문제를 파악하고 정의하기를 강조하는데 이를 핵심 문제(real problem)라고 한다. 세 번째는 아이디어 도출하기(ideation) 단계이다. 핵심 문제를 해결하기 위한 창의적인 아이디어를 확산하고 수렴하는 과정으로 브레인스토밍, 브레인라이팅 등의 기법을 활용한다. 이후 아이디어를 범주화하고 실제로 구현할 아이디어의 우선순위를 정한다. 네 번째는 프로토타입(prototype) 단계이다. 앞서 도출한 아이디어를 빨리, 쉽게, 핵심만 구현해 보는 것을 말한다. 프로토타입은 이후 피드백을 얻기 위한 선행단계로, 많은 시간과 많은 노력을 투입해서는 안 된다. 다섯 번째는 테스트(test) 단계이다. 프로토타입을 실제 적용하여 피드백을 얻는 단계이다. 피드백을 토대로 프로토타입을 빠르게 수정함으로써 더 나은 해결안으로 나아가는 과정이다.

위 단계는 모든 단계를 필수적으로 거쳐야 하는 것은 아니고 순차적으로 거쳐야 하는 것도 아니다. 단계를 역행, 스킵, 반복하는 것도 가능하다. 중요한 점은 결과보다 과정에 더 큰 의미를 부여하는 것이다. 완벽한 산출물을 구현하는 것보다 숨겨진 진짜 문제에 대한 관점을 정립하고 수차례 실행하고 보완하는 과정을 중시한다. 그런 의미에서 디자인 씽킹은 프로세스가 아닌 일종의 마인드셋(mindset)이다.

6 게임화

게임화(gamification)이라는 단어는 gamify(게임화하다)와 -tion(상태)을 합성한 신조어이다. 곧 '게임화'란 게임의 특성과 요소를 다양한 분야에 적용하여 게임 효과를 기대하는 것이다. 게임이란 즐거움을 주는 구조화된 놀이이다. 규칙의 정형성은 놀이와 게임을 구분하는 기준이 된다. 즉, 게임은 규칙과 승부 및 경쟁, 예측 가능한 결과 등을 수반하는 놀이라고 할 수 있다. 게임화(gamification)라는 용어는 2011년 미국에서 개최된 게임서밋(Game Summit)에서 본격적으로 사용된 것으로, 게임적인 사고와 기법을 활용해 유저를 몰입시키고 문제를 해결하는 과정을 말한다(Zichermann & Cunningham, 2012). 즉, 게이미피케이션이란 게임 외적인 분야(비즈니스, 교육, 금융, 헬스케어 등)에 규칙, 미션, 경쟁, 점수와 같은 게임의 요소를 선택적으로 활용하여, 긍정적인 행동을 유도하고 동기 유발, 재미, 몰입과 같은 게임의 긍정적인 효과를 가져오는 것을 말한다. 이것은 게임과 유사한 사고와 기법을 현실의 다양한 분야에 적용해 문제를 해결하도록 돕는다(한국콘텐츠진흥원, 2013). 게임화는 동기부여를 통하여 참여자가 자발적으로 게임을 하도록 유도하고, 참여에 대한 즉각적인 피드백을 제공하고, 이에 따른 보상이 제공된다. 이것은 다시 동기부여로 이어져 계속적인 참여를 이끌어 낸다.

게임화와 유사한 개념으로 게임기반 학습이 있다. 게임기반 학습(game based learning, GBL)이란 기능성 게임을 이용한 교육으로, 교수자의 관여 없이 학습자가 독립적으로 교육적 내용과 게임이 결합되어 있는 콘텐츠를 이용하여 학습 목표에 도달하는 학습이다. 즉, 게임기반 학습은 그 목적이 교육에 한정되며, 게임화의 하위 개념으로 볼 수 있다.

게임화가 작동되는 원리는 재미, 동기, 몰입 등을 들 수 있다. 게임은 어떠한 활동을 하는 과정에서 재미를 주며, 게임화는 이 재미가 근본적인 원동력이 된다. 라자로(Lazzaro, 2004)는 게임에서 느끼는 재미를 참여자가 경쟁에서 이기려고 노력할 때 생기는 '어려운 재미', 참여자가 게임 속을 탐험할 때 생기는 '편안한 재미', 게임이 참여자의 감정 상태를 바꿀 때 생기는 '변화의 재미', 참여자가 다른 참여자와 상호작용할 때 생기는 '사회적인 재미' 등으로 구분하였다. 게임은 게임 자체로 참여하고 싶다는 동기를 유발한다. 게임 자체의 재미와 보상이 강한 참여 동기를 유발하는 것이다. 동기는 외적 동기와 내적 동기로 나눌 수 있는데, 상금, 레벨 등과 같은 외적 동기와 성취감, 노력을 통한 즐거움 등의 내적 동기가 함께 발현된다. 마지막으로, 참여자는 도전 과제의 난이도가 참여자의 현재 능력과 완벽한 균형을 이룰 때 몰입을 경험한다. 몰입을 이룰 수 있는 요소는 수행 가능한 과제, 집중, 분명한 목표, 피드백, 자연스러운 열중, 행동 통제, 자아 상실, 시간 개념 상실 등이다.

이러한 게임화의 원리가 원만히 작동하고 기대하는 효과를 유발하기 위해서는 다음의 요소를 고려하여 교육프로그램을 실현해야 한다.

1) 목표

일반교육의 목표가 광범위한 것과는 달리, 게임화에서의 목표는 모호하지 않고 구체적이며, 목표 달성 여부는 분명하게 확인된다. 게임의 목표는 시각적으로나 상징적으로 명확하게 드러나야 한다. 레벨, 상태 표시 등과 같이 단계적으로 성취도를 표시하는 기법은 장기 목표를 수행 가능한 작은 목표로 분할해 준다. 이는 진행 상태의 확인을 가능하게 하여, 참여를 지속시키는 원동력이 되며, 참여에 대한 격려와 피드백의 역할도 하고 다른 참여자와의 비교도 가능하게 한다.

2) 규칙

게임화는 규칙들의 집합이라고 할 만큼, 참여자, 점수 획득 방법, 미션 성공 기준, 보상 등 모든 것이 규칙으로 이루어져 있다. 그렇기 때문에 교육프로그램이 원활하게 진행되도록 규칙을 구체적으로 설계하는 것이 중요하다. 구체적으로 게임화에 적용되는 규칙은 게임 플레이 방식을 설명하는 '운영 규칙', 게임의 목적을 설명하는 구조로써 '기본 규칙', 참여자 사이의 사회적 합의와 같은 '암시적 규칙' 또는 '행동 규칙', 학습자가 배우고 게임을 하면서 완전히 익히기를 기대하는 '교육적 규칙' 등 네 가지가 있다(Salen & Zimmerman, 2004).

3) 피드백

게임화에서는 미션의 진행과정 및 성공 여부를 피드백이나 보상으로 즉각적으로 제공한다. 즉, 목표 달성까지의 진행 상황, 남은 자원 및 에너지, 시간, 보유 아이템, 다른 참여자들의 진행 상황 등을 참여자에게 실시간으로 파악할 수 있게 준다. 참여자에게 응답, 행동, 활동이 맞거나 틀린 정도를 알려 주고, 정확한 결과물이 도출될 수 있도록 피드백 방식을 설계해야 한다. 효과적인 피드백은 참여자와 게임과의 상호작용에서 자연스럽게 인식할 수 있고, 참여자가 알고 싶고, 참여자가 통제한다는 느낌을 주고, 예상하지 않은 재미와 매력이 있어야 한다.

게임화에서 동기부여를 위해서는 적절한 보상 체계가 반드시 구성되어야 한다. 보상을 통해 참여자는 몰입하고 참여의욕도 높아진다. 보상은 참여자가 노력한 상징이며 성취감을 주기도 한다. 그러나 무의미한 활동에 보상을 남발하면 효과가 떨어질 수 있다. 보상에는 점수, 추가적인 기술, 상, 상위 레벨로 업그레이드, 상위 랭킹 리스트 등이 활용된다.

4) 레벨

레벨(level)은 주로 참여자의 미션 완성도 표시를 위하여 활용된다. 레벨은 배지, 참가자 상태 정보 등을 통하여 표현될 수 있다. 참여자는 한 레벨에서 목표를 달성하고 다음 레벨로 넘어간다. 레벨을 구성하려면 각 레벨이 스토리 전개와 관련 있어야 하고, 레벨이 올라갈 때마다 기술이 강화되는 등 동기를 유발해야 한다. 참여자가 흥미를 느끼기 위해서는 각 레벨에서는 달성 가능한 작은 목표들이 있어야 한다. 너무 어렵거나 쉬우면 의욕이 감소되기 때문에 난이도를 조절하는 것이 중요하다.

5) 상호작용

게임화에는 대립, 경쟁, 협동과 같은 참여자 간의 상호작용이 존재한다. 대립은 다른 참여자나 시스템에 의한 도전으로, 참여자들이 최종 승자를 가리는 대결을 벌이게 된다. 게임의 요소가 참여자를 방해하는 것이고 참여자는 이를 극복해야 한다. 경쟁은 대립과는 달리 상대방이 서로를 방해할 수 없고 온전히 자신에게 집중하여 최고의 성과를 지향하는 것이다. 협동은 참여자들이 서로 도와 공동의 목표를 달성하고 성과를 나누는 것이다. 효과를 높이기 위해서는 이 세 요소를 혼합한 환경을 만든다.

6) 자기표현

게임화에서 자신의 캐릭터를 꾸미거나 아이템 선택과 같은 요소들을 활용하여 참여자의 몰입과 적극성을 높일 수 있다. 놀이와는 달리 게임에서는 개인의 성공과 실패 또는 수준이 명확하게 드러난다. 자기표현 요소를 가미함으로써 마치 시스템 속에 자아로 인식하게 되고 몰입을 유도할 수 있다. 또한 다른 참여자들과 자신을 차별화하고, 개성 있는 표현을 가능하게 한다.

7) 내러티브(narrative)

게임에 맥락이 있는 줄거리를 포함하면 참여자의 경험에 의미가 부여된다. 스토리는 참여자가 과업을 수행하는 전후 맥락이 되기도 한다. 게임화는 참여자의 활동에 필요한 서사적 맥락을 제시하고 학습 목표에 관련된 활동을 제공해 준다. 규칙이나 절차를 맥락이 있는 줄거리로 엮으면, 일반적으로 제시하는 방식보다 훨씬 효과적으로 기억할 수 있고, 학습 경험이 기억에 잘 남게 된다. 게임화를 통해 문제를 해결할 수 있도록 줄거리를 구성하면, 실제 유사한 상황에서 문제를 쉽게 해결할 수 있다. 즉, 학습자는 간접 경험을 하게 되고 이후에 이를 실제 상황에 적용할 수 있는 것이다.

Chapter 12

평생교육평가

1 평생교육평가의 의미

평생교육평가란 그 프로그램이 설정된 목표에 어느 정도 달성되었는지, 교육과정이 계획대로 진행되었는지 그리고 학습자들의 학습과 성장에 어떤 영향을 주었는지를 확인하는 과정이다. 엄밀히 말해 평생교육평가에는 평생교육프로그램평가와 평생교육기관평가의 두 가지 영역이 있다.

프로그램평가란 프로그램의 목표가 성취되었는지 그리고 그 설계와 실행이 효과적으로 잘 이루어졌는지를 파악하기 위한 과정이다. 따라서 프로그램의 평가란 요구된 목표가 어느 정도 달성되었는지 그리고 교육목적을 달성하기 위해 설계된 프로그램이 얼마나 가치 있었는지를 여러 가지 각도에서 판단하는 것이다(Caffarella, 1994). 그리고 평생교육기관의 평가는 평생교육기관이 평생교육을 실현하기 위해 어느 정도의 역량을 갖추고 있는가를 파악하는 것이다. 예를 들면 시설, 교수자의 질, 운영여건 등을 진단하는 것이다.

학교교육에서는 학생들의 학업성취도의 측정이 주요한 평가의 목적임에 비해, 평생교육에서는 학습자의 개인적 목적달성, 반응이나 소감을 측정하고 분석하여 앞으로의 학습의 질을 개선하는 데 더 큰 목적이 있다. 평생교육평가의 구체적인 목적을 정리하면 다음과 같다.

① 평생교육이 계획대로 잘 진행되고 있는지를 확인
② 평가를 통해 프로그램의 내용, 방법상의 개선을 도모하고, 이후의 학습을 보다 향상시킴.
③ 평생교육프로그램이 사회에 얼마나 공헌하고 있는지를 밝힘.
④ 학습자 측면에서 보면 자신의 발전 정도를 가늠해보고, 학습동기를 고무시킴.

평생교육은 다양성과 자율성이 주요 특징이기 때문에 평가에 대한 준거를 세우기가 어렵고, 학교의 교육평가와는 달리 교수보다는 상호학습, 인지학습보다는 정의 및 태도학습 등을 중시한다. 따라서 평가방법에 있어서도 다음과 같은 특성을 가진다(한국교육학회, 1997).

① 교육참여자의 자체평가 중시: 학교교육에서의 평가는 주로 학생들의 학업성취 정도를 교사가 평가한다. 그러나 평생교육의 경우에는 교육에 참여한 피교육자의 반응을 중시한다.

② 결과보다는 과정중시: 학교교육에서는 학습의 결과 학업성적이 얼마나 향상되었는가 하는 결과를 중시하는 반면, 평생교육에서는 교육수행 과정에서 피교육자의 참여 정도를 중시한다. 그래서 지식보다는 태도변화나 의식구조, 행동변화를 더 중시하는 경향이 있다.

③ 학습내용과 방법의 혼합체로서의 프로그램 평가: 평생교육방법은 내용과 혼합되어 전개되는 경우가 많기 때문에 프로그램 평가가 곧 교육내용이 되기도 한다. 따라서 평생교육방법의 평가는 그 평가단위가 어떤 개인이나 기관이 되기보다 하나의 평생교육프로그램이 된다.

④ 새로운 방법 및 기법개발을 위한 평가: 평생교육평가의 주된 목적은 실시된 프로그램의 잘잘못을 가리기보다는 앞으로의 보다 효율적인 방법을 찾기 위함이다. 그러므로 평생교육평가는 보다 좋은 프로그램을 실시하기 위한 새로운 방법이나 기법의 개발을 위한 과정이 된다.

2 평생교육평가의 모형

평생교육프로그램 평가의 궁극적인 목적은 프로그램의 전반적인 효과와 관련하여 명확하고 객관적인 결론에 얻기 위한 것으로서, 프로그램의 각 차원에서 의미 있는 의사결정을 하기 위해 정보를 수집하고 공식화하는 것이다. 일반적으로 프로그램 평가는 목표 달성을 위한 진행 상황을 확인하고, 프로그램을 개선하고, 이해 관계자에게 정보를 제공하고, 프로그램 운영을 위한 지원을 확대하고, 정책을 결정하기 위해 사용된다. 프로그램이 의도하는 결과와 구성원들의 요구 사항에 대한 구체적인 이해를 발전시킬 수 있고, 프로그램의 효율성을 높이기 위한 분석을 제공해 준다. 단순히 기대하는 목표와 결과 사이의 인과 관계를 설명하는 데만 초점을 맞추지 않고, 다양한 체계적인 데이터 수집 및 분석을 기반으로 효과성, 효율성, 가치, 적절성 등과 관련된 결정을 내리는 데 활용되고 있다(Rossi & Freeman, 1993).

평생교육프로그램 평가를 어떻게 할 것인가는 설정한 목표를 달성하는 데 필요한 정보에 따라 달라질 수 있다. 그리고 평가 방법을 선택할 때 고려해야 할 것은 가장 비용 효율적이고 실행 가능한 현실적인 방법을 통해 유익한 정보에 제공해 줄 수 있는 것인가이다.

평생교육평가의 모형은 교육의 결과를 평가하는 차원과 교육의 과정을 평가하는 차원에서 크게 세 가지로 나누어 볼 수 있다. 전자의 가장 대표적인 모형이 커크패트릭(Kirkpatrick) 모형과 결과 기반 평가(Outcome-Based Evaluation, OBE) 모형이며 후자의 모형이 스투플빔(Stufflebeam)의 CIPP 모형이다. 각 모형의 프레임워크에서 연관된 단계를 정리하면 다음 〈표 12-1〉과 같다.

〈표 12-1〉 평가 모형의 프레임워크 연관성

CIPP 평가 모형		결과 기반 평가 모형 (OBE)		커크패트릭 모형
평가단계	의사결정	평가단계	방식	실행수준
상황평가 (Context)	계획하기 (Planning)	프로그램평가 (Program)	형성적 (Formative)	학습자반응평가 (Reaction)
투입평가 (Input)	구조화하기 (Structuring)	효과성평가 (Effectiveness)		학습평가 (Learning)
과정평가 (Process)	실행하기 (Implementing)	영향평가 (Impact)	총괄적 (Summative)	행동평가 (Behavior)
산출평가 (Product)	환류하기 (Recycling)	정책평가 (Policy)		결과평가 (Results)

1) 커크패트릭의 모형

커크패트릭(Kirkpatrick)은 교육프로그램의 평가에서 포함해야 할 네 가지 내용을 주장하였다(Kirkpatrick, 1987). 즉, 학습자반응의 평가(reaction evaluation), 학습평가(learning evaluation), 행동 평가(behavior evaluation), 결과 평가(results evaluation)이다. 학습자반응평가, 학습평가, 행동평가는 개인적 차원의 평가이며, 결과평가는 조직 차원의 평가로 볼 수 있다.

① 학습자반응평가: 프로그램에 참여한 학습자들이 그 프로그램에 대해 어떻게 생각하는지를 측정하는 것으로, 만족도 측정으로 볼 수 있다. 반응평가는 학습자 및 교육자의 반응을 평가대상으로 하며, 각각 평가대상자와 평가자가 될 수 있다. 예를 들면, '평생교육학습자가 교육프로그램에 만족하는가?'이다.

② 학습평가: 프로그램 참여결과 얻어진 학습자들의 태도변화, 지식증진, 기술향상의 정도를 측정한다. 프로그램을 통해 제시된 원리 및 사실 및 기술 및 기능에 대한 이해 및 습득 정도를 평가수준으로 삼

으며, 프로그램의 목적에 따라 평가내용이 좌우된다. 학습평가의 평가대상자는 학습자이고 평가자는 교수자자이다. 예를 들면, '평생교육학습자가 교육프로그램을 통해 학습하고 또 이러한 학습이 제대로 이루어지고 있는가?'이다.

③ 행동평가: 교육프로그램의 결과로 얻어지는 학습자들의 행동변화를 측정하는 것이다. 프로그램을 통해 배운 지식과 기술이 학습자의 실제에 얼마나 잘 전이되었는가를 평가하는 것이다. 행동평가는 반응평가나 학습평가보다 더 까다롭다. 왜냐하면 학습자들이 행동 변화를 보일 수 있는 기회가 마련되어야 측정할 수 있고, 행동변화가 발생할 시기를 예측할 수 없기 때문이다. 그리고 학습한 결과를 실제에 활용하려 할 때 여러 여건들로 인해 학습자가 다른 판단을 내릴 수 있기 때문이다. 예를 들면, '평생교육학습자는 교육프로그램을 통해 배우고자 하는 개념과 기술을 습득하는가?'이다.

④ 결과평가: 최종적인 교육효과 및 효율성을 측정하는 것으로, 프로그램 참여로 인해 조직의 개선에 얼마나 기여했는지를 분석하는 것이다. 특히 기관의 발전 및 개선에 미치는 영향을 중시하고 기관유지 및 산출의 변화에 초점을 둔다. 그러나 학습자의 기관에 미친 영향이 교육에 의한 것으로만 판단하기 어렵기 때문에 지지적 증거로써만 활용된다. 예를 들면, '조직체는 평생교육학습자가 습득한 학습내용을 통해 조직목표를 효율적으로 달성할 수 있는가?'이다.

이 네 단계의 평가는 모두 조직활동의 증진과 교육프로그램활동의 증진을 지향해야 한다. 그리고 각 단계마다 효율성, 효과성, 적정성, 형평성, 대응성, 적절성 등 여섯 가지 요인으로 세분화하여 측정한다.

2) 결과 기반 평가 모형

결과 기반 평가(outcome-based evaluation, OBE)는 서비스를 받는 사람을 위해 프로그램이 달성해야 하는 목표와 요청되는 평가의 방향을 설명한다. OBE는 학생들이 프로그램에 참여하여 얻는 이점에 초점을 맞추고, 학생들의 요구가 활동에 의해 충족되는지 여부를 검토한다. 핵심은 프로그램이 아니라 학생들의 삶의 변화에 있다. 클라이언트 관점에서의 이점(결과)은 다양할 수 있지만, 지식 증가, 태도 변화, 학습된 기술, 상태 변화 등이 주로 다루어진다. 이러한 평가는 교육, 건강, 사회 서비스 관련 프로그램에서 자주 사용되며 프로그램을 사용하는 클라이언트가 느끼는 실제적인 혜택에 대한 정보가 바탕이 된다. 즉, 프로그램이 실제로 차이를 만드는지를 확인하는 것이다.

결과 기반 평가(OBE)에서는 네 가지 유형의 평가가 가장 일반적으로 사용된다.

첫 번째는 프로그램 평가이다. 이는 프로그램이 원하는 결과의 도출 또는 충족 여부를 결정하기 위해 개인이나 조직의 변화를 확인하는 유형이다. 두 번째 유형은 프로그램의 목표달성 정도를 보고하는 효과성 평가이다. 세 번째 유형은 영향 평가이다. 이것은 프로그램이 다른 프로그램과 비교하여 이해 관계자들에게 차이를 가져왔는지 여부를 확인한다. 마지막으로 정책 평가는 프로그램에 대한 정책의 형평성, 효율성, 효과성을 확인한다(Schalock, 2001). 이러한 내용을 보다 자세히 살펴보면 다음과 같다.

(1) 프로그램 평가

프로그램 평가는 일반적으로 프로그램이 수요자에게 어떤 결과를 가져오는가라는 질문에 답하기 위한 것으로 교육, 건강, 사회 서비스 영역에서 가장 자주 사용된다. 프로그램 결과는 일반적으로 조직 성과결과, 조직 가치결과, 개인 성과결과, 개인 가치결과 등의 네 가지 범주로 나눈다.

조직의 결과는 프로그램에 관련된 직원, 직원의 역량, 고객 만족도 등을 다룬다. 개인의 결과는 개인의 선호도, 성장, 가치 등이 관련된다.

프로그램 평가에는 일반적으로 세 단계가 포함된다. 첫째, 프로그램에서 설정한 결과에 따라 평가 기준을 정해야 한다. 기준을 설정하기 위해 조직은 상세한 검토항목을 작성하고 평가자는 이를 바탕으로 평가의 강조점을 결정한다. 다음 단계는 원하는 결과의 방향을 확인하는 것이다. 이는 평가자에게 조직이 지향하는 가치를 알려준다. 조직에서는 보다 구체적인 검토항목을 작성하고 지향하는 목표에 따라 결과 정도를 선택한다. 마지막으로 평가자는 분석한 결과를 바탕으로 조직이 기대하는 결과를 얻기 위한 방법을 제시한다.

프로그램의 결과는 교육, 의료, 사회 서비스의 질 및 효과성을 측정하기 위한 것이다. 만족도 및 수요자 평가가 이루어져야 하며, 프로그램의 내용이 수요자의 적응도 및 역할 등과 관련된 내용일 경우에는 수요자가 실제 수행하는 기능에 대해서도 측정되어야 한다.

프로그램 평가에서 모든 내용을 측정하기에는 너무 많은 시간과 비용이 들 수 있다. 평가자는 평가를 통해 얻는 정보의 가치보다 더 많은 자원을 소비하지 않도록 주의해야 한다.

(2) 효과성 평가

효과성 평가는 프로그램이 목표를 달성하고 있는가라는 질문에 답하기 위한 것으로, 프로그램의 목표와 달성한 결과의 비교, 프로그램의 성과 및 가치의 보고, 프로그램 변경 및 개선을 위한 피드백 정보 제공 등을 위한 것이다. 이러한 효과성 평가는 결과를 판단할 수 있는 비교 조건을 설정한다는 점을 제외하면 프로그램 평가와 매우 유사하다.

효과성 평가를 시작하기 위해 조직은 전략 및 성과 계획을 정의하고, 결과에서 예상되는 내용을 지정한다. 다음으로 조직은 변화를 비교할 조건과 목적을 정의한다. 이때 결과의 범주와 측정방법도 결정하게 된다. 그런 다음, 결과 기반의 데이터를 수집하고 분석한다. 데이터 분석과정에서 비교분석도 이루어진다.

효과성 평가는 프로그램에 대한 신뢰할 수 있는 데이터와 개선을 위한 권장 사항을 제공할 수 있다(Mika, 1996). 즉, 조직을 지속적으로 개선하는 데 필요한 정보를 제공한다.

(3) 영향 평가

영향 평가는 이 프로그램이 다른 프로그램보다 나은가 하는 질문에서 이루어진다. 이 평가는 프로그램의 영향에 초점을 맞추고 이러한 영향이 프로그램에 기인한 것인지를 결정한다. 또한 책임 및 개선 계획 영역에서 프로그램 관계자에게 피드백을 제공한다(Schalock, 2001). 영향 평가를 수행하려면 결과를 비교할 비교 그룹이 필요하다. 평가자는 각 프로그램의 수요자, 각 프로그램에서 제공하는 서비스 및 결과 등을 살펴보고 통계적으로 유의미한 차이가 있는지 확인해야 한다.

영향 평가에 가장 일반적으로 사용되는 설계로는 실험대조군, 대응표본, 가상 비교집단, 종단적 비교 등이 있다. 다른 평가와 마찬가지로 평가자가 실제 실험 설계에 깊이 관여할수록 더 나은 결과를 얻을 수 있다. 그러나 이러한 유형의 평가는 교육, 의료, 사회 서비스 분야 등의 인간에게 초점을 맞추기 때문에 항상 실현 가능한 것은 아니다. 주의할 점은 비교를 위해 참가자를 임의로 할당해야 하고, 특별히 실험에 참여하도록 동의를 받아야 한다는 것이다.

평가자는 비교 조건의 설정, 데이터 세트와 측정 방법 제시, 분석결과 등을 제시해야 한다. 이러한 결과에는 유의미한 평균 차이를 바탕으로 영향력 정도를 설명하는 내용이 포함된다. 마지막으로 평가자는 주요 결과와 정책 제안 및 개선방향을 설명한다. OBE의 한 유형으로서 영향 평가의 결과는 지속적인 개선과 관련성이 낮은 것으로 보일 수 있다. 그러나 평가자가 프로그램 간의 차이를 설명하는 요소와 성공적인 프로그램 운영 변수를 제안한다면 그 결과는 매우 유익할 것이다.

(4) 정책 평가

정책 평가는 이 프로그램과 관련된 정책이 효과가 있는가라는 간단한 질문에 답하기 위한 것이다. 이 평가 방법은 형평성, 효율성, 효과성과 관련하여 결과를 정리한다. 이러한 유형의 평가는 여러 방법을 사용하여 개인, 프로그램, 시스템 전체에 초점을 맞출 수 있다. 또한 정책 평가기법은 다양할 수 있으며 앞서 논의된 평가와 비용-이익 분석을 포함할 수 있다.

정책 평가에서 평가자는 정책 목표, 분석 의도, 분석 내용을 설명해야 한다. 그리고 정책의 기초가 되는 가치를 분명히 해야 한다. 그런 다음, 명시된 목표를 참조하여 의도한 결과를 분석한다. 초점은 정책과 프로그램이 영향을 미치는 다양한 집단 간의 상호작용에 대한 것이어야 한다. 그리고 핵심 요소를 바탕으로 목표와 결과를 평가해야 하며, 이를 바탕으로 평가내용에 대한 피드백을 제공한다.

정책 평가를 수행할 때 평가자는 자신이 발견한 내용과 더불어 제안할 내용의 타당성, 중요성, 유용성을 검토해야 한다. 정책 평가는 평가자가 단독으로 할 수 없다. 수요자, 실무자, 감독자, 관리자 등을 포함한 많은 이해 관계자를 고려해야 한다(Mika, 1996). 이러한 유형의 평가는 문제의 본질에 대한 해결책을 제공할 수 있다. 정책 평가는 주관적인 주제를 다루며 데이터 해석은 평가자에게 의존한다. 때문에 이해 관계자들이 다양한 관점에서 결과를 살펴보는 데 도움이 된다.

3) C1PP 모형

스투플빔은 교육평가란 좋은 교육프로그램을 실시하기 위해 필요한 결정을 함에 있어 유용한 정보를 구체화하고 획득하고 제공하는 일련의 과정으로 정의하였다. 이러한 특성으로 인해 평가에 대한 경영적 접근 혹은 의사결정적 접근으로 불린다. 이를 원만히 실행하기 위해 제안한 CIPP 모형은 상황평가(context evaluation), 투입평가(input evaluation), 과정평가(process evaluation), 산출평가(product evaluation)로 구성되어 있다(Stufflebeam & Shinkfield, 1985).

(1) 상황평가

가장 기본적인 평가형식으로, 적절한 환경, 실제적인 환경 기술, 잠재된 요구와 기회, 장애 진단 등이 주된 내용이 된다. 요구분석은 상황평가의 일반적인 예가 될 수 있다. 상황평가는 목표를 결정하고, 요구를 파악하며, 실천전략을 구체화하기 위한 근거마련과 환경적 상황을 파악하기 위해 실시된다.

(2) 투입평가

목적을 달성하기 위하여 어떻게 자원을 활용할 것인가를 결정하는 정보를 제공한다. 구체적인 평가내용에는 담당기관의 적절한 잠재력, 프로젝트목표 달성전략, 선정된 전략의 실천방안 등을 확인하고 사정한다.

(3) 과정평가

운영과정에 대한 피드백을 제공하기 위한 평가이다. 프로그램설계와 절차를 개선하고 실천하는 데 중점을 두고 실시된다. 즉, 실천 과정 및 절차상의 문제점을 파악하고, 이미 결정된 프로그램에 필요한 정보를 제공하며, 과정적 활동을 기록하고 판단한다.

(4) 산출평가

목표달성의 여부를 측정하고 해석한다. 이를 기초로 프로그램을 지속할지 여부를 결정한다. 따라서 여기서는 목표와 직접적으로 연계된 내용을 측정하며, 측정결과를 목표 및 기준과 비교하여, 그 결과를 상황, 투입, 과정에서의 정보와 연관시켜 해석한다.

CIPP 모형은 의사결정자들에게 계속적으로 새로운 정보를 제공해 줌으로써 초기 결정에 대한 재검증을 가능하게 해주는 장점이 있다.

이상에서 평생교육프로그램 평가를 위한 대표적인 모형 세 가지를 살펴보았다. 어떤 평가 모형도 모든 상황에서 적용될 수는 없다. 커크패트릭의 모델은 1959년에 처음 윤곽이 잡힌 이후 다양하게 검증되어 왔지만 논란이 없는 것은 아니다. 지적되는 내용은 학습자반응평가와 학습평가가 프로그램의 효과를 결정하는 데 제한된 의미를 가지고 있고, 학습이 어떻게 발생하는지에 대한 설명이 거의 제공되지 않는 점이 지적된다. 사실 현장에서는 학생이 배웠다고 말하는 내용과 실제 학습한 것 사이에는 상관관계가 거의 없다고 주장되기도 한다(Bimbrauer, 1987). 그리고 행동평가와 결과평가는 비용이 많이 들어서 평가과정에서 생략되는 경우가 많다는 점도 문제이다. 그러나 커크패트릭 모형은 매우 유연하기 때문에 각 수준을 별도로 관리할 수 있다. 정량적 측정이 가능한 곳에서 광범위한 유용성을 보여주었고 관리적 환경에 잘 부합한다. 즉, 커크패트릭 모형의 정량적 측정 형식은 상황별 평가 요구에 쉽게 대응할 수 있다.

결과 기반 평가(OBE)는 시대의 변화와 함께 인기를 얻고 있다. 최근에는 교육, 의료, 사회 서비스 분야의 프로그램 평가에서 과정을 중시하던 경향이 결과중심의 접근으로 변화가 나타나고 있다. 결과 기반 평가는 수요자에게 매우 유익할 수 있으며, 결과에 따라 비교적 쉽게 프로그램을 변화시킬 수 있다. 이해관계자들이 변화에 개방적이고 프로그램을 개선할 의향이 있는 경우에는 즉각적으로 프로그램을 개선할 수도 있다.

CIPP 모형은 최근 몇 년 동안 인기를 얻었다. CIPP는 프로세스 개선에 중점을 두고 계획 및 구현 단계에서 사용하도록 설계되었다. 또한 프로그램의 효율성을 결정하기 위해 소급하여 평가하는 데 유용하다. 유연하게 활용할 수 있다고 제안되었지만, 실제 활용할 때에는 각 구성 요소가 엄격하게 준수되는 경향이 있다.

3 평가기능에 따른 방법

실제로 전체 교육프로그램은 평가에 의해 이끌어진다. 평가를 통해 학습자들의 출발점을 확인하기도 하고, 교육프로그램을 개선하기 위한 피드백을 얻을 수도 있다. 구체적으로 평가기능에 따라 형성평가(formative evaluation), 총괄평가(summative evaluation) 등으로 구분할 수 있다. 두 평가방법의 두드러진 차이점을 비교하면, 형성평가가 학습 과정 중 지속적인 모니터링이라면 총괄평가는 단위나 프로그램 이수 등 종료시점에 실시한다. 형성평가는 교육프로그램의 운영 과정에서 성과를 관찰하고 개선하지만, 총괄평가는 학습자가 목표를 달성했는지 판단하기 위한 최종적인 성취도 확인이다. 형성평가는 학습자의 학습 향상 및 발전을 목표로 하고 의미 있는 피드백이 필요하다. 총괄평가는 학습자의 최종적인 성취도를 평가하는 것을 목표로 한다. 형성평가는 프로그램의 과정 중에 여러 번 수행되어 평가를 지속적인 정규 과정으로 간주하는 반면 총괄평가는 특정 학습단위가 종료된 후에 실시된다. 따라서 총괄평가는 산출 평가에 가깝다. 이러한 평가는 모두 학습의 목표 및 원칙과 연계되어야 하며 학습자뿐만 아니라 교육자 모두에게 피드백을 줄 수 있어야 한다.

1) 형성평가

형성평가는 학습자의 학습 과정을 모니터링한다. 수집된 평가내용은 학습자의 학습이 계획대로 이루어지고 있는지 예기치 못한 문제나 학습자가 겪는 어려움을 식별하는 데 사용된다. 필요한 경우에는 최초 계획한 프로그램을 수정하기도 한다. 평가 자체가 교육의 일환이 되기도 하며, 이후 진행되는 교육의 방향을 조정하기 위해 실시되기도 한다. 학습자의 성취도와 원하는 목표를 달성하는 과정을 모니터링하는 것이 목적이므로 명확하고 정량화할 수 있으면 더욱 효과적이다. 개인이나 집단의 성과를 평가할 수 있어야 하며, 평가에 의해 일상적인 프로그램 운영에 차질이 생겨서는 안 되고 일관성이 있어야 한다. 형성평가의 두드러진 장점은 평가를 통해 학생들을 성취와 성공으로 안내하고, 이를 지원하기 위한 피드백을 제공하는 것이다(Trumbull & Lash, 2013). 이처럼 교육프로그램이 진행되는 와중에 프로그램 개선이나 학습자의 학습지원을 목적으로 실시하는 평가가 형성평가이다. 형성평가로 활용할 수 있는 방법은 다음과 같다.

● 설문 조사(surveys)

학습자의 의견, 태도, 행동, 이해 등에 대한 데이터를 수업 중이나 수업 이후에 수집할 수 있다. 이러한 설문조사는 학습자의 참여의사 및 정도, 사전 지식, 이해정도 등을 제시해 줄 수 있다.

● 이해력 검사(comprehension checks)

학습자가 수업을 따라가고 있는지 확인하기 위해 일정한 간격으로 질문이나 퀴즈 등을 제시하여 이해정도를 확인한다. 이것은 이해력의 차이를 드러낼 수 있을 뿐만 아니라 수업을 보다 이해하기 쉬운 부분으로 나누는 데 도움이 된다.

• 반성적 검토

일명 래퍼(Wrappers) 활동으로 불리는 반성적 검토는 자신의 일련의 학습과정을 객체로서 다뤄보는 활동이다. 즉, 반성적 질문을 스스로 해 봄으로써 자신의 학습을 모니터링하고, 필요에 따라 적응적 전략을 개발하는 데 도움이 줄 수 있다. 구체적으로 자신의 이해와 능력의 격차를 분석하고, 성과를 개선하는 방법을 찾고, 자기주도적인 학습방법을 성찰한다.

• 소그룹 활동(in-class activities)

학습자가 2인 1조 또는 소그룹으로 학습활동에 참여하면서 주어진 문제를 해결하도록 하면 강한 동료 간 학습효과와 풍부한 상호평가 효과가 나타난다. 동료평가는 학습자의 책임감과 자율성을 높이고, 학습내용에 대한 보다 깊은 이해를 도모한다. 학습자의 역할을 수동적인 학습자에서 능동적인 학습자로 변화시킨다.

• 퀴즈(quizzes)

퀴즈는 학습자의 사전 지식을 측정하고, 프로그램 중간에 진행 상황을 평가하고, 학습 그룹 내에 건전한 경쟁을 형성하고, 시험 전에 복습의 효과 등을 제공해 준다. 퀴즈는 학습자에게 큰 부담을 주거나 성취결과에 무거운 영향을 미치지 않으면서도 효과적으로 활용될 수 있다. 퀴즈를 사용하여 프로그램을 시작하는 것은 학습자에게 이미 알고 있는 것을 평가하도록 하고, 잘못된 이해를 해소하고, 얼마나 배울 수 있을 것인지 파악하는 재미있는 방법이다.

• 온라인 평가(online assessment)

많은 온라인 학습 프로그램에는 학습자가 문제를 해결하거나 질문에 답하는 평가기능이 포함되어 있다. 이를 통해 학습자의 참여 정도 및 수업 성과에 대한 분석을 제공할 수 있고, 특정 학습 요구에 맞게 교육프로그램을 조정할 수 있다.

• **수업 결과물**(class deliverables)

수업 중 활동의 결과물 자체가 형성평가의 데이터로 활용될 수 있다. 교육프로그램에 포함된 다양한 활동들은 학습자가 참여한 결과물을 제출할 수 있도록 설계되어야 한다.

2) 총괄평가

총괄평가는 일련의 교육프로그램이 종료되는 시점에 평가를 통해 학습자의 성취 정도를 파악하기 위한 평가이다. 이때의 평가는 주로 프로그램 계획단계에서 수립한 목표에 비추어 학습자들의 목표 달성 정도를 파악하는 것이다. 평가결과는 학습자들의 성취 수준을 상대적으로 변별하거나 학습자 개인의 목표에 따른 도달 정도를 파악하도록 제공된다. 총괄평가로 활용할 수 있는 방법은 다음과 같다.

• **시험**(exams)

여기에는 중간평가, 프로그램 종료평가 등이 포함된다. 가장 좋은 형태의 평가란 학습자가 자신이 습득한 것을 충분히 보여줄 수 있도록 구성되어야 한다. 이를 위해 단답형, 객관식, 참-거짓, 짧은 에세이 등과 같은 다양한 유형의 질문이 포함된다.

• **보고서, 프로젝트, 프레젠테이션**(papers, projects, and presentations)

보고서, 프로젝트, 프레젠테이션 등을 통해 학습자는 자료를 더 깊이 탐구하고, 습득한 지식을 직접 사용해 보거나 새로운 것을 생성해 볼 수 있다. 학습자가 주체적으로 참여하는 이러한 활동은 매우 중요하다. 이러한 유형의 평가는 지필시험에 어려움을 겪는 학습자에게 다른 형태로 자신의 역량을 드러낼 기회를 제공한다.

● 포트폴리오(portfolios)

교육프로그램이 종료될 때 포트폴리오를 통해 학습자는 자신의 성장 및 변화를 확인할 수 있다. 좋은 포트폴리오가 되기 위해서는 교육기간 동안 학습자의 학습결과물 외에도 학습에 대한 성찰도 포함되어야 한다. 학습자에게 각 결과물에서 사용된 개념, 기술, 해결된 문제, 직면한 장애 등을 설명하도록 요청하는 것도 학습에 대한 완성감을 줄 수 있다.

전체적인 학습에 대한 평가에서는 지식, 태도, 기술 등이 포함되어야 한다.

지식에 대한 평가를 하기 위해서는 다음 사항을 고려해야 한다.

- 학습자의 경험
- 개념을 정의하고 설명하는 능력
- 개념을 분석하는 능력
- 지식을 특정 상황에 적용하는 능력

기술에 대한 평가를 하기 위해서는 다음 사항을 고려해야 한다.

- 다양한 맥락에서 지식을 유연하게 조작하고 사용할 수 있는 능력
- 비판적이고 창의적으로 행동하는 능력

태도에 대한 평가를 하기 위해서는 다음 사항을 고려해야 한다.

- 자기주도학습
- 효과적인 커뮤니케이션

• 적극적인 참여
• 소그룹 활동에 대한 기여

3) 평가방법 및 절차

평가의 방법에는 문항을 제시하고 그에 답하게 하는 지필검사, 개인이나 집단의 행동을 관찰하여 평가하는 관찰기록, 집단 간의 인간관계나 사회적 적응도를 알아보는 사회측정법, 학습자를 직접 만나 구두로 질문하여 그의 능력이나 사회성을 평가하는 면접, 자기 스스로 현재 자기 수준에 대한 평가를 하는 자기평가법 등이 있다. 최근에는 평생교육프로그램의 평가과정에 학습자 및 다양한 기관의 참여를 강조하는 참여식 평가(participatory evaluation) 방법이 주목받고 있다. 참여식 평가란 평가과정에 되도록 많은 관계자 및 요소가 참여하도록 하는 것이다. 학교교육은 교사 및 학교에 의한 평가가 주가 되지만, 평생교육에 있어서는 여러 사람의 의견을 반영시키고, 그와 관련된 사람들이 함께 평가를 한다. 이렇게 함으로써 신뢰성과 타당성을 높일 수 있다.

일반적으로 적용되는 평생교육평가의 절차를 정리하면 다음과 같다.

① 세부목표설정: 평생교육의 평가는 프로그램이 본래의 목적이나 목표를 얼마나 달성하였는지에 따라 평가되므로 평가를 실시하는 목표를 구체적으로 세분하여 규정한다.

② 평가내용 및 방법 결정: 평가내용은 학습내용에 따라 지식, 이해, 태도의 변화, 기술의 습득 등을 포함한다. 평가내용이 결정되면 이것을 가장 잘 평가할 수 있는 평가방법을 결정한다.

③ 평가도구 제작: 평가내용과 방법이 결정되면 이를 구체적으로 적용할 수 있는 평가도구를 마련한다. 좋은 평가도구란 먼저 그 도구가 평가하고자 하는 내용과 일치되는 타당성이 있어야 하며, 그 평가도구

에 의한 척도의 정확성을 얻어 낼 수 있는 신뢰성이 있어야 한다. 또한 누가 평가해도 같은 결과를 측정할 수 있는 객관성이 있어야 하며 누구나 쉽게 적용할 수 있는 실용성이 있어야 한다.

④ 평가 실시: 평가도구가 완성되면 이를 이용하여 평가를 실시한다.

⑤ 평가결과 분석 및 활용: 수집된 자료는 정확하고 객관적으로 분석되어야 한다. 평생교육의 평가는 향후 프로그램의 개선이나 학습자의 문제를 진단하고 그를 도와줄 목적으로 사용되어야 한다.

보다 구체적으로 평생교육프로그램의 평가를 실시하기 위한 문항의 예를 제시하면 다음과 같다(최운실, 김인아, 이해주, 1997). 이러한 문항은 프로그램의 목적, 상황 및 필요에 따라 적절하게 수정되어 활용될 수 있다.

〈표 12-2〉 평생교육프로그램 평가 예시

평생교육프로그램 평가 예시

1. 교육진행절차 및 그에 따른 세부사항을 사전에 면밀히 계획하여 교육에 임했나?
2. 가르치려는 내용 및 그에 관련된 배경을 제대로 숙지하고 교육에 임했는가?
3. 교재내용이 교육목표와 부합되는가?
4. 교재내용과 강의내용 간에 조화가 이루어졌는가?
5. 수업시작 전에 학습목표를 명료하게 제시해 주었는가?
6. 학습목표와 실제 수업이 일치되었는가?
7. 피교육생들의 태도나 표정 등을 통하여 피교육생들의 이해도와 호응도를 수시로 확인하고 이를 수업에 반영했는가?
8. 중요한 개념이나 원리를 피교육생들에게 충분히 숙지, 이해시켰는가?
9. 수업내용이 피교육생의 수준에 적합했는가?
10. 피교육생들로 하여금 비판적으로 그리고 창의적으로 사고해 보도록 권장했는가?
11. 피교육생들의 의견이 충분히 반영되고 토론될 수 있는 기회가 주어졌는가?
12. 불필요한 시간의 소비 없이 수업을 밀도 있게 진행했는가?
13. 연습이나 실습이 필요한 학습내용의 경우 그러한 기회가 제공되었는가?
14. 수업과정에 피교육생들이 적극적으로 동참하였는가?
15. 개별적인 도움이 필요한 피교육생들이 거리낌 없이 도움을 요청할 수 있는 교육적 분위기가 조성되었는가?
16. 피교육생으로부터 교육적으로 합당한 요구가 있을 시에 그에 따라 수업내용이나 방법을 적절히 수정하여 실시하는 융통성을 발휘하였는가?
17. 필요한 대목마다 수시로 요점을 정리해 주고, 마지막에 이를 전체적으로 종합해 주었는가?
18. 피교육생들에게 앞으로 이 분야에 관하여 좀 더 깊이 공부하고 연구해 볼 필요가 있다는 의욕을 유발시켰는가?
19. 수업 시에 교육결과 평가를 언제, 어떻게 실시할 것인지에 관해 알려 주었는가?
20. 교육평가는 중요한 학습목표의 성취를 측정하는 데 적합하며 골고루 이를 반영하고 있는가?
21. 이 교과목 (강좌, 프로그램) 이 본 과정에 꼭 필요했는가?
22. 담당강사들의 교수방법은 좋았는가?
23. 담당강사들은 열의를 갖고 적극적으로 성의 있게 교육에 임했는가?
24. 시간배정과 시기 선정, 강의실 분위기, 학습여건 등은 적합했는가?

Part 05

미래사회의 평생학습

오늘날 사회를 4차 산업혁명 시대라고 한다. 따라서 이러한 시대의 산업구조의 특징은 무엇이며, 미래사회는 어떤 모습으로 우리에게 다가올지에 대한 이해와 전망을 학습할 필요가 있다. 이러한 토대 위에서 미래 평생교육은 어떻게 전개될지에 대한 대비를 해야 하기 때문이다.

일반적으로 이러한 시대변화에 대한 논의는 주로 학교교육에서는 많이 강조되고 있지만 평생교육영역에서는 크게 주목을 받지 못한 것도 사실이다. 그러나 이제 평생교육을 단순히 자아실현이나 여가선용 등과 같은 의미뿐만 아니라 진정한 인적자원개발 차원으로 확대시켜야 할 상황에 처해 있다.

따라서 여기서는 4차 산업혁명의 이해와 직업세계 및 역량 등의 내용을 다루었다. 다음으로는 선행연구에서 나타난 미래사회 메가트랜드를 다루었다. 이는 다양한 연구에서 공통적으로 비중 있게 차지하는 트렌드를 학습함으로써 미래사회의 연구와 학습방향을 이해하는 데 도움이 될 것이다. 마지막으로는 이상의 연구들을 토대로 함께 생각해 보아야 할 미래사회 평생교육의 전망을 다루었다. 이는 미래 평생교육의 전망, 내용, 교수-학습방법을 이해하는 데 도움을 줄 것이다.

Chapter 13

4차 산업혁명시대의 평생학습

1 4차 산업혁명의 이해

1) 4차 산업혁명의 특징

오늘날 사회에서 빈번하게 등장하는 용어는 4차 산업혁명(The Fourth Industrial Revolution)이라는 말이다. 4차 산업혁명이 주목받는 이유는 우선 미래사회에 대한 큰 기대일 것이다. 4차 산업혁명시대는 과학기술의 발달로 우리의 삶의 질이 더욱 향상될 것으로 생각하기 때문이다. 그러나 한편으로는 급격한 사회변화에 적응하는 과정에서 이에 능동적으로 대처하지 못하는 데 대한 불안감도 따른다. 뿐만 아니라 새로운 과학기술의 등장은 우리의 기존 일자리가 빼앗기지 않을까 하는 불안감도 가중되고 있다. 특히, 급격한 사회변화는 인간중심 사고에서 기계중심 사고로 편향되지는 않을까 하는 우려도 상존하고 있다. 그럼에도 4차 산업혁명시대로의 변화는 엄연한 현실이므로 이에 대한 대책을 통해 슬기롭게 극복하고 나아가 삶의 질을 더 향상하려는 노력이 필요할 것이다.

4차 산업혁명과 유사한 이름인 초기의 버전은 2010년 독일 정부에 의한 산업 4.0(Industrie 4.0 또는 Industrial 4.0)과 산업 사물인터넷(Industrial Internet of things, IIoT)에서 사용되었다. 이후 세계경제포럼(World Economic Forum) 창립자인 슈밥(Schwab)이 '4차 산업혁명'이라는 용어를 제안하였다. 이것은 물리적, 디지털 및 생물학적 영역 사이의 경계를 무너뜨리는 테크놀로지혁신을 묘사하는 것이다. 테크놀로지혁신이 계속해서 가속화됨에 따라 우리가 생활하며 일하고 서로 관계를 맺는 방식과 환경이 근본적으로 변화하고 있다. 따라서 4차 산업혁명이란 말은 단순히 스마트하고, 연결된 기계와 시스템에 대한 것이 아니라 그 범위는 훨씬 더 넓다. 즉, 물리적, 디지털 및 생물학적 영역에 걸친 여러 가지 테크놀로지와 그들의 상호작용의 융합을 말하는 것이다. 산업 4.0은 산업생산과 정보통신 기술의 융합, 사물인터넷(IoT), 사람인터넷(IoP)의 융합과 관련이 있다(Skilton & Hovsepian, 2018).

1차 산업혁명은 증기기관, 직기짜기(weaving loom), 2차 산업혁명은 전기, 화학, 연소엔진, 3차 산업혁명은 나노테크놀로지, 바이오테크놀로지, 재생, 4차 산업혁명은 사물인터넷과 서비스, 사이버물리시스템 등이다. 이를 그림으로 제시하면 다음 [그림 13-1]과 같다(Dombrowski & Wagner, 2014).

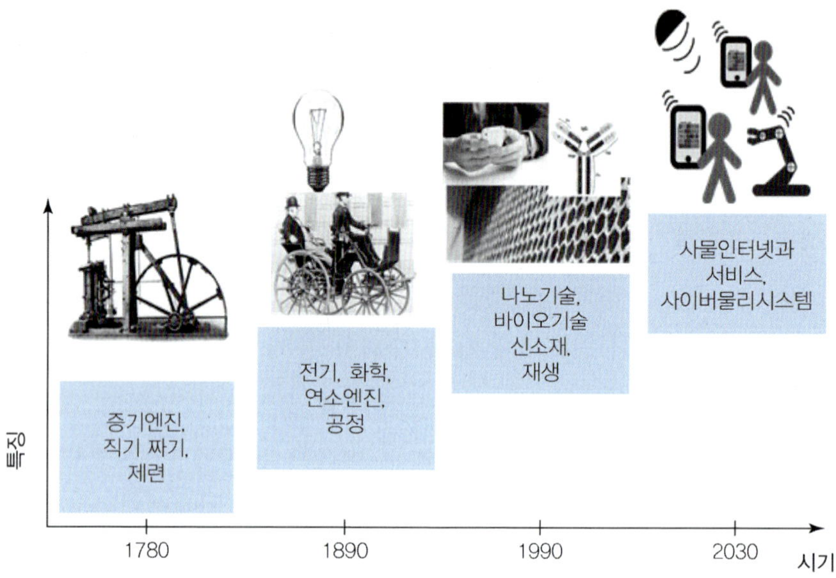

[그림 13-1] 산업혁명의 핵심 테크놀로지의 변화

출처: Dombrowski & Wagner(2014).

1차 산업혁명에서 4차 산업혁명에 이르기까지의 주요 특징을 보면 다음 〈표 13-1〉과 같다.

〈표 13-1〉 산업혁명 시대별 특징

유형	1차 산업혁명	2차 산업혁명	3차 산업혁명	4차 산업혁명
혁명	동력혁명 (power revolution)	에너지혁명 (energy revolution)	디지털혁명 (digital revolution)	융합혁명 (convergence revolution)
시작 연도	1784	1870	1969	현재
주요 발명	증기엔진	전기	컴퓨터, 인터넷	AI, IoT
테크놀로지, 자원	증기엔진, 기계	전기, 화학, 연소기관	정보, 커뮤니케이션, 신소재, 생명공학	빅데이터, AI, 드론
혁신분야	증기력	분업	전자기기	융합
생산방법	생산시스템 (production system)	대량생산	자동화, 정보화	CPS, 스마트팩토리
주요 에너지	석탄	석탄, 석유	재생에너지	재생에너지, 친환경
교통	철도	자동차, 항공	인터넷, 모바일	스마트 자동차
커뮤니케이션 수단	책, 신문	전화기, TV	인터넷, SNS	AI, IoT 등
선도 국가	영국	미국, 독일	미국	미국, 독일, 일본

출처: Jeon & Suh(2017).

위에서도 설명되었지만, 4차 산업혁명이란 다양한 측면에서의 기술혁신이 예상되지만 주요 특징으로는 특히, 인공지능(AI), 자동화(automation)와 연결성(connectivity) 등을 들 수 있다. 인공지능이란 합리적이고 이성적인 판단이나 행동 혹은 인간과 유사한 방식으로 사고와 행동을 할 수 있는 학습체계를 일컫는다(Doh et al., 2013). 인공지능(artifcial intelligence, AI)이라는 용어는 1956년 맥카시(McCarthy) 등에 의해 개최된 다모쓰(Darmouth) 회의에서 처음 사용되었는데, 이것은 전문적인 연구분야로서 AI의 시작으로 보통 알려져 있다(Skilton & Hovsepian, 2018).

인공지능이란 기계에 지능을 불어 넣는 활동으로서, 환경 속에서 예지력(foresight)을 가지고 적절하게 기능을 하도록 하는 것이다. 이러한 관점에서 보면, AI는 하드웨어로서의 컴퓨터과학의 한 분야로 간주되었으나 최근에는 하드웨어와 소프트웨어를 종합적으로 고려하게 된 것이다(Stone et al., 2022). 맥카시는 AI를 인간이 행동하면 지능이라고 할 수 있는 그러한 방식으로 기계를 작동시키는 것이라고 하였다(Cope, Kalantzis, & Searsmith, 2021). 또한 콕 등(Kok et al., 2009)은 인공지능을 사람처럼 생각하는 시스템, 사람처럼 행동하는 시스템, 합리적으로 생각하는 시스템 그리고 합리적으로 행동하는 시스템으로 분류할 수 있다고 하였다.

따라서 인공지능이란 인간의 지적 능력이나 학습능력을 기계나 컴퓨터를 통해 구현해 보고자 하는 것이다. 이러한 인공지능은 다양한 분야에 응용될 수 있으나 교육분야에도 응용될 수 있다. 즉, 학습자들과의 대화나 질의응답을 통한 개별화 학습, 성취도의 확인 및 피드백, on-line 등을 통한 학습에 도움을 줄 수 있을 것이다. 1차 산업혁명에서 4차 산업혁명 시대로의 변화가 교육패러다임에 어떤 영향을 미치는가를 제시해 보면 다음 〈표 13-2〉와 같다.

〈표 13-2〉 테크놀로지의 변화가 교육패러다임에 미치는 영향

기간	혁명	산업변화	교육변화
18~19세기	1차산업혁명	증기기관발명, 육체노동에서 기계로의 변천	작업전문화 출현(work specializations), 전문학교(professional schools) 설립, 대학의 발달
19세기~ 20세기 초	2차산업혁명	전기로의 변천, 수송의 발달, 통신, 하이테크 산업의 발달	산업을 위한 다양한 수준의 훈련시스템 발달, 교육의 표준화, 공학교육의 발달
20세기 중반~ 21세기 초	3차산업혁명	통신 테크놀로지로의 변천, 생산자동화, 급속한 서비스발달	교육의 통합 및 글로벌화, 학문적 이동의 발달, 국제적 교육표준으로의 변환, 서비스를 위한 훈련전문가의 증대

기간	혁명	산업변화	교육변화
21세기 초~	4차산업혁명	사물인터넷, 사이버물리시스템의 통합, 생산과정에의 신경망(neuronet)	교육의 개별화 및 가상화, 공학교육의 프로그램과 다학문적 성격의 강화

출처: Bühler, Nübel & Jelinek(2021).

2) 4차산업혁명과 직업세계의 변화

4차 산업혁명은 생산체제의 변화로 인한 산업구조가 변화함으로써 이는 미래 직업 세계에도 영향을 미칠 것이다. 산업구조의 변화는 새로운 직업의 출현을 요청할 수도 있고 기존의 직업이 사라지는 현상이 일어날 수 있다.

방상진(2017)은 4차 산업혁명시대의 일자리와 관련하여 다음과 같이 주장하였다.

첫째, 4차 산업혁명은 일자리 창출의 기회가 될 수 있지만, 일자리가 오히려 줄어들고 일자리의 질이 양극화될 수 있다. 즉, 옥스퍼드대학의 프레이와 오즈번(Frey & Osborne, 2013)은 미국 일자리의 47%, 독일 일자리의 42%가 자동화로 인해 20년 이내에 사라질 것으로 전망하였다. 또한 고숙련과 저숙련 근로자의 고용률은 큰 변화가 없지만 단순 반복적이고 자동화되기 쉬운 중숙련 직업은 감소할 것으로 예견하였다.

둘째, 4차 산업혁명을 앞서 준비하고 있는 독일은 정치, 경제, 교육정책 등을 통해 '디지털화를 가속하는 경우(accelerated digitalization scenario)' 생산력이 급속도로 상승하여 약 25만 개의 일자리가 증가할 것으로 전망하였다.

셋째, 기업이 더 많은 일자리를 만들기 위해서는 스마트 팩토리에 기반한 리쇼어링, 블루칼라·화이트칼라의 경계를 넘어선 뉴칼라 일자리 확대 등이 필요하다. 즉, 아디다스는 독일 안스바흐에 '스피드 팩토리'를 건설,

동남아시아·중국으로 이전했던 공장을 본국으로 되돌려 자국 근로자의 고용증대를 꾀하고 있다.

넷째, 더 좋은 일자리를 만들기 위해서는 기존 직무의 고부가가치화, 기술적 실업 최소화, 새로운 고용형태에 대비한 보호체계 정비 등을 추진해야 한다.

미래사회에서 직종별 인간과 기계가 차지하는 비중의 변화추이를 보면 다음 [그림 13-2]와 같다.

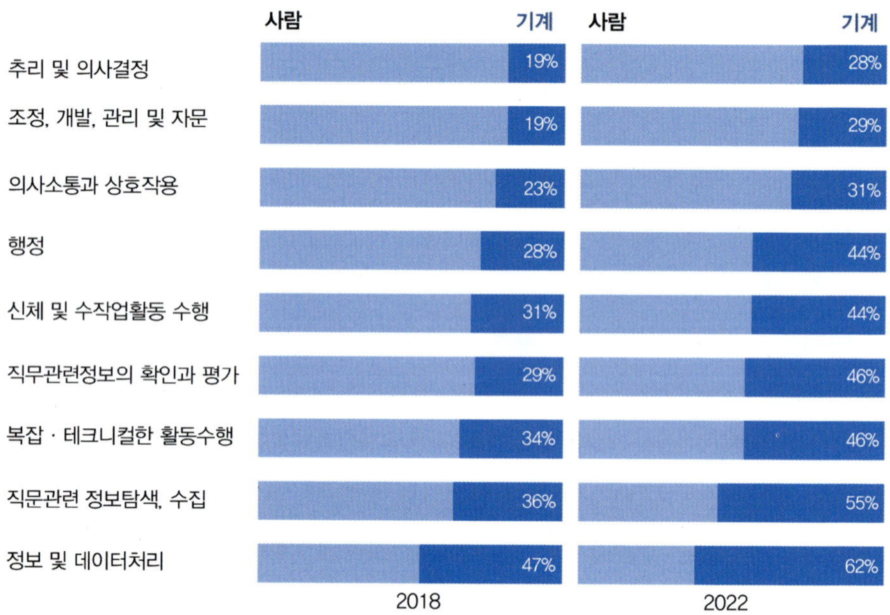

[그림 13-2] 직종별 인간과 기계가 차지하는 비중의 변화추이

출처: World Economic Forum(2018). The future of jobs report 2018.

위의 [그림 13-2]에서 나타난 바와 같이, 추리 및 의사결정, 조정, 개발, 관리 및 자문, 의사소통과 상호작용 관련 분야는 기계가 차지하는 비중이 2018년과 2022년과 비교할 때 큰 차이를 보이고 있지 않다. 그러나 행정, 신체 및 수작업활동, 정보탐색 및 수집 등의 분야는 기계의존 비율이 상대적으로 점점 더 증대하고 있음을 알 수 있다.

이러한 경향성과 더불어 World Economic Forum(2020)은 미래사회에서 직업요구가 증대되는 분야와 감소하는 분야를 더욱 구체적으로 제시하였는데 이를 보면 다음 〈표 13-3〉과 같다.

〈표 13-3〉 미래사회의 직업요구 증대 및 감소분야

	요구 증가 직업	요구 감소 직업
1	데이터분석가 및 과학자	데이터입력관리자
2	AI 및 기계학습전문가	행정비서
3	빅데이터 전문가	회계정리, 경리업무
4	디지털마케팅 및 전략전문가	회계원, 회계감사
5	자동화전문가	공장 노동자
6	비즈니스발달전문가	비즈니스서비스 및 행정관리자
7	디지털변형전문가(digital transformation specialists)	고객정보 및 고객서비스 종업원
8	정보안전분석가	일반 관리자
9	소프트웨어 및 애플리케이션개발자	기계수선가
10	사물인터넷전문가	자재기록 및 재고보관 사무원
11	프로젝트관리자	재무분석가
12	비즈니스서비스 및 행정관리자	우편서비스종사자
13	데이터베이스 및 네트워크전문가	판매담당자, 소매 및 제조
14	로봇기술자	관계관리자(relationship managers)
15	전략자문가	은행 금전출납계 관련 직원
16	경영 및 조직 분석가	방문판매 및 신문 등 뉴스관련 가판대
17	핀테크엔지니어(FinTech Engineers)	전기, 통신 설치 및 수리
18	기계정비 및 수리	인적자원전문가
19	조직개발전문가	훈련 및 발달
20	위기관리전문가	건설노동자

출처: World Economic Forum(2020).

위의 〈표 13-3〉에 의하면, 데이터분석가와 과학자, AI와 기계학습전문가, 빅데이터 전문가, 로봇 엔지니어, 소프트웨어, 디지털전문가 등의 직업은 요구가 증가하는 반면에, 일반 노동자, 행정비서, 회계 등의 분야는 요구가 감소될 것으로 추정되고 있다.

한편, 2015년 세계경제포럼은 4차 산업혁명이 2025년의 우리의 삶을 어떻게 변화시킬지 사례를 다음과 같이 제시하였다(World Economic Forum, 2015).

① 인구의 10%는 인터넷에 연결된 옷(clothes)을 입는다.
② 인구의 90%는 광고지원을 받는 무한 용량의 무료 저장소(storage)를 가진다.
③ 1조 개의 센서(trillion sensors)가 인터넷에 연결된다.
④ 미국에서 최초의 로봇 약사(robotic pharmacist)가 나타난다.
⑤ 인구의 10%가 인터넷에 연결된 안경(reading glasses)을 착용한다.
⑥ 인구의 80%가 인터넷에서 디지털 현시(digital presence)를 가지게 된다.
⑦ 최초로 3D프린트로 제작된 자동차가 생산된다.
⑧ 인구조사를 위하여 빅데이터를 활용한 최초의 정부가 나타난다.
⑨ 최초의 상업용 인체삽입형 모바일 폰(implantable mobile phone)이 나타난다.
⑩ 소비자의 제품 중 5%는 3D프린트로 제작된다.
⑪ 인구의 90%는 스마트폰(smartphone)을 사용한다.
⑫ 인구의 90%는 자유롭게 인터넷접근이 가능하다.
⑬ 미국 도로상의 자동차 중 10%는 무인자동차(driverless car)이다.
⑭ 3D프린트에 의한 최초의 간 이식이 이루어진다.
⑮ 기업 회계감사의 30%는 AI에 의해 수행된다.
⑯ 블록체인(blockchain)을 통하여 세금을 받는 최초의 정부 나타난다.

⑰ 인터넷트래픽(internet traffic)의 50% 이상이 가정용 기기 사용으로 이동
⑱ 개인용 차량보다는 카셰어링(car sharing)을 통한 여행이 더욱 증가한다.
⑲ 5만 명 이상의 사람들이 살고 있으나 신호등(traffic lights)이 없는 최초의 도시가 나타난다.
⑳ 전 세계 GDP의 10%가 블록체인 테크놀로지에 저장된다.
㉑ 기업의 이사회에 AI 기계가 최초로 등장한다.

2 역량의 이해

1) 역량의 개념

4차 산업혁명 시대에 많이 사용되고 있는 역량이란 말은 역사적으로 보면 꽤 오래전에 사용되었던 말이다. 가령, 1900년대 초 과학적 관리론(scientific management)에서의 수행(performance)이란 말은 다소 변화 과정을 거쳤다 할지라도 오늘날 역량의 개념으로 이어져 오고 있다 할 것이다. 이를 통해서 미국의 경우 교육분야에서는 1960년대 중반 교사교육에서 사용된 수행중심 교육이란 말로서 일종의 오늘날의 역량 개념으로 이미 사용되었다. 그러나 더 공식적으로는 역량중심교육(competency-based education)이란 수행동기(performance motivation)를 위한 개념으로서 1959년 White의 연구에서 기술된 것이다.

이후 '지능보다는 역량을 위한 측정'(Testing for competence rather than for intelligence)이라는 1973년 맥클랜드(McClelland)의 연구에서 한층 더 강조되어 고등교육에서 활용되었다. 즉, 맥클랜드는 고등교육이 작업장의 요구를 반영하는 역량기반 접근으로 졸업생의 역량 지표를 전환해야 한다고

주장하였던 것이다.

역량관리 사례는 산업심리학분야에서 큰 영향을 미치게 되었다. 맥클랜드의 연구는 전통적인 학업적성과 지식내용 검사나 측정은 학업수행의 훌륭한 예측변수가 될 수 있을지라도, 직무수행상의 탁월성(outstanding)을 거의 예측하지 못했다는 것이다. 계속해서 맥클랜드는 직무수행상의 탁월성을 가장 잘 예측할 수 있는 요인은 근원적이고 지속적인 개인적 특성, 즉 역량이라고 주장하였다. 1973년의 맥클랜드의 연구는 전문가들에게 깊은 영향을 미쳤는데, 주요 특징을 보면 다음 다섯 가지로 제시할 수 있다(Vazirani, 2010).

① 학교에서의 성적(grades)은 직업성공을 예측하지 못했다.
② 지능검사와 적성검사는 직업적 성공이나 여타 중요한 생활의 성과를 예측하지 못했다.
③ 지능과 학업성취도는 단지 근본적인 사회적 지위로 인한 직무수행을 예측하였을 뿐이다.
④ 그러한 검사는 소수집단에게는 불공평하다.
⑤ 역량은 더 전통적인 검사보다는 중요한 행동을 더 잘 예측할 수 있을 것이다.

비록, 맥클랜드는 역량중심 훈련으로 대체되어야 한다고 믿었을지라도, 18년 후에 다른 연구자들은 어떠한 전문적으로 수용할 만한 경험적 증거를 산출할 수 없었다고 주장하기도 하였다. 그럼에도 오늘날 역량 중심 교육이나 훈련 접근방법은 전반적으로 수용되어 확산되고 있는 추세이다.

역량이란 말은 먼저 표준국어대사전(국립국어원 표준어 국어사전, 2021)에 의하면, 어떤 일을 해낼 수 있는 힘이라고 되어 있다. 한자로는 역량(力量)은 '힘'과 '헤아리다'의 합성어로 이루진 말이다. 이를 통해서 보면, 역량이란 어떤 일을 해낼 수 있는 힘의 정도를 나타내는 말이기도 하면서 동시에 어느 정도 힘을 발휘하느냐의 의미가 포함되어 있다. 즉, 어떤 사람이 특정 과제를 수행할 수 있는 능력과 이를 적절히 수행했는지의 측정개념이 동시에 반영되어 있다.

영어로는 역량은 competence, competency, ability 등으로 표현되고 있으나 여기서는 포괄적으로 competency라는 말로 표현하고자 한다. 물론 competence와 competency는 차이점도 있는 것도 사실이다.

영어사전에는 competency란 직무를 수행하는 데 필요한 중요한 기술, 또는 충분한 지식과 기술의 소유 등으로 사용되고 있다. 그리고 라틴어 등의 어원을 통해서 볼 때, competency는 compete와 관련되어 있다. 즉, com은 'with,' 'together'의 의미로, pet는 'to strive', 'to rush', 'to fly'의 의미를 내포하고 있다. 이를 통해서 볼 때 competency는 어떤 목적을 위하여 함께, 같이, 더불어 노력하고 추진하는 과정이라 볼 수 있다.

역량의 개념에 대해서는 여러 학자들이 다양한 관점에서 제시하고 있어 간단히 말하기엔 어려움이 있다. OECD(2005)는 역량이란 지식과 기술 외에도 특정 맥락에서 심리 사회적 자원(기술과 태도 포함)을 이끌어 내어 활용함으로써 복잡한 요구사항을 충족시키는 능력이라고 하였다. 여기서의 역량의 핵심요소는 특정 목적을 달성하기 위해 필요한 지식, 기술 및 태도로 볼 수 있다. DeSeCo(Definition and Selection of key Competences) 프로젝트에서 논의된 내용을 보면, 미래사회에서 사람들이 갖춰야 할 3대 역량을 '도구의 상호작용적 활용(use of tools interactively)', '이질집단에서의 상호작용(interact in heterogeneous groups)', '자율적 행동(act autonomously)'으로 제시하였다. 이를 보면 다음 <표 13-4>와 같다.

〈표 13-4〉 핵심역량

요소	도구의 상호작용적 활용	이질집단에서의 상호작용	자율적 행동
특징	• 언어, 상징 및 텍스트를 상호작용적으로 사용하기 • 지식과 정보를 상호작용적으로 사용하기 • 테크놀로지를 상호작용적으로 사용하기	• 타인과 좋은 관계형 성 • 협동적 작업 • 갈등관리 및 해결	• 자신의 행동과 결정을 더 넓은 맥락 속에서 이해하고 고려할 것 • 생활계획과 개인적 계획의 형성 및 수행 • 권리, 이익, 한계(limit), 요구의 방어 및 주장

역량에 대해서는 다양한 의견이 있을지라도 맥클랜드 역량의 구성요소는 아이스버그(iceberg)로 잘 나타나고 있다. 이를 보면 다음 [그림 13-3]과 같다(Salleh et al., 2015; Vazirani, 2010).

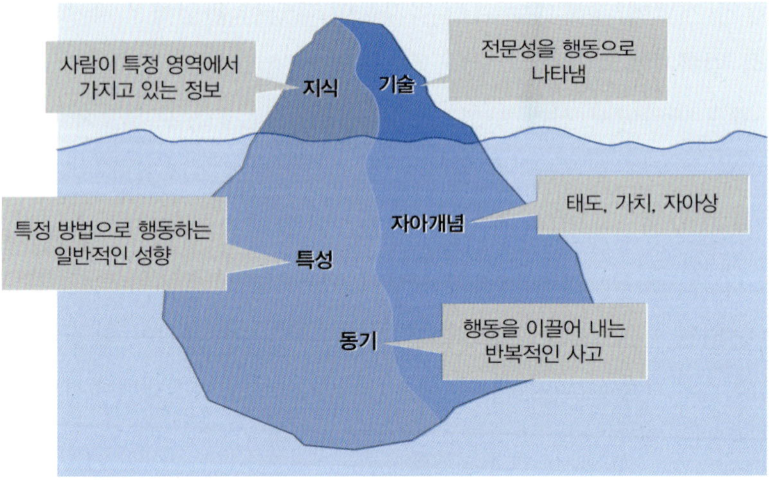

[그림 13-3] 역량의 구성요소

출처: Vazirani(2010).

위의 아이스버그에서 제시된 내용을 간단히 정리해 보기로 한다. 먼저, 사람들의 기술과 지식은 수면 위의 가시적인 부분인 반면에 개인적 특성이나 자아개념, 동기는 수면 아래에 있으나 더 큰 비중을 차지하고 있다.

첫째, 지식이란 특정 영역에서 사람이 가지고 있는 지식과 정보를 말한다.

둘째, 기술이란 특정 과업을 수행하기 위한 개인의 능력을 말한다. 즉, 전문성을 행동으로 나타내는 것이다.

셋째, 자아개념에는 어떤 사람의 태도, 가치 및 자아상 등이 포함되는 가령, 주어진 상황에서 성공할 수 있다는 신념은 자신감을 말하는 것이다.

넷째, 특성이란 상황이나 정보에 대하여 어떤 방식으로 반응할 것인지에 대한 일반적인 성향을 말한다.

다섯째, 동기란 행동을 촉진하는 감정, 바람, 심리적 욕구 등으로서 행동을 유도하는 반복적인 사고를 말한다.

아돌프, 티쉬와 메터니치트(Adolph, Tisch & Metternich, 2014)는 미래 생산을 위한 역량발달에 대한 도전과 접근이란 연구에서 미래사회에 직면하게 될 도전에 대해 다음과 같이 제시하였다.

① 글로벌화(globalization): 글로벌화란 경제, 정치 및 문화 등이 전 세계적으로 통합되는 현상을 말한다. 이러한 원인은 세계무역의 자유화와 테크놀로지 발달, 특히 정보통신 발달의 영향이 크다. 따라서 생산성 향상, 안정적인 고용과 경쟁력 강화를 위해서는 잘 훈련되고 교육받은 인적자원이 필요하다.

② 새로운 테크놀로지의 등장: 다양한 학문들 간의 통합의 증대는 더욱더 혁신을 창조하는 쪽으로 나아가고 있다. 가령, 기계, 전자 및 컴퓨터 과학의 통합은 더욱 생산과정과 혁신적인 제품을 설계하게 되었다. 즉, 4차 산업혁명은 생산과 서비스를 연결하고 자동화함으로써 생산체제에 있어서 인간의 역할이 변화될 것으로 예측된다.

③ 더 역동적인 제품의 수명주기: 급속한 과학술발달로 인한 기술혁신은 제품의 수명주기를 단축시키게 되고, 이는 인간의 기대수준에도 영향을 미침으로써 기업은 고객의 새로운 욕구를 충족시켜야 한다. 이

는 곧 상호 반복적인 과정을 거침으로써 궁극적으로는 기술혁신을 위한 인적자원개발에도 영향을 주게 된다.

④ 제한된 자원: 세계인구의 증가, 삶의 표준 향상 그리고 일부 무분별한 유용자원 사용으로 인하여 수년 내에 자원고갈에 직면할 것이다. 따라서 경제적 관점과 환경적 관점에 대한 신중한 접근이 필요할 것이다.

⑤ 지식사회(knowledge Society): 사회적 · 경제적 발달을 위해서는 교육과 지식이 핵심 자원이다. 특히, 자원부족을 겪고 있는 나라에서는 지식과 이론과 같은 혁신요인들은 번영을 위해서 중요하다. 이러한 환경변화에 적응하기 위해서는 생산에 필요한 역량이 다양한 영역에서 더 빠르게 개발되어야 하며, 또한 중요한 생산 관련 지식을 찾아서 내면화하고 전달되어야 한다. 점점 더 테크놀로지가 복잡하게 됨으로써 역량구축이 더 빨리 일어나야 한다. 따라서 미래를 위하여 급속한 지식의 성장을 훈련하고 관리할 수 있는 새로운 방법이 필요하다. 가령, 경쟁력을 유지하기 위해서는 학습조직의 발달, 새로운 훈련시스템과 방법과 이론을 통해 현장에 전이(transfer)시킬 수 있는 학문과 실제의 통합, 조직의 혁신활동(innovation activity), 혁신능력(innovation ability)의 개선 등이 요구된다.

⑥ 불안정에 대한 위기: 경제와 시장의 역동성이 점점 더 증대됨으로써, 미래의 발전을 예측하기가 점점 더 어려워지고 있다. 시장침체, 자원고갈, 테러공격 등은 미래예측에 의한 장기적이고 안정적인 계획을 어렵게 함으로써 글로벌 생산에 영향을 미치게 된다. 따라서 비즈니스 환경 변화의 예측능력, 적응능력 등을 길러야 할 것이다.

⑦ 인구변화: 많은 유럽국가의 경우, 연령별 인구구조가 변화하고 있다. 이러한 경향은 수명기대의 증대와 더불어 출생률의 하락에 그 뿌리를 두고 있다. 2030년 독일의 경우, 잠정 고용근로자의 절대 수에 있어서 약 15% 정도 감소할 것으로 예상되고, 2050년경에는 약

30% 정도로 예측되었다. 이러한 인구구조 변화의 결과로, 근로자의 나이 증가는 생산에 영향을 미칠 것이다. 따라서 새로운 유형의 학습능력, 지식경영을 위한 준비 등의 기술과 역량개발이 필요하다.

이처럼 미래사회는 글로벌화, 새로운 테크놀로지의 등장, 제품의 수명주기, 지식사회, 제한된 자원, 인구변화 그리고 불안정성의 증대 등 우리가 헤쳐 나가야 할 문제들이 너무나 많다. 이러한 상황에서 문제해결을 위해서는 새로운 교육방향이 모색되어야 한다. 이러한 방법 중 오늘날 강조되고 있는 것이 역량중심교육이다.

2) 역량의 유형

역량의 개념은 위에서 고찰한 바와 같이 사람이 직무를 수행하는 데 필요한 지식, 기술 및 태도라고 볼 수 있다. 그런데 역량은 이러한 기본 요소를 토대로 어떤 관점에서 접근하느냐에 따라 여러 접근 방식으로 제시해 볼 수 있다.

(1) 개인적 역량, 사회적/개인 상호 간의 역량, 기술적 역량 그리고 방법론적 역량

알룰과 키스(Alhloul & Kiss, 2022)는 학자들의 연구를 토대로 산업 4.0을 위한 역량모델을 개인적 역량, 사회적 · 개인 상호 간의 역량, 기술적 역량 그리고 방법론적 역량으로 나누어 제시하였다.

① 개인적 역량: 유연성, 학습동기, 작업능력, 지속적인 마인드셋

② 사회적·개인 상호 간의 역량: 지적 기술, 언어기술, 소통기술, 네트워킹 기술, 지식의 전이(knowledge transfer) 능력, 리더십 기술

③ 기술적(technical) 역량: 테크니컬 기술(technical skills), 미디어 기술

(media skills), 코딩기술(coding skill)

④ 방법론적(methodological) 역량: 창의성, 연구기술, 문제해결, 갈등해결, 의사결정

(2) 기능적 역량, 학습역량, 커리어 역량

쿠이퍼스(Kuijpers, 2003)는 업무에 관련된 역량을 기능적 역량, 학습역량 및 커리어 역량 등의 세 가지 유형으로 나누었다.

① 기능적 역량(functional competencies): 직무를 성공적으로 수행하는 데 필요한 지식과 기술을 의미한다. 이러한 기능적 역량은 종업원들의 과업과 역할에 기반을 두고 있다.

② 학습역량(learning competencies): 종업원들이 새로운 기능적 역량을 개발하도록 하는 개인적 특성을 말한다. 학습역량은 지식경제의 등장과 유연한 사고를 위해서 점점 더 중요성이 확대되고 있으므로 자신의 발전을 위해서는 지속적으로 투자를 할 필요가 있다. 특정 과업과 역할이 무엇이든 상관없이 자신을 개발하기 위해 지속적인 노력을 보여주는 것은 다양한 산업과 조직에서 중요하게 간주되는 학습 역량의 예이다.

③ 커리어 역량(career competencies): 종업원들이 자신의 기능적 역량과 학습역량을 올바른 방향으로 인도할 수 있도록 하는 특성을 말한다. 따라서 이것은 종업원 자신의 가능성과 동기에 대한 통찰력을 획득함으로써 더 나은 경력을 쌓을 수 있는 구성원의 능력을 말한다. 개인은 점점 더 자신의 경력에 대해 스스로 노력하도록 기대됨으로써, 자기반성과 경력기획과 같은 경력역량이 점점 더 중요해지고 있다.

(3) 행동적, 기능적, 총체적/다차원적 접근

프립티(Prifti) 등(2017)은 역량을 행동적, 기능적, 총체적/다차원적 접근 등의 세 가지로 정리하였다.

① 행동적 접근(behavioral approach)은 인지적 능력을 넘어서는 것으로서, 역량이란 성격이나 지능과는 달리 근본적으로 행동적인 것으로서 학습과 발달을 통하여 가르칠 수 있다.
② 기능적 접근(functional approach)은 과업수행에 필요한 기술(skills)과 know-how에 관한 것으로 과업을 성공적으로 수행하는 데 필수요건이다.
③ 총체적/다차원적 접근(holistic/multi-dimensional approach)은 희망하는 결과를 성취하는 데 필요한 개인적·조직적 역량의 총체로서 보는 것이다.

(4) 인지지능역량, 정서지능역량, 사회지능역량

보야트지스(Boyatzis, 2008)는 역량을 능력(capability or ability)으로 정의하고, 수행도를 높이기 위해서는 여러 학자들의 의견을 토대로 다음과 같이 세 가지 유형으로 나누었다.

① 인지지능역량(cognitive intelligence competencies): 체제적 사고와 유형의 인식과 같이, 효과적이고 훌륭하게 수행하기 위하여 정보와 상황을 사고하고 분석하기 위한 능력이다.
② 정서지능역량(emotional intelligence competencies): 정서적 자아인식, 정서적 자기통제와 같은 자아인식과 자기관리를 포함하는 것으로서, 효과적이거나 더 우수한 수행을 하도록 하기 위하여 자신에 대한 정서적 정보를 인식·이해·활용하는 능력이다.

③ 사회지능역량(social intelligence competencies): 공감과 팀워크와 같은 사회적 인식과 관계 관리를 포함하는 것으로서, 효과적이거나 더 우수한 수행을 하기 위해 타인에 대한 정서적 정보를 인식·이해·활용하는 능력이다.

(5) 인지역량, 정서역량, 사회역량, 학습역량

안종배(2017)는 4차 산업혁명 시대에 필요한 분야별 전문 역량 인재상은 4대 핵심 기반역량을 바탕으로 이루어진다고 보았다. 이 네 가지 역량은 개별적인 것이라기보다는 상호 연결되면서 수업을 통해 동시적으로 함께 함양되어야 한다.

① 창의적 인지역량으로, 창의성과 문제해결 사고력, 미래 도전력, 인문학적 소양 등을 말한다.

② 인성을 갖춘 정서역량이다. 여기에 해당되는 역량으로는 인성·윤리의식, 문화예술소양, 자아 긍정 관리, 협업 리더십 등이 있다.

③ 협력하는 사회 역량으로 소통과 협력, 사회적 자본 이해, 글로벌 시민 의식, 스포츠나 체력과 관련된 역량이다.

④ 생애주기 학습역량으로, 여기에는 자기주도 학습역량, 과학기술 변화이해, ICT 활동 역량, 평생학습 흥미 등이 해당된다.

(6) 맥락적 지능, 정서지능, 영감적 지능, 신체적 지능

슈밥이 언급한 것처럼, 우리는 새로운 제도, 새로운 네트워크, 새로운 리더십을 마련해야 할 필요가 있는데, 이것이 신뢰를 조성하고 우리 사회에서의 지속가능한 변화를 창출할 수 있다. 결국 결정적으로 우리는 우리의 아이들을 교육할 새로운 방법을 만들어 낼 필요가 있는데, 이것은 바로 사람, 문화, 가치에 이르게 된다. 따라서 향후 직면할 엄청난 도전을 극복하기 위해서는 네 가지 유형의 지능이 중요하다(Doucet, Evers, & Timmers,

2018).

① 맥락적 지능(contextual intelligence: the mind)은 지식의 이해 및 적용방법에 관한 것이다. 즉, 다루기 힘든 문제를 해결하기 위해서는 비즈니스, 정부, 시민사회, 신뢰 및 학계의 협동을 필요로 한다.

② 정서지능(emotional intelligence: the heart)은 우리의 사고와 감정을 어떻게 처리하고 통합하며, 우리 자신들과 다른 사람들과의 관계형성 방법과 관련되어 있다. 자기인식, 자기조절, 동기, 공감, 그리고 사회적 기술과 같은 기술은 필수적이다.

③ 영감적 지능(inspired intelligence: the soul)은 개인의 변화에 영향을 미칠 수 있는 감각과 공유된 목적, 신뢰 및 덕을 어떻게 활용하며, 공동의 선에 대해 어떻게 행동할 것인가에 관한 것이다.

④ 신체적 지능(physical intelligence: the body)은 자신의 건강과 안녕을 어떻게 계발하고 유지할 것인가와, 개인적·체제적 변형을 위해 필요한 에너지 활용방법에 대한 것이다.

3) 미래의 기술 및 역량

세계경제포럼(World Economic Forum, 2016)에 의하면, 미래교육의 변혁을 위한 행동, 새로운 모델, 새로운 표준 및 새로운 모멘텀이 필요하다고 역설하면서 4차 산업혁명 -교육 4.0-에서 질 높은 학습을 위한 중요한 학습 내용과 경험을 다음 〈표 13-5〉와 같이 제시하였다.

〈표 13-5〉 교육 4.0의 틀

구분		특징
내용	글로벌시민성 기술	더 넓은 세계, 지속가능성 및 글로벌사회에서 능동적인 역할수행에 대한 인식을 심어주는 내용
	혁신 및 창의성 기술	복잡한 문제해결, 분석적 사고, 창의성 및 체제적 사고를 포함한 혁신을 위해 필요한 기술을 함양하는 내용
	테크놀로지 기술	프로그램, 디지털 책임감(digital responsibility) 및 테크놀로지활용을 포함한 디지털기술개발을 기반으로 하는 내용
	대인관계 기술	개인상호 간의 정서적 지능(예: 공감, 협동, 협상, 리더십 및 사회적 인식)
경험	개별화 및 맞춤식 학습	표준화된 학습으로부터 각 학습자들이 자신의 페이스에 맞도록 학습하도록 충분한 유연성과 다양한 학습자의 욕구를 토대로 한 학습으로 이동할 것
	모두가 접근 가능하고 참여할 수 있는 학습체제	학습이 학교교육에만 한정할 것이 아니라 모든 사람들이 학습에 접근할 수 있도록 함으로써 모두가 참여하는 학습으로 이동할 것
	문제기반 및 협동학습	또래들과 협동하고, 더욱 밀접하게 미래의 직업과 관련된 문제기반 내용 전달
	평생학습 및 학습자 중심	학습과 기술이 자신의 수명을 저하시키는 체제에서 모든 사람들이 계속해서 기존의 기술을 개선하고 자신의 개별적 욕구에 기반한 새로운 기술을 획득하는 체제로 이동할 것

출처: World Economic Forum(2016).

빠르게 기술이 진화하는 세계에서 살아가려면 학생들은 언어 예술, 수학 및 과학과 같은 분야에서 강력한 기술을 소유해야 할 뿐만 아니라 비판적 사고, 문제 해결, 끈기, 협업과 같은 기술에도 능숙해야 한다. 세계경제포럼은 새로운 교육을 위한 비전(new vision for education, 2015)에서 기초문해력(foundational literacies), 역량(competencies), 인성자질(character qualities)이라는 세 가지 범주의 16가지 기술을 다음 [그림 13-4]와 같이 제시하였다.

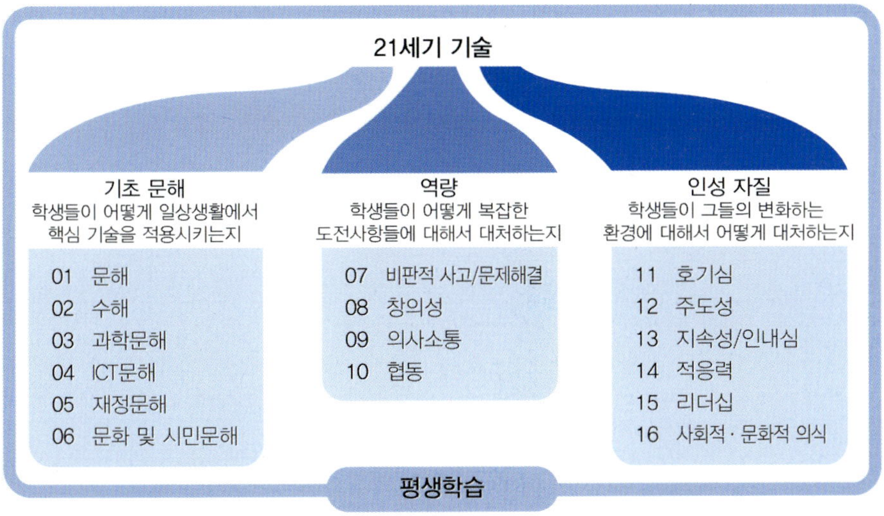

[그림 13-4] 평생학습에 필요한 21세기 16가지 기술

출처: World Economic forum(2015).

기초 문해력은 일상 업무에 핵심 기술을 적용하기 위해 필요하다. 역사적으로 보면 글을 이해하고 수를 계산하는 정도면 노동력에 진입하기에 충분했지만 21세기에는 이 범주에 문해력 및 산술 능력뿐만 아니라 과학적 능력도 포함된다. 또한 ICT 문해력, 금융 문해력, 문화 및 시민 문해력이 포함된다. 이러한 역량은 학습자들이 더 발전되고 동등하게 중요한 역량을 구축하는 데 필요한 기초 역할을 한다.

역량은 복잡한 문제에 접근하는 방법을 설명한다. 예를 들어, 비판적 사고는 상황, 아이디어 및 정보를 식별, 분석 및 평가하는 능력이다. 창의성은 지식의 응용, 합성, 변형을 통해 문제를 해결하고 혁신적인 새로운 방법을 상상하고 고안하는 능력이다. 커뮤니케이션 및 협업은 지식을 비판적으로 평가하고 전달할 수 있는 능력뿐만 아니라 팀과 잘 협력하는 능력이다.

인성자질은 변화하는 환경에 접근하는 능력이다. 급변하는 시장 속에서

끈기와 적응력과 같은 특성은 장애물에 직면했을 때 더 큰 회복력과 성공을 보장한다. 호기심과 진취성은 새로운 개념과 아이디어를 발견하기 위한 출발점이다. 또한 리더십과 사회적, 문화적 인식은 사회적, 윤리적, 문화적으로 적절한 방식으로 타인과의 건설적인 상호작용을 가능하게 한다.

Chapter 14

미래사회의 트렌드와 평생학습의 전망

1 미래사회의 트렌드

우리가 미래사회 변화에 능동적으로 적응하고 또 보다 나은 삶의 질을 높이기 위해서는 시대변화에 대한 동향을 읽을 수 있어야 할 것이다. 따라서 몇 가지 선행 연구들을 중심으로 미래사회의 메가트렌드를 알아보기로 한다.

1) 아돌프, 티쉬와 메터니치트의 메가트렌드

아돌프, 티쉬와 메터니치트(2014)는 미래사회의 메가트렌드(megatrend)를 여러 학자들의 연구와 예측을 토대로 다음 〈표 14-1〉과 같이 제시하였다. 이들은 메가트렌드를 이해하면 미래의 생산과제를 도출하는 데 도움을 줄 것으로 보았는데 이는 제조회사에 영향을 미치게 된다. 메가트렌드란 테크놀로지 또는 사회적 영역에서 매우 중요한 비중을 차지하면서도 지속적으로 발전하는 것을 말한다. 이러한 도전은 혁신적인 생산공정, 새로운 제품 또는 서비스의 획기적인 테크놀로지를 통한 생산으로 충족되어야 한다. 비록 메가트렌드가 일시적으로 단기 개발에 중첩될 수 있지만 생산의 핵심 영역(예: 조직, 기술, 자격, 작업 조건)에서 개발의 장기적인 방향을 결정한다.

〈표 14-1〉 Adolph, Tisch, & Metternich의 미래사회의 메가트렌드

	Abele, Reinhert (2011)	Arndt (2008)	Graf (2000)	GrÖming (2009)	Herrmann (2010)	Jovane, Westsamä per (2009)	Krys (2011)	Schneider mann (2006)	Warnecke (1999)	Warten-berg, Haß (2005)
글로벌화	•	•	•	•	•	•	•	○		•
생산주기의 단축	•	•			○					
새로운 테크놀로지	•	○	•	•	○	○	•		•	•
자원부족	•		•	•	•	•	•	○	○	
지식사회	•		•	•	•	•	•		•	
고객의 요구 증대		•			○					
산업서비스					•				•	•
디지털화, 네트워킹, 정보통신	○		•		•			•	•	
인구변화	•			•	•	•	•			•
안전	•			•	•			•		
투자 및 인프라				•	○	○				•
기후변화, 환경악화	•			•	•	•	•	○	•	
이동 (mobility)	•			○	•	•				
복지지향				•	•	•				
삶의 질 마켓(quality of life market)	•				○	•				

• 명시적인 메가트렌드(explicit mention of the megatrends)
o 암묵적 언급(implicit mention)

출처: Adolph, Tisch, & Metternich(2014).

위의 〈표 14-1〉에서 제시된 바와 같이 학자들의 미래 메가트렌드를 보면, 글로벌화, 지식사회, 그리고 새로운 테크놀로지, 자원부족, 기후/환경악화, 인구변화 등의 순으로 제시되어 있다. 그러나 굳이 순위를 보면 그렇지만 위에 제시된 모든 것이 우리가 해결해야 할 과제로 생각된다.

2) 레티프 등의 메가트렌드

레티프 등(Retief et al., 2016)은 환경평가 관련 문헌들을 연구한 결과를 토대로 미래의 트렌드를 제시하였다. 메가트렌드는 세계적이고 적응 전략을 요구하는 트렌드로서, 이러한 경향을 이해하는 것은 경제, 농업, 에너지, 도시 계획, 자원 계획 등과 같은 인간의 '개발'의 주요 분야와 매우 관련이 있기 때문에 메가트렌드 분석은 중요하다. 분석 결과를 보면 다음 〈표 14-2〉와 같다.

〈표 14-2〉 Retief 등의 메가트렌드 분석

국제적 메가트렌드	선정된 메가트렌드 문헌					
	European Environment Agency(2015)	KPMG (2012)	PWC (2014)	EY (2015)	Hajkowicz et al. (2012)	Vielmetter & Sell(2014)
1. 급속한 인구변화	•	•	•		•	•
2. 급속한 도시화	•	•	•	•	•	
3. 테크놀로지혁신의 가속화	•	•	•	•	•	•
4. 권력이동	•	•	•		•	•
5. 자원고갈	•	•	•	•	•	•
6. 기후변화	•	•	•		•	•
7. 글로벌건강위기	•			•		
8. 지속적인 경제성장	•					
9. 생태계의 압력	•					

국제적 메가트렌드	선정된 메가트렌드 문헌					
	European Environment Agency(2015)	KPMG (2012)	PWC (2014)	EY (2015)	Hajkowicz et al. (2012)	Vielmetter & Sell(2014)
10. 환경오염의 증가	•					
11. 통치(governance)에 대한 접근의 다양화	•					
12. 개인주의		•				•
13. 경제적 상호관련성		•				
14. 공적 부채 (public debt)		•				
15. 기업가정신 증대				•		
16. 테크놀로지융합						•

출처: Retief et al.(2016).

위의 〈표 14-2〉에서 나타난 바와 같이, 각 연구에서 공통적으로 빈도가 높게 제시된 미래트렌드를 보면, 급속한 인구변화, 급속한 도시화, 테크놀로지혁신의 가속화, 권력이동, 자원고갈, 그리고 기후변화 등 이었다. 물론 이러한 것은 각각 분리된 것이 아니라 상호 관련되어 있다.

3) 세계경제포럼 메가트렌드

세계경제포럼(World Economic Forum, 2015)은 사회를 형성하는 소프트웨어와 서비스의 메가트렌드를 여섯 가지로 제시하였다.

① 사람과 인터넷: 사람들이 타인, 정보 및 그들 주변 세계와 연결되는 방법은 다양한 테크놀로지의 결합(combination)을 통하여 변형된다.

② 컴퓨터, 의사소통 및 저장(storage): 컴퓨터가 소형화되고 비용이 저렴해짐에 따라 어디서나 인터넷 접근을 용이하게 하고, 저장용량을 무

한정하도록 만들고 있다.

③ 사물인터넷: 더 소형화되고, 더 값싸고, 더 스마트한 센서는 가정, 의복과 액세서리, 수송, 에너지 네트워크뿐만 아니라 제조과정에도 도입되고 있다.

④ AI와 빅데이터: 급속한 디지털화는 모든 사람과 모든 것에 대한 데이터를 기하급수적으로 창출해 낸다.

⑤ 경제와 신뢰의 공유: 은행과 같은 전통적인 기관 바깥에서 재화, 서비스 또는 돈의 교환이 이루어짐으로 투명과 신뢰관계가 확립되어야 한다.

⑥ 3D프린트 등의 디지털화

4) 2035 글로벌 트렌드와 주요 시사점

미국 국가정보위원회(US National Intelligence Council)가 발표한 「Global Trends 2035: Paradox of Progress」(2017. 1)의 주요 내용을 다음 〈표 14-3〉과 같다.

〈표 14-3〉 2035 글로벌 트렌드와 주요 시사점

트렌드	주요 내용
① 선진국과 후진국의 인구 변화	• 선진국, 중국, 러시아 등은 노동연령층이 감소되는 반면, 개발도상국, 빈곤국가 특히 아프리카, 남아시아 등의 국가는 노동연령층 증가, 경제, 고용, 도시화, 복지에 대한 압력이 증대되고 이민 증가 • 선진국과 개발도상국 모두 훈련과 평생교육이 중요함.
② 글로벌 경제의 변화	• 단기적으로는 경제성장의 약화현상이 지속될 것임. 주요국 경제가 높은 부채, 수요감소 및 글로벌화에 대한 의구심 등에 의한 2008~2009년 금융위기로부터 회복되는 동안 노동력 축소, 생산성 증가 감소에 직면할 것임. • 중국은 오랫동안 지속해온 수출과 투자 중심의 경제에서 소비자 주도 경제로의 전환을 시도할 것임. • 개발도상국에서는 더 낮은 경제성장으로 인해 빈곤을 위협할 것임.

트렌드	주요 내용
③ 테크놀로지의 발전촉진 기능과 저해 기능	• 급속한 테크놀로지 발전은 변화를 가속화되고 새로운 기회를 발굴하기도 하지만, 승자와 패자 간의 분배를 악화시킴. • 자동화와 AI는 잠정적으로 노동자들을 대체하고 저개발국가의 일상적인 노선(route)을 제한할 것임. • 유전자 편집(genome editing)과 같은 생명공학은 의약 및 여타 분야에 대변혁을 일으킬 것이지만 한편으로는 도덕적 문제도 야기함.
④ 이념과 정체성으로 인한 배타적 경향성	• 저성장 하에서의 글로벌 연결성(connectivity) 증가는 사회 내 및 사회 간 긴장을 증가시킬 것임. • 포퓰리즘(populism)은 우파와 좌파를 증가시킴으로써 자유주의를 위협할 것임. • 어떤 지도자들은 통제를 위해 국가주의를 이용할 것임. • 거의 모든 나라들은 경제력으로 인해 여성의 지위 향상 및 리더십 역할 증가가 나타날 것이지만, 또한 이에 대한 반발도 나타날 수 있음.
⑤ 통치의 어려움	• 일반 대중은 정부가 안전과 번영을 가져다주길 요구하지만, 예산문제, 불신, 양극화 및 당면 이슈의 증가는 정부가 수행하는 데 저해요인으로 작용할 수 있음. • 테크놀로지는 정치적 행동을 차단하거나 회피할 수 있는 수행자들의 범위를 확대시킬 것임. • NGO, 기업 및 권한을 부여받은 개인을 포함한 행위자가 증가함에 따라 글로벌 이슈를 관리하는 것이 더욱 어려워짐으로 포괄적 노력을 하기 어려울 것임.
⑥ 갈등의 본질 변화	• 주요 권력자들 간의 다양한 이해관계, 테러 위협의 확대, 약소국의 지속적인 불안정성, 치명적이고 파괴적 테크놀로지 등으로 갈등의 위험이 증가할 것임. • 장거리 정밀무기, 사이버 및 로봇 시스템 및 대량살상 무기를 만들 수 있는 더 접근 가능한 테크놀로지는 사회 파괴를 더 일반적이게 할 것임.
⑦ 기후변화, 환경, 건강 이슈 주목	• 광범위한 글로벌 위험은 즉각적이고 장기적인 위협을 야기함으로써 이를 해결하기 위한 집단적 행동이 필요하지만 협력은 더 어려워질 것임. • 더 많은 기상이변, 물 부족, 토양문제 및 식량의 불안정성은 사회를 파괴할 것임. 해수면 상승, 대양 산성화, 빙하 융해 및 공해 등은 삶의 유형을 변화시킬 것이고, 기후 변화에 따른 긴장도 증가될 것임. • 여행 증가, 빈약한 보건 인프라는 전염병 관리를 더욱 어렵게 할 것임.

출처: Trends(2017).

2 미래사회와 평생교육의 전망

유네스코 21세기 국제교육위원회(The International Commission on Education for the 21st Century)는 학습의 네 가지 축을 존재를 위한 학습(Learning to Be), 앎을 위한 학습(Learning to Know), 행위를 위한 학습(Learning to Do) 그리고 함께 살아가기 위한 학습(Learning to Live Together) 등으로 설명하였다. 이를 보면 다음과 같다(Yang, & Valdes-Cotera, 2011).

첫째, 존재를 위한 학습은 이미 1972년 포르보고서(Faure Report)에서 알려진 것으로서, 이것은 삶과 행복의 추구에 최종적인 의미를 부여하는 영적이고 실존적인 확장의 과정이다. 특히, 우리들 각자의 내면에는 보물이 있으므로 계속교육은 모든 사람들이 자신감을 가지고 자기를 더 잘 이해하여 이를 개발하도록 하여야만 한다.

둘째, 앎을 위한 학습은 과학적, 테크놀로지의 진보의 영역 내에 놓여 있는 학습의 한 형태이다. 이것은 다양한 정보원, 풍부한 멀티미디어의 다양성, 밀접하게 상호 관련된 사회에서 새로운 앎의 방식에 대응하는 긴급한 필요성에 호소하는 것이다. 즉, 이것은 생활을 통하여 제공된 다양한 기회를 통해 혜택을 얻으려는 것이다.

셋째, 행위를 위한 학습은 지식과 기술, 학습과 역량, 수동적 학습과 능동적 학습, 성문화된 지식과 암묵적인 지식, 창의적인 학습과 적응적인 학습을 연결하기를 열망한다. 행함으로써 배우고 또 학습함으로써 행동하는 것은 불확실한 세계와 변화하는 일의 본질에 준비할 수 있게 해 준다.

넷째, 함께 살아가기 위한 학습은 의미 있는 관계를 재발견하고, 사회적 결속력을 높이고, 지역사회 발전을 위한 지속 가능한 기반을 만들기 위한 특별한 도전을 포함한다. 즉, 문화적·종교적 현상의 이해, 학교와 공동체의 관계, 각국의 역사, 지리, 철학, 이주민증가로 인한 상호이해 등 타인을 이해하고 상호의존성 및 다원주의를 존중하는 것이다.

이상과 같은 학습의 네 가지 축은 여전히 오늘날 평생학습을 위한 지속적인 토대를 마련하는 데 중요한 기준이 된다.

이러한 축을 토대로 평생학습을 실현할 수 있는 방법은 모든 사람들이 학습열망을 갖도록 하고, 학습에 접근 가능하도록 하며, 수요와 공급이 적절히 일치하도록 하며, 학습이 일이고 일이 곧 학습이 되도록 하는 것이다(Tindemans & Dekocker, 2020). 이를 보면 다음 [그림 14-1]과 같다.

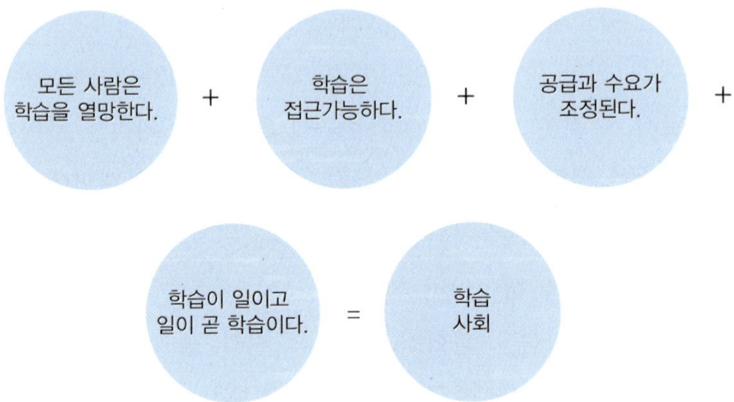

[그림 14-1] 일과 학습

이상에서 본 것처럼, 학습에 대한 열망, 학습에의 접근가능성, 공급과 수요의 일치 그리고 학습과 일의 순환과정은 모두 학습사회의 토대가 될 것이다. 이를 구체적으로 보면 다음과 같다.

(1) 학습에 대한 열망

- 모든 사람들의 학습목표에 대한 동기유발
- 학습조직형성을 위한 격려
- 학습참여 격려

(2) 학습의 접근가능성

- 접근가능하며 질높고 다양한 범위의 학습기회 창출
- 학습지도의 재설계

(3) 공급과 수요의 일치

- 데이터를 통한 개인의 요구 충족
- 수요와 공급 맞추기

(4) 학습과 일 병행

- 노동법에 학습을 통합하기
- 개인, 공급자 및 조직의 평생학습을 위한 예산확보 방법 개선

일찍이 OECD는 1997년부터 수행한 'DeSeCo' (Defining and Selecting Key Competencies) 프로젝트를 통해 '역량'의 중요성을 천명하고, 미래 사회에 필요한 핵심 역량을 규명한 바 있다. DeSeCo 프로젝트는 OECD가 주관하는 PISA 시험을 단순한 지식과 기능에 대한 평가가 아니라 새로운 역량 영역에 대한 평가로 확장하기 위해 시작된 것이었다(OECD, 2005). 이 프로젝트에서 역량은 "특정 맥락의 복잡한 요구를, 지식과 인지적 · 실천적 기능뿐만 아니라 태도 · 감정 · 가치 · 동기 등과 같은 사회적 · 행동적 요소를 가동시킴으로써 성공적으로 충족시키는 능력"(Rychen, 2003)을 의미했다.

이후 OECD는 2015년부터 교육 2030이라는 주제의 세미나를 시작으로 2030년에 성인이 될 학생들이 갖추어야 할 역량을 새롭게 규정하는 프로젝트를 추진하고 있으며, 2018년의 회의를 통해 이를 '학습 틀'(learning framework)이라는 명칭으로 발표하였다.

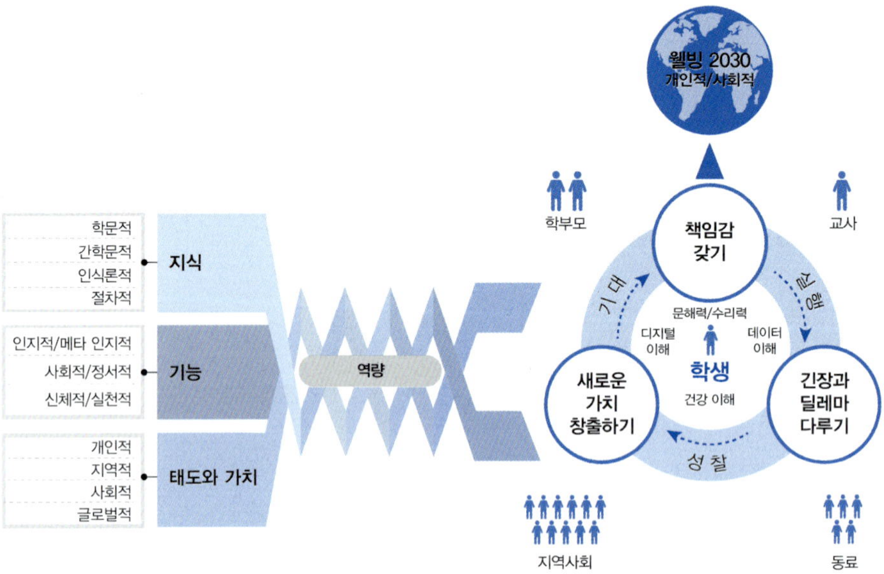

출처: OECD(2018).

[그림 14-2] OECD 2030 학습틀(learning framework)

OECD 교육 2030 프로젝트는 미래사회에 개인과 사회 전반의 거시적 변화에 대비하는 변혁적 역량(transformative competencies)을 제시하였다. OECD(2018)의 변혁적 역량은 세 가지 범주로 구성된다.

첫 번째 범주는 새로운 가치생성(creating new value)으로 기존의 지식을 끌어내어 새로운 지식을 창출하는 것이다. 새로운 가치의 생성은 타인들과 협동하고 협력하는 것에서 이루어진다. 이 역량의 토대가 되는 요소는 적응력(adaptability), 창조성(creativity), 호기심(curiosity), 그리고 열린 사고(open-mindedness)이다.

두 번째는 긴장과 딜레마를 수용하고 화해시키기(reconciling tensions and dilemmas)이다. 이것은 상호 의존적이고 갈등적인 세계에서 타인들의 필요와 욕구를 이해하는 것이다. 다양한 관점과 이해관계를 조정하기 위해서 긴장과 딜레마를 다루고 균형에 도달하는 방법에 익숙해져야 한다는 것이다. 이것은 평등과 자유, 자치와 공동체, 혁신과 연속성, 효율성과 민주적

절차 사이에 균형을 찾는 것 등과 관련이 있다.

마지막으로 책임지기(taking responsibilities)이다. 새로움과 변화에 도전하고 다양성과 모호함을 다룰 수 있다는 것은 각자가 스스로 생각하고 타인들과 협력할 수 있다는 것을 전제하고 있다. 이러한 전제들은 개인들이 책임감을 가져야 한다는 것과 지적으로, 도덕적으로 성숙해져야 한다는 것을 뜻한다. 이 역량의 중심에는 자제력과 자기효능감, 책임감, 문제해결 능력, 적응성을 포함하는 자기통제(self-regulation)이 있다.

이 과정은 성찰, 예상, 실천이라는 일련의 과정을 통해 스스로 학습된다. 이 프로젝트는 미래 세대는 점점 더 예측하기 어려운 변화를 겪고 있는 사회에 직면하게 되며, 이를 극복하기 위해서는 적극적이고 책임감 있으며 참여하는 시민이 될 수 있도록 준비시켜야 한다는 점을 적극적으로 제시하고 있다.

OECD(2018)는 Education 2030에서 급격하게 변화하는 세계의 문제를 다음과 같이 지적하고 있다. 첫째, 기후변화와 자원고갈과 같은 환경적인 도전에 직면하고 있다. 둘째, 과학 지식은 우리 삶을 풍요롭게 할 수 있는 새로운 기회가 될 수 있지만 동시에 모든 영역에서 파괴적인 변화 또한 일으키고 있다. 과학과 기술에서의 유례없는 혁신은 한편으로 인간적인 것이 과연 무엇인가에 대한 근원적인 질문을 제기하고 있다. 셋째, 세계 대부분의 지역에서 불평등은 확대되고 있으며 정치는 정부 자체에 대한 믿음과 신뢰를 심각하게 떨어뜨리고 있다.

OECD는 현대사회의 특징을 불확실성, 불안성, 변동성, 갈등과 불안정으로 보고 있다. OECD 교육 2030 프로젝트의 미래 사회에 대한 전망을 요약하면 세계화와 테크놀로지 발달의 가속화로 인해 환경적인 문제와 경제적인 차원의 도전이 전면에 등장하고 있으며, 사회의 글로벌화와 다양화가 더욱더 가속화되면서 불평등의 확대와 전쟁과 테러의 위협에 직면해 있기도 하다는 것으로 요약할 수 있다.

따라서 교육은 사람들을 직업 세계를 위해 준비시키는 것 이상으로 다른 관점을 가진 사람들과 함께 하는 방법, 기회를 찾아내는 방법, 어떤 문제들에 대한 다층적인 해결책을 발견하는 방법 등을 교육하는 것이 필요하다. 다시 말하면, 교육은 포용적이고 지속가능한 미래를 만들어 주는 데 중점을 두어야 할 것이다.

우리나라의 평생교육법 제2조에는 평생교육이란 정규학교교육을 제외한 모든 교육활동을 포함한다고 제시되어 있다. 그러나 광의로는 평생교육은 형식적(formal) 체제에 의해서 제공되는 교육은 물론, 비형식(non-formal)과 무형식(informal) 교육에까지 확장되는 개념으로 학교교육이 끝남과 동시에 종결되는 것이 아니고 평생을 통하여 계속되는 과정이라고 할 수 있다.

평생교육은 교육의 단순한 형식적 확산이 아니라 교육의 관점에 대한 근본적인 변화를 의미하는 것이다. 평생교육은 전인적 인성발달을 위해 갖는 모든 종류의 학습경험을 통합하는 개념으로부터 시작되었다. 즉, 평생교육은, 전인적 인성발달의 필요에 의해 학습자의 창의성, 독창성, 비판정신과 자율성을 계발하기 위한 것이며, 급격한 경제적·사회적 변화에 보다 잘 적응할 수 있도록 하기 위한 것이다. 이러한 관점에서 향후 평생교육의 과제와 방향에 대해 정리해 보고자 한다.

① 평생교육관점에서의 학교교육의 방향이다. 학교교육은 평생교육의 시작단계로서 그동안 개인은 물론이고 사회발전을 위해 많은 공헌을 하였다. 그러나 향후 일생동안의 교육의 시작단계로서 전통적인 교육방식을 벗어나 미래사회의 급속한 변화에 적응할 수 있는 사고의 틀을 가르치는 것이 중요하다. 평생교육은 교사가 설정하여 놓은 지식정보에 학습자가 수동적으로 받아들이는 관점에서, 학습자의 필요성에 기인하는 능동적인 활동의 주체로서 학습자, 지식정보를 이루는 요인들에 대하여 비판적 사고를 가질 수 있는 학습자로의 관점에서 출발한다. 이러한 비판적 사고의 틀을 갖추게 될 때 분석력, 적용력 등을 통한 문제해결 능력을 키울 수 있을 것이다. 다시

말하면 이러한 학습방법은 전이(transfer)를 통한 융합적 사고력을 기르게 될 것이다. 이를 통해 학교교육은 평생학습을 위한 교량역할을 하게 된다.

② 성인학습자의 특성으로서의 평생학습이다. 성인기는 대체로 직장생활을 통해 자신의 필요한 부분을 보완하게 하거나 새로운 일을 위한 준비로서 학습에 참여하게 된다. 따라서 평생교육의 주요 대상으로서 성인의 특징을 이해할 필요성이 제기된다.

성인학습들은 현실적 필요성을 기반으로 학습에 능동적으로 참여할 수 있는 학습동기를 가지고 있다는 점이다. 뿐만 아니라 많은 생활경험은 지식의 축적으로 이어져 탄탄한 노하우를 가지고 있다. 따라서 성인교육자들은 이를 고려한 학습지도를 할 필요가 있다. 그러나 한편으로는 이러한 자신만의 축적된 지식이나 경험이 새로운 학습을 하는 데 장벽이 되기도 한다. 이에 성인학습자는 자신의 사고 유연성을 가져야 한다. 즉, 동화(assimilation)와 조절(accomodation)의 균형(equilibrium)을 추구할 수 있어야 한다.

③ 급변하는 사회와 미래사회에 대한 적응방법을 준비할 필요성으로서의 평생학습이다. 평생교육은 미시적으로는 능력 있는 노동력을 생산함으로써 생산력을 향상시키고, 교육활동 수행을 위한 자원을 활용하고 효과적으로 관리하는 데 있다. 미래사회는 4차 산업혁명기라는 거대한 흐름으로 인한 메가트렌드의 변화에 직면한다. 메가트렌드는 대체로 인구변화, 테크놀로지혁신, 자원고갈, 기후변화 글로벌화 등을 들 수 있다. 특히, AI, 초연결성 등으로 인한 편리함과 생산성 등의 향상은 우리의 많은 생활패턴을 변화시킬 것이다. 특히, 직업구조의 변화는 새로운 일자리를 창조할 수도 있고 전통적인 일자리를 뺏어 갈 수도 있다는 점이다.

④ 평생교육은 평등성과 균등성을 추구하고 우리가 사는 공동체에게 제시된 도전들에 대응해 나갈 수 있도록 하여야 한다. 현대사회는 인

류의 가치와 존엄성이 도전받고 있으며 일부 비인격적이고 반사회적인 행위에 의해 우리의 삶이 위협받고 있다. 사회적 측면에서의 평생교육은 개인과 개인이 속한 사회나 국가는 물론 전 지구적 차원을 띠게 되는 문제들에 대한 해결책을 찾는 수단으로 요구되는 평생교육의 역할을 의미한다. 평생교육의 임무는 모두가 예외 없이 모든 재능을 충분히 개발시켜서 삶에 대한 책임감 및 개인적 목표의 달성을 비롯한 창조적 잠재력을 실현할 수 있게 해주는 것이다.

⑤ 평생학습사회 구축을 위한 평생학습문화의 확산이 더욱 필요하다. 평생교육은 인간의 삶의 질은 평화와 인간애의 토대 위에 세워져야 한다. 사회적 측면에서의 평생교육은 학습자의 전 생애에 걸쳐 모든 종류의 기회를 제공하며 새로운 동기를 창출하는 학습자의 전체 삶의 관점에서 제시된다. 평생교육은 누구든지, 언제, 어디에서나 원하는 교육을 받을 수 있는 교육복지 사회, 평생학습 사회를 지향한다. 즉, 누구나, 어디서나, 어느 때나 학습하는 것이 최대의 행복이라는 의식을 갖는 평생학습 문화를 형성하는 일이다.

⑥ 평생교육은 21세기 인류의 가치추구를 위해 조정하고 적합하게 하기 위해 필요하다. 보편적 가치와 인간의 존엄성은 거대한 물질 문명사회와 사회집단의 비인격적이고 비정한 행위에 의해 위협받고 있다. 인간의 가치와 이상은 인간의 내면을 재충전하고 그것의 본질적 요인들을 새롭게 강화하지 않고서는 더 이상 유지될 수 없다.

참고문헌

권두승(2000). 성인학습 지도방법의 이론과 실제. 서울: 교육과학사.

김혜미, 김정렬(2019). 블렌디드러닝과 플립러닝을 활용한 영어 교육연구의 효과비교를 위한 메타분석. 학습자중심교과교육연구, 19(21), 241-258.

김혜영(2022). GBS 기반 온라인 Design Thinking 교과목 개발 연구. 고려대학교 대학원 박사학위논문.

남미진(2015). 전환학습이론에 기반한 문화예술 활용 다문화교육(TMECA) 모형 개발 : 교사를 대상으로. 경희대학교 대학원. 박사학위 논문.

남정걸, 권이종(1995). 평생교육 및 청소년 프로그램 편람. 서울 : 교육과학사.

방상진(2017). 4차 산업혁명시대, 좋은 일자리 만들기. POSRI 이슈리포드, 포스코경영연구원.

백수정(2013). 평생교육자의 퍼실리테이션 역량 진단척도 개발. 박사학위논문, 중앙대학교 대학원.

안병환(2012). 교육사회학, 파주: 공동체.

이미나, 노경주, 이해주(2005). 사회교육방법론. 서울: 한국방송통신대학교출판부.

장상군, 정선영(2021). 플립드러닝을 활용한 성인 중국어회화 학습이 학업성취도와 수업만족도에 미치는 영향. 교육논총, 38(1), 1-24.

정지웅, 김지자(1990). 평생교육학개론. 서울: 교육과학사.

최운실, 김인아, 이해주(1997). 여성평생교육프로그램 개발연구. 정무장관 제2실.

표창우(2021). 전문대학의 역량기반 교육을 위한 플립드러닝 수업설계모형 개발. 계명대학교 대학원 박사학위논문.

한국U러닝연합회(2014). 플립러닝 성공전략: 거꾸로교실 활성화 방안. 서울: 콘텐츠미디어.

한국교육학회 평생교육연구회 편(1997). 평생교육방법론. 서울: 형설출판사.

한국콘텐츠진흥원(2013), Gamification의 동향과 사례, CT 인사이트 통권 30호.

Adolph, S., Tisch, M., & Metternich, J.(2014). Challenges and approaches to competency development for future production. *Educational Alternatives. 12*, 1001-101.

Akella, D.(2010). Learning together: Kolb's experiential theory and its application. *Journal of Management and Organization. 16*(1) 100-112.

Alhloul, A. & Kiss, E.(2022). Industry 4.0 as a Challenge for the skills and competencies of the labor force: *A Bibliometric Review and a Survey,* 4(3), 1-17.

Ally, M.(2008). Foundations of educational theory for online learning. In T. Anderson, & F. Elloumi(Eds.). *The theory and practice of online learning* (pp.15-44). Athabasca, AB: Athabasca University Press.

Anderson, C.(2016) TED Talks: The official TED Guide to Public Speaking, Houghton Mifflin Harcourt, Boston, Ocean of PDF. com.

Andrea, A., Antonis, B. & Rita, P.(2014). *Handbook for adult teaching staff.* Fredrick University Publication.

Andresen, L.(2000). Experience-based learning. Allen and Unwin Publishers, in Foley, G., *Understanding Adult Education and Training*, second edition, p. 225-239.

Ates, H. & Alsa, K.(2012). The importance of lifelong learning has been increasing. *Social and Behavioral Sciences, 46*, 4092-4096.

Avis, J., Fisher, R., & Thompson, R.(2010). *Teaching in lifelong learning.* New York: The McGraw-Hill Companies.

Barrett, G. B. & Depinet, R. L.(1991). A reconsideration of testing for competence rather than for intelligence. *American Psychologist, 46*(10), 1012-1024.

Barros, R.(2012). From lifelong education to lifelong learning: Discussion of some effects of today's neoliberal policies. *European journal for Research on the Education and Learning of Adults, 3*(2), 119-134.

Bartram, D., Robertson, I. T., Callinan, M.(2002). A framework for examining organizational effectiveness. In I. T. Robertson, M. Callninan, & D. Bartram(Eds.). *Organizational effectiveness.* John Wiley & Sons.

Bednar, A. K., Cunningham, D., Duffy, T. M., & Perry, J. D.(1991). Theory into practice: How do we link? In G. J. Anglin (Ed.), *Instructional technology: Past, present, and future.* Englewood, CO: Libraries Unlimited.

Bergmann, J., & Sams, A.(2012). *Flip your classroom: Reach every student in every class every day.* Washington DC: International Society for Technology in Education.

Bimbrauer, H.(1987). Evaluation techniques that work. *Training and Development, 41*(7), 53-55.

Boone, E. J.(1985). *Developing programs in adult education.* Englewood Cliffs. New Jersey: Prentice-Hill, Inc.

Boud, D.(2001). Using journal writing to enhance reflective practice. *New Directions for Adult and Continuing Education, 90*, 9–18.

Bower, G. H., & Hilgard, E. R.(1981). *Theories of learning (5th ed.).* Englewood Cliffs, NJ: Prentice-Hall.

Boyatzis, R. E.(2008). Competencies in the 21st century. *Journal of Management*

Development, 27(1), 5-12.

Boyle, P. G.(1981). *Planning better programs.* New York: McGraw-Hill Book Company.

Branje, S. J. T., Koper, N., & Bornstein, M.(2018). *Psychosocial development.* Sage Publications.

Brockett, R. G.(1985). The relationship between self-directed learning readiness and life satisfaction among older adults, *Adult Education Quarterly*, *35*(4), 210-219.

Brockett, R.G. & Hiemstra, R.(1991). *Self-direction in adult learning: Perspectives on theory, research, and practice.* Routledge, New York.

Brookfield, S. D.(1993). Self-directed learning, political clarity, and the critical practice of adult education. *Adult Education Quarterly*, *43*(4), 227-242.

Brookfield, S. D.(2000). The concept of critically reflective practice. In A. L. Wilson & E. R. Hayes (Eds.), *Handbook of adult and continuing education* (110-126). San Francisco: Jossey-Bass

Brookfield, S. D.(2003). Racializing the discourse of adult education, *Harvard Educational Review, 73*(4)

Brookfield, S.(1988). Training educators of adults. In G. A. Koulaouzides & K. Popović(Eds.). *Adult Education and Lifelong Learning in Southeastern Europe,* 17-26.

Brookfield, S.(2011). Engaging critical reflection in corporate America. In Mezirow, J., & Taylor, E. W. (Eds.). *Transformative learning in practice: Insights from community, workplace, and higher education.* John Wiley & Sons.

Brown, J. S., Collins, A., & Duguid, P.(1989). Situated cognition and the culture of learning. *Educational Researcher*, *18*(1), 32-42.

Brown, T.(2008). Design thinking. Harvard Business Review. June. Harvard Business School Publishing Corporation.

Bühler, M. M., Nübel, K., & Jelinek, T.(2021). Educating tomorrow's workforce for the Fourth Industrial Revolution-The necessary breakthrough in mindset and culture of the engineering profession.

Caffarella, R. S.(1994). *Planning instruction for adult learners.* San Francisco: Jossey-Bass Publisher.

Campbell, I.(1999). Guiding principles facilitating learning, understanding and change through relationships. The Victorian Government Department of Sustainability and Environment Melbourne, January 2012.

Candy, P. C.(1991). *Self-direction for lifelong learning: A comprehensive guide to theory and practice.* Jossey-Bass, San Francisco, CA.

Candy, P. C.(1991). Personal autonomy. In Candy(eds.), *Self Direction of Lifelong Learning*. San Francisco: Jossey-Bass.

Caple, C.(1997). The effects of spaced practice and spaced review on recall and retention using computer-assisted instruction. Dissertation Abstracts International Section B: *The Sciences & Engineering*, *57*, 6603.

Castel, A. D., Logan, J. M., Haber, S., & Viehman, E. J.(2012). Metacognition and the spacing effect: the role of repetition, feedback, and instruction on judgments of learning for massed and spaced rehearsal. Metacognition and Learning.

Clancey, W. J.(1986). Review of Winograd and Flores' understanding computers and cognition: A favorable interpretation. (STAN-CS-87-1173) Palo Alto, CA: Department of Computer Science, Stanford University.

Colin, C.(2014). Jack Mezirow's conceptualisation of adult transformative learning: A review. J*ournal Of Adult and continuing Education 20*(1), 117-136.

Coombs, P. H.(1980). *The big gap in educational planning: Non-Formal Education.*

Cope, B., Kalantzis, M. & Searsmith, D.(2021). Artificial intelligence for education: Knowledge and its assessment in AI-enabled learning ecologies. *Educational Philosophy and Theory*, *53*(12), 1229–1245. https://doi.org/10.1080/00131857.2020.172873

Cranton, P.(2006). *Understanding and promoting transformative learning: A guide for educator of adults*(2nd ed). San Francisco: Jossey-Bass.

Cranton. P.(2016). *Understanding and promoting transformative learning: A guide for educator of adults.* Stylus Publishing, LLC.

Cunningham, D. J.(1991). Assessing constructions and constructing assessments: A dialogue. *Educational Technology*, *31*(5), 13-17.

Darling-Hammond, L., Rosso, J., Austin, K., Orcutt, S., & Martin, D. (2003). *How people learn: Introduction to learning theory.* Retrieved from http://www.learner.org/courses/learningclassroom/session_overviews/intro_home1.html

Dave, R. H.(1973). *Lifelong Education and School curriculum* UIE in Hamburg.

Dave, R. H.(Ed.)(1976). Foundations of lifelong education. Oxford: Pergmon Press.

Deci, E. L. & Ryan, R. M.(2008). Facilitating optimal motivation and psychological well-being across life's domains, *Canadian Psychology 49*(1), 14–23.

Delors, J.(1996). Learning the treasure within-Report to UNESCO of the International Commission on Education for Twenty-first Century. UNESCO

Paris.

Dewey, J.(1916/2008). *The middle works of John Dewey, Vol. 9: Democracy and education.* (Boydston, ed). IL: Southern Illinois University Press.

Dewey, J.(1933). *How we think.* London: D.C. Heath & Company Publishers.

Dewey, J.(1934/2008). *John Dewey, vol. 10: Art as experience*(Boydston, ed.). IL: Southern Illinois University Press.

Dewey, J.(1938/1998). *Education and experience.* N.Y.: Kappa Delta Pi.

Dick, W., Carey, L., & Carey, J. O.(2009). 체제적 교수설계. 최수영, 백영균, 설양환 공역, 서울: 아카데미프레스.

Dirkx, J.(1997) 'Nurturing soul in adult learning', in P. Cranton (ed.) *Transformative learningin action: Insight from practice*, San Francisco: Jossey-Bass.

Dombrowski, U., & Wagner, T.(2014). Mental strain as field of action in the 4th industrial revolution. Procedia CIRP *17,* 100-105.

Doucet, A., Evers, J., Guerra, E., Lopez, N., Soskil, M., &Timmers, K.(2018). *Teaching in the fourth industrial revolution: Standing at the precipice.* Routledge.

Duffy, T. M., & Jonassen, D.(1991). *Constructivism: New implications for instructional technology?* Educational Technology, *31*(5), 3-12.

Dyke, M.(2016). Paradoxes of a long life learning: An exploration of Peter Jarvis's contribution to experiential learning theory. 16 December in a Special Issue of the *International Journal of Lifelong Learning.*

Ertmer, P. A., & Newby, T. J.(2013). Behaviorism, cognitivism, constructivism: Comparing critical features from an instructional design perspective. *Performance Improvement Quarterly*, *26*(2), 43-71.

Falasca, M.(2011). Barriers to adult learning: Bridging the gap. *Australian Journal of Adult Learning, 51*(3), 583-590.

Faure, E.(1972). *Learning to be: The world of education today and tomorrow. Unesco.*

Fields, R. D.(2005). Making Memories Stick. *Scientific American, 292*(2), 75-81.

Flavell, J. H.(1979). Metacognition and Cognitive Monitoring A New Area of Cognitive—Developmental Inquiry. *American Psychologist. 34*(10), 906-911

Frank Kellenberg, Gil Rieger(2017). Self-reflection: A capability to develop professionalism in adult education. *Multidisciplinary Academic Conference,* 373-381.

Freire, P.(1970). *Pedagogy of the oppressed.* New York, NY~ Herter and Herter.

Fullerton, J. R.(2010). *Transformative learning in college students: A mixed methods study.* University of Nebraska-Lincoln. http://digitalcommons.unl.edu/cehsdiss/65/

Garrison, D. R.(1997). Self-directed learning: Toward a comprehensive model, *Adult Education Quarterly, 48*(1), 18-33.

Golightly, A. & Guglielmino, L. M.(2015). Geography students and student tutors perceptions of their self-directedness in learning in an integrated PBL model: An exploratory study, *International Journal of Self-Directed Learning. 12*(2), 63-81.

Gropper, G. L.(1987). A lesson based on a behavioral approach to instructional design. In C. M. Reigeluth (Ed.), *Instructional theories in action* (pp. 45-112). Hillsdale, NJ: Lawrence Erlbaum Associates.

Grote, M.(1995). The Effect of Massed Versus Spaced Practice on Retention and Problem-Solving in High School Physics. *The Ohio Journal of Science*, *95*, 243-247.

Guglielmino, L. M.(1977). Development of the self-directed learning readiness scale, Dissertation Abstracts International, *38*(11) 64-67.

Guglielmino, L. M.(1977). *Development of the self-directed learning readiness scale.* Unpublished doctoral dissertation, University of Georgia, Athens

Guglielmino, L. M.(2013). The case for promoting self-directed learning in formal educational institutions, *SA-eDUC Journal. 10*(2), 1-18.

Guglielmino, L., Gray, E., Arvary, K.-L., Asen, J., Goldstein, D., Kamin, F. et al., (2009). Self-directed learners change our world: SDL as a force for innovation, discovery, and social change, *International Journal of Self-Directed Learning 6*(1), 11-30.

Habermas, J.(1971). *Knowledge of human interests.* Boston: Beacon.

Hajkowicz, S. A., Cook, H., Littleboy, A.(2012). Our future world: Global megatrends that will change the way we live. The 2012 revision. Commonwealth Scientific and Industrial Research Organization CSIRO, Australia.

Hamdan, N., McKnight, P., McKnight, K., & Arfstrom, K.(2013). *A review of flipped learning*. Retrieved from http://www.flippedlearning.org/review

Haskell, J. E., Cyr, L. F.(2011) Community Facilitator Education: How Training Can Lead to Positive Impacts at the Community Level. *Group Facilitation,* Iss.(11), 5-14.

Havighurst, R. J.(1972). Developmental tasks and education. In R. Hutteman, M. Hennecke, U. Orth, A. K. Reitz, & J. Specht. Developmental tasks as a framework to study personality development in adulthood and old age.

European Journal of Personality, *28*(3), 267-278.

Hendry, G. D., & Ginns, P.(2009). Readiness for self-directed learning: validation of a new scale with medical students. *Medical Teacher*, *31*(10), 918-920.

Hiemstra, R. & Brockett, R.G.,(2012). Reframing the meaning of self-directed learning: An updated mode. *Proceedings of the Adult Education Research conference,* Saratoga Springs, N.Y.

Hogan, C.(2002). *Understanding facilitation: Theory & principles*. London: Kogan Page.

Houle, C. O.(1961). *Inquiring mind.* WI: University of Wisconsin Press.

Hutchins, R. M.(1968). The learning society. New York: F. A. Praeger.

Illeris, K.(2007). How we learn. Learning and non-learning in school and beyond. In R. Jordi. Reframing the concept of reflection: Consciousness, experiential learning, and reflective learning practices. *Adult Education Quarterly, XX*(X), 1 -17.

Jarvis, P.(1987). *Adult learning in the social context*. London: Routledge.

Jarvis, P.(1992). *Paradoxes of learning on becoming an individual in society*. Jossey-Bass. San Francisco.

Jarvis, P.(2004). *Adult education and lifelong education*. London and New York: Routledge Falmer.

Jarvis, P.(2007). Globalisation, lifelong learning and the learning society, sociological perspectives. *Lifelong Learning and the Learning Society,* 2, 96-122.

Jarvis, P.(2012). Learning from everyday life. *Human and Social Studies Research and Practice, 1*(1), 1-20.

Jeon, J. H. & Suh, Y. Y.(2017). Analyzing the major issues of the 4th Industrial Revolution. *Asian Journal of Innovation and Policy, 6*(3), 262-27.

Jonassen, D. H. (1991a). Evaluating constructivistic learning. *Educational Technology, 31*(9), 28-33.

Jonassen, D. H.(1991b), Objectivism vs constructivism: Do we need a new philosophical paradigm. *Educational Technology Research and Development, 39*(3), 5-14.

Jordi, R.(2011). Reframing the concept of reflection: Consciousness, experiential learning, and reflective learning practices. *Adult Education Quarterly*, *XX*(X) 1 -17.

Kalogeras, S.(2014). Transmedia storytelling and the new era of media convergence in higher education . New York: Palgrave MacMillan.

Kapur(2015). Kapur, S.(2015). Understanding the characteristics of an adult learner.

Jamia Journal of Education, *2*(1), 111-121.

Kember, D., Jones, A., Loke, A., Mckay, J., Sinclair, K., Tse, H., Yeung, E. (1999). Determining the level of reflective thinking from students written journals using a coding scheme based on the work of Mezirow. *International Journal of Lifelong Education*, *18*(1), 18-30.

Kerfoot, B. P., Baker, H. E., Koch, M. O., Connelly, D., Joseph, D. B., & Ritchey, M. L.(2007). Randomized, controlled trial of spaced education to urology residents in the United States and Canada. *The Journal of Urology,* 177, 1481 -1487.

Kirkpatrick, D. L.(1987). Evaluation. In R. L. Craig(Ed.). *Training and development handbook*. New York: McGraw-Hill.

Kitchener, K. S. & King, P. M.(1990). The reflective judgement model: Transforming assumptions about knowing. in Mezirow, J.. *Fostering critical reflection in adulthood*(159-193). San Francisco: Jossey-Bass.

Kitchenham, A.(2008). The Evolution of John Mezirow's transformative learning theory. *Journal of Transformative Education. 6*(2) 104-123.

Knight, Z. G.(2017). A proposed model of psychodynamic psychotherapy linked to Erik Erikson's eight stages of psychosocial development. *Clinical psychology & psychotherapy*, *24*(5), 1047-1058.

Knowles, M. S.(1970). *Modern practice of adult education: Andragogy versus Pedagogy,* Association Press, New York.

Knowles, M. S.(1975). *Self-directed learning: A guide for learners and teachers,* Association Press, New York.

Knowles, M. S.(1975). *Self-directed learning: A guide for learners and teachers,* Prentice Hall, Englewood Cliffs, NJ.

Knowles, M. S.(1980). *From pedagogy to andragogy.* Religious Education.

Knowles, M. S.(1980). *The modern practice of adult education.* Chicago: Follett Publishing Company.

Knowles, M. S., Holton, E. F., & Swanson, R. A.(2005). Adult learner. Amsterdam: Elsevier Inc.

Kok, J. N., Boers, E. J. W., Kosters, W. A. & Poel, M.(2009). Artificial intelligence: definition, trend, technique and cases. Paris: UNESCO-EOLSS.

Kokkos, *A*.(2005). Adult learning. Investigating the domain. In A. Andrea, B. Antonis, & P. Rita. *Handbook for adult teaching staff.* Nicosia, Frederick University Publication.

Kolb, A. & Kolb, D.(2013). The Kolb Learning Style Inventory 4.0: Guide to Theory, Psychometrics, Research & Applications January 2013.

Kolb, A. Y. & Kolb, D. A.(2005). Learning styles and learning spaces: Enhancing experiential learning in higher education. *Academy of Management Learning and Education*, *4*(2), 193-212.

Kolb, D. (2014). *Experiential Learning Experiences as a source of learning and development.* http://gen.lib.rus.ec/book/index.php?md5=c960fd4ba0e6e861d2af44103707fc96.

Kolb, D. A.(1984). *Experiential learning: Experience as the source of learning and development.* New Jersey: Prentice-Hall.

Kolb, D. A.(1999). *Learning style inventory-version 3: Technical specifications.* TRG Hay/McBer, Training Resources Group. Boston.

Kolb, D.A.(2015). Experiential learning: Experience as the source of learning and development(2nd ed). New Jersey: Person Education

Kuhn, T.(1996). The structure of scientific revolutions(174-210), The University of Chicago Press,

Kuijpers, M.(2003). Loopbaanontwikkeling: Onderzoek naar competenties. [Career development. A research on competencies.] In De Vos, Sara De Hauw, & Ine Willemse(2015). An integrative model for competency development in organizations: The Flemish case. *The International Journal of Human Resource Management*, *26*(20), 2543-2568.

Lambert, C.(2009). “Spaced education” improves learning. Harvard Magazine.

Landauer, T. K., & Ross, B. H.(1977). Can simple instructions to use spaced practice improve ability to remember a fact? An experimental test using telephone numbers. *Bulletin of the Psychonomic Society, 10,* 215–218.

Lazzaro, N.(2004). Why we play games: Four keys to more emotion without story. XEODesign Inc.

Lehmann-Willenbrock, N., & Kauffeld, S.(2010). Sales training: effects of spaced practice on training transfer. *Journal of European Industrial Training.*

Leigh, B., & MacGregor, J. (1992). What is Collaborative Learning?*.3. https://www.evergreen.edu/sites/default/files/facultydevelopment/docs/WhatisCollaborativeLearning.pdf

Levinson, Daniel J.(1986). A conception of adult development. *American Psychologist*, *41*(1), 3-13.

Long, H. B.(1989). Self-directed learning: merging theory and practice, in *Self-directed Learning Merging Theory and Practice*, H. B. Long(Ed.), Research Center for Continuing Professional and Higher Education of the University of Oklahoma, Oklahoma.

Long, H. B.(2000). Understanding self-direction in learning in H.B. Long (ed.),

Practice & theory in self-directed learning, 11-24, Motorola University Press, Schaumburg. Illinois.

Mager, R.(1988). *Making instruction work.* Belmont, CA: Lake Publishing Co.

Maslow, A. H.(1954). *Motivation and personality.* New York: Harper and Row.

Maslow, A. H.(1970). *Religions, values, and peak experiences.* New York: Penguin. (Original work published 1966).

Merriam S. B. & Caffarella, R. S.(1999) *Learning in adulthood*, Jossey-Bass, San Francisco, CA, USA.

Merriam, S. B.(2001). *Andragogy and self-directed learning: Pillars of adult learning theory. New directions for adult and continuing education,* Chicago, IL, USA.

Merriam, S. B., Caffarella, R. S., & Baumgartner, L. M.(2007). *Learning in adulthood.* San Francisco: John Wiley & Sons, Inc.

Merrill, M. D., Kowalis, T., & Wilson, B. G.(1981). Instructional design in transition. In F. H. Farley, & N. J. Gordon (Eds.). *Psychology and education: The state of the union* (pp. 298-348). Berkeley: McCutchan.

Mezirow, J.(1990). How critical reflection triggers transformative learning. In J. Mezirow & Associates (Eds.), *Fostering critical reflection in adulthood: A guide to transformative and emancipatory learning* (1-20). San Francisco, CA: Jossey-Bass.

Mezirow, J.(1997). Transformative learning: Theory to practice. New directions for adult and continuing education 1997(74), 5-12.

Mezirow, J.(1998). On critical reflection. *Adult Education Quarterly*, *48*, 185-198.

Mezirow, J.(2000). *Learning as transformation: Critical perspectives on a theory in progress.* SanFrancisco: Jossey-Bass.

Mezirow, J.(2003). Transformative learning as discourse. *Journal of Transformative Education, 1*(1), 58-63.

Mezirow, J.(2012). Learning to think like an adult: Core concepts of transformative theory. In Taylor, E. W., & Cranton, P. (Eds.). *The handbook of transformative learning: Theory, research, and practice.* John Wiley & Sons.

Miettinen, R.(2000). The concept of experiential learning and John Dewey's theory of re-active thought and action. International Journal Of Lifelong *Education, 19*(1), 54-72.

Mika, K. L.(1996). *Program outcome evaluation: A step-by-step handbook.* WI: Families International.

Mocker, D. W. and Noble, F.(1981). Training part-time instructional staff, In P. Jarvis. *Adult education and lifelong education.* London and New York:

Routledge Falmer.

Moon, J.(2007). Getting the measure of reflection: considering matters of definition and depth. *Journal of Radiotherapy in Practice, 6*, 191-200.

Nonaka, & Konno.(1998) The concept of "Ba": Building a foundation for Knowledge creation. *California Management Review, 40*(3). 40-54.

Nonaka, I. & Takeuch, H.(1995). *The knowledge creating company.* Oxford University Press.

Oddi, L. F.(1986). Development and validation of an instrument to identify self-directed continuing learners. *Adult Education Quarterly. 36*(2), 7-107.

OECD(2005). Definition and selection of key competencies-executive summary. http://www.deseco.admin.ch/bfs/deseco/en/index/02.html.

OECD(2018). *The future of education and skills: Education 2030. Position Paper.* Paris: OECD Publishing.

OECD(2019). *OECD future of education and skills 2030 concept note: Student agency for 2030.* Paris: OECD Publishing.

Passarelli A. & Kolb D. A.(2011) The learning way—learning from experience as the path to lifelong learning and development. In Manuel London (Ed.) *Handbook of lifelong learning* Chapter 6. NY: Oxford University Press.

Perkins, D. N.(1991). Technology meets constructivism: Do they make a marriage? *Educational Technology*, *31*(5), 18-23.

Prifti, L., Knigge, M., Kienegger, H., & Krcmar, H.(2017). *A competency model for Industrie 4.0 employees.* 46-60.

Ranson, S., Rikowski, G., & Strain, M.(2001). Lifelong learning for a learning Democracy. In D. Adpin, J. Chapman, M. Hatton, & Y. Sawano(eds.). *International handbook of lifelong learning*. London: Kluwer Academic Publishers.

Reigeluth, C. M.(1989). Educational technology at the crossroads: New mindsets and new directions. *Educational Technology Research and Development, 37*(1), 67-80.

Retief, F., Bond, A., Pope, J., Morrison-Saunders, A., & King, N.(2016). Global megatrends and their implications for environmental assessment practice. *Environmental Impact Assessment Review 61*, 52-60.

Rogers, C. R.(1961). *On becoming a person: A psychotherapists view of psychotherapy*. Houghton Mifflin.

Rogers, C. R.(2002). The interpersonal relationship in the facilitation of learning. In R. Harrison, F. Reeve, A. Hanson, & J. Clarke,(Eds.), *Supporting lifelong learning*(pp. 25-29). London: Routledge Falmer.

Rossi, P. H., & Freeman, H. E.(1993). *Evaluation: A systematic approach*. CA: Sage.

Ryan, R. M. & Deci, E. L.(2000). Self-determination theory and the facilitation of intrinsic motivation, social development, and well-being. *American Psychologist. 55*(1), 68-78.

Salen, K., & Zimmerman, E.(2004). Rules of *play - game design fundamentals*. The MIT Press Cambridge.

Salleh, K. M., Khalid, N. H., Sulaiman, N. L., Mohamad, M. M., & Sern, L. C. (2015). Competency of adult learners in learning: application of the iceberg competency model. *Social and Behavioral Sciences*, *204*, 326-334.

Schalock, R. L.(2001). *Outcome-based evaluation*. NY: Plenum Publishers.

Schunk, D. H.(1991). *Learning theories: An educational perspective*. New York: Macmillan.

Selwyn, N.(2011). Education and technology: Key issues and debates. London, UK: Continuum.

Senge, P. M.(1990). *The fifth disciplines: The art and practice of the learning organization*. New York: Doubleday.

Shuell, T. J.(1986). Cognitive conceptions of learning. *Review of Educational Research, 56*, 411-436.

Shuell, T. J.(1990). Phases of meaningful learning. *Review of Educational Research, 60*, 531-547.

Skilton, M., & Hovsepian, F.(2018). *The 4th industrial revolution. Responding to the impact of artifcial intelligence on business.* Springer Nature.

Snelbecker, G. E.(1987). Contrasting and complementary approaches to instructional design. In C. M. Reigeluth (Ed.), *Instructional theories in action*(pp, 321-337). Hillsdale, NJ: Lawrence Erlbaum Associates.

Snyder, C.(2008). Grabbing hold of a moving target: Identifying and measuring the transformative learning process. *Journal of Transformative Education, 6*(3), 159-181. https://doi.org/10.1177/1541344608327813

Spencer, L. M., & Spencer, S. M.(1993). *Competence at work: models for superior performance.* New York: John Wiley.

Spiro, R. J., Feltovich, P. J., Jacobson, M. J., & Coulson, R. L.(1991). Cognitive flexibility, constructivism, and hypertext: Random access instruction for advanced knowledge acquisition in ill-structured domains. *Educational Technology*, *31*(5), 24-33.

Stepich, D. A., & Newby, T. J.(1988). Analogical instruction within the information processing paradigm: Effective means to facilitate learning.

Instructional Science, *17*, 129-144.

STONE, P. et al.(2022). Artificial intelligence and life in 2030: the one hundred year study on artificial intelligence. *arXiv preprint arXiv:2211. 06318*, 1-52.

Stufflebeam, & Shinkfield, A. J.(1985). *Systematic evaluation*. Boston: Kluwer-Nijhoff.

Taylor, D. C. M. & Hamdy, H.(2013) Adult learning theories: implications for learning and teaching in medical education: AMEE Guide no. 83, *Medical Teache*r, *35*(11), 1561-1572.

Taylor, E. W., & Laros, A.(2014). Researching the practice of fostering transformative learning: lessons learned from the study of andragogy. *Journal of Transformative Education, 12*(2), 134-147.

Taylor, E.(1998). The theory and practice of transformative learning: A critical review. *Information Series* No. 374. ERIC Clearinghouse on Adult, Career, and Vocational Education, Columbus, OH.

Taylor, E.W.(2000). Analyzing research on transformative learning theory. In J. Mezirow & Associates (Eds.), *Learning as transformation: Critical perspectives on a theory in progress* (285-328). San Francisco, CA: Jossey-Bass.

Tennant, M.(1997). *Psychology and adult learning*, London: Routledge.

Thompson, A. D., Simonson, M. R., Hargrave, C. P.(1992). *Educational technology: A review of the research.* Washington DC: Association for Educational Communications and Technology.

Tindemans, B. & Dekocker, V.(2020). *The learning society*. Brussels.

Toppino, T. C., & Cohen, M. S.(2010). Metacognitive control and spaced practice: clarifying what people do and why. *Journal of Experimental Psychology. Learning, Memory, and Cognition, 36*, 1480-1491.

Tough, A.(1978). Major learning efforts: recent research and future directions. Adult Education, *28*(4), 250-263.

Trends, G.(2017). *Paradox of progress.* National Intelligence Council.

Trumbull, E., & Lash, A.(2013). *Understanding formative assessment: Insights from learning theory and measurement theory*. West Ed. C1PP.

UNESCO Institute for Lifelong Learning(2020). Embracing a culture of lifelong learning: contribution to the Futures of Education initiative. Hamburg.

UNESCO(1996). Lifelong learning for all.

Usher, R., Bryant, I. & Johnston, R.(1997). *Adult education and the post-modern challenge: Learning beyond the limits*. New York: Routledge.

Vazirani, N.(2010). Competencies and competency model-A brief overview of its development and application. *Journal of Management, 7*(1), 121-131.

Vielmetter, G., Sell, Y.(2014). *Leadership 2030: The six megatrends you need to understand to lead your company into the future.* Amacon Books, SaranacLake New York.

Vygotsky, L. S.(2001). The problem of the environment. In R. van der Veer & J. Valsiner (Eds.), *The Vygotsky reader*(pp. 338-354). Oxford, UK: Basil Blackwell.)(First published in 1935).

Wardale, D.(2008). A proposed model for effective facilitation. *Group Facilitation: A Research and Applications Journal,* No. 9.

Winn, W.(1990). Some implications of cognitive theory for instructional design. *Instructional Science*, *19*, 53-69.

Winne, P. H.(1985). Cognitive processing in the classroom. In T. Husen & T. N. Postlethwaite (Eds.). *The International Encyclopedia of Education* (Vol. 2, pp. 795-808). Oxford: Pergamon.

World Economic Forum(2015). Deep shift technology tipping points and societal impact.

World Economic Forum(2015). New vision for education. Unlocking the potential of technology.

World Economic Forum(2016). Schools of the future defining new models of education for the fourth industrial revolution 2020.

World Economic Forum(2016). The future of jobs, employment, skills and workforce strategy for the Fourth Industrial Revolution.

World Economic Forum(2018). The future of jobs report.

World Economic Forum(2020). The future of jobs report.

Yang, J. & Valdes-Cotera, R.(Ed.)(2011). *Conceptual evolution and policy developments in lifelong learning.* UNESCO Institute for lifelong learning.

Zichermann, G., & Cunningham, C.(2012). 게이미피케이션 : 웹과 모바일 앱에 게임 기법 불어넣기(정진영, 송준호, 김지원, 역). 서울: 한빛미디어.

Zuboff, S.(1988). *In the age of the smart machine: The future of work and power.* New York: Basic Books.

저자소개

안병환

현) 중원대학교 대학원 교육학과 교수

전) 대진대학교 교육대학원 교수 · 부총장, 중원대학교 총장
초 · 중등학교 컨설팅 및 평가위원, 교원양성기관 및 대학기관인증 평가위원, 대한민국 국회 입법지원 위원, 중국 칭화대학 연구교수

영남대학교 대학원 교육학박사

주요 연구실적

평생교육개론(공동), 다문화교육 접근방향 탐색, 교사의 자기대화 연구, 경기 북부지역 평생교육사업 컨설팅보고서 외

신기왕

현) 울산연구원 평생교육위원

전) 한국교육개발원 연구원, 중앙대 · 건국대 · 선문대 강사, 울산연구원 평생교육 센터장, 평생교육진흥연구회 연구소장

Columbia대학교 Teachers College 석사
중앙대학교 대학원 교육학박사

주요 연구실적

울산광역시 평생교육진흥 기본계획, 베이비부머 평생학습지원 정책연구, 지역 평생교육기관의 사회적 네트워크분석, 성인학습이론에서의 성찰개념 분석 외

김현욱

현) 한국교원대학교 교수

전) 중원대학교 교수, 건국대학교 글로컬캠퍼스 교수, 한국비교교육학회 사무 총장, 한국양성평등진흥원 학술상 수상

한국교원대학교 대학원 교육학박사

주요 연구실적

비교교육학, The Analysis on Type of Perception of Principal's Leadership in Korea, 대학생 핵심역량 진단도구 개발, 핀란드 교원양성 교육의 변화과정 분석 외

평생교육방법론

초판 1쇄 인쇄 / 2023년 8월 25일
초판 1쇄 발행 / 2023년 8월 30일

•

공저자 / 안병환· 신기왕· 김현욱
발행인 / 이 중 수
발행처 / **동 문 사**

•

서울특별시 서대문구 홍제원 1길 12
(홍제동 137-8)
Tel: 02)736-3718(대), 736-3710, 3720
Fax: 02)736-3719
등록번호: 1974.04.27. 제9-17호
가격: 22,000원

•

ISBN: 979-11-6328-531-1(93370)
E-mail: dong736@naver.com
www.dongmunsa.com

저자와의 합의하에 인지는 생략합니다.